华东师范大学数学教育丛书

数学解题策略与方法

熊　斌　何忆捷　著

上海市核心数学与实践重点实验室课题
“数学实践”(18dz2271000)资助出版

科学出版社
北　京

内 容 简 介

本书主要介绍中学数学竞赛中的若干解题策略与方法. 全书分为"策略篇"与"方法篇"两部分，其中选择一些最为常用的、有特色的、有思想性的主题进行展开，尽可能以较为精炼的例题、较少的篇幅，使读者充分感受数学竞赛问题求解的特点与魅力. 相比于通常的数学竞赛解题教程，本书起点较低，不过于追求竞技难度，选材及讲解尽可能回避过于专门的知识背景，突出解题策略与解题方法，以"授人以渔"为目的，适合数学教育专业的学生以及对数学竞赛有兴趣但暂时了解不多的读者.

本书可作为师范院校数学教育专业本科生、研究生的数学解题和数学竞赛课程的教材或参考书，中学生的数学拓展课程与数学竞赛课外辅导的材料，亦可作为数学解题爱好者的读物.

图书在版编目（CIP）数据

数学解题策略与方法/熊斌，何忆捷著. —北京：科学出版社，2021.3

华东师范大学数学教育丛书

ISBN 978-7-03-068309-0

Ⅰ. ①数… Ⅱ. ①熊… ②何… Ⅲ. ①中学数学课-教学参考资料 Ⅳ. ①G634.603

中国版本图书馆 CIP 数据核字（2021）第 043545 号

责任编辑：胡海霞 范培培 / 责任校对：杨聪敏
责任印制：赵 博 / 封面设计：蓝正设计

科学出版社出版
北京东黄城根北街 16 号
邮政编码：100717
http://www.sciencep.com
固安县铭成印刷有限公司印刷
科学出版社发行 各地新华书店经销
*
2021 年 3 月第 一 版 开本：720 × 1000 1/16
2025 年 4 月第九次印刷 印张：14 1/4
字数：287 000

定价：59.00 元

（如有印装质量问题，我社负责调换）

前　言

数学家哈尔莫斯（P. Halmos）曾说，“问题是数学的心脏”. 解决数学问题，既是数学家的基本活动，也是学校数学教育的基本构成. 在学校数学教育中，解题活动对于掌握知识技能、提升思维能力、激发数学兴趣、开阔数学视野及培养创造精神等方面具有广泛的意义. 数学家与数学教育家波利亚（G. Polya）认为，“中学数学教学首要的任务就是加强解题的训练”，其中所指的数学问题“不仅仅是常规的，还包括那些要求有某种程度独立见解、判断力、能动性和创造精神的问题”.

在中学数学范围内，有一大批富于挑战、饶有趣味的问题出自国内外各级各类数学竞赛及相关活动中. 这为学有余力、有志于发展数学才能的中学生提供了大量的课外资源，也为关注数学解题的教学工作者提供了丰富的研究素材，从而可以促进解题的教与学，成为常规课堂教学的有益补充.

作者在为师范高校数学教育专业讲授多年数学竞赛解题原理课程的同时，积累了多方面的教学经验和一批适合教学的材料. 作者同时了解到，不少学生出于提升自身数学学识和解题水平的需要，对数学竞赛问题有兴趣，但当他们试图系统地学习竞赛内容时，常常会感到，相比知识基础的扩充，更困难的是适应竞赛问题的思维特点. 实际上，数学解题作为一种复杂的心理活动，其影响因素是多种多样的. 就解题者的认知层面而言，为了在不熟悉的或非常规的问题上取得进展，除了必备的知识以外，往往还需要掌握一定的解题策略与方法. 然而其中相当一部分的策略与方法，很少能依托常规教学内容而充分展现，解题者也不易在脱离提示的情况下通过阅读竞赛题的解答而自发地关注到它们. 因此，作者一直希望创作一本适合数学教育专业学生学习的，侧重于介绍解题策略与方法的教材或专题读物.

在撰写本书时，作者考虑到以下三点：

其一，全书设计为“策略篇”与“方法篇”两部分，以增加读者对数学解题的立体感受. 严格来说，解题的“策略”与“方法”是很难明确区分的. 在本书中，“策略”是指一些对解题富有启发性的、典型有用的思维法则，介绍时更侧重于其思维形态；而“方法”则是指一些解决问题的具体方式、手段和途径，介绍时更侧重于其数学形态．例如，“策略篇”中介绍“考虑特殊情形”，其中有些问题需要借助数学归纳法达到“从特殊通向一般”的目的，但侧重描述的是如何通过特殊情形猜测答案、形成解题思路，再归纳地解决一般情形的合理思维过程．相比之下，“方法篇”中的“数学归纳法”则相对更侧重方法本身及其各种变式与技巧的具体展示．

其二，不追求全面，而是选择一些最为常用的、有特色的、有思想性的主题，尽可能以较为精炼的例题、较少的篇幅，使读者充分感受数学竞赛问题求解的特点与魅力．在挑选与组织材料时，注意各章节篇幅的相对匀称，并兼顾初等代数、平面几何、初等数论、组合数学等具体领域中的特色方法，为师范院校相关课程的教学内容安排提供灵活的选择．

其三，放低起点，不过于追求竞技难度（当然书中也有少量的竞赛难题），选材及讲解尽可能回避过于专门的知识背景，突出解题策略与解题方法，以“授人以渔”为目的，适合数学教育专业的学生以及对数学竞赛有兴趣但暂时了解不多的读者．就目前而言，中学数学常规教学的参考资料，以及中学数学竞赛方面的高难度书籍与训练资料，都是足够多的．作者希望本书定位于上述两者之间，能提供给读者以更多的选择与更好的衔接．

对于本书的使用，作者有如下建议：

首先，对于书中的问题，建议读者先自己尝试求解，再参看解答和注释．对于貌似会做的题，切忌只看不做，眼高手低．对于没有思路的题，可以直接学习解答，也可以先阅读几行作为提示，继续思考一番之后再看后面的内容．正如波利亚所说，解题是一种实践性的技能，“你想学会游泳，你就必须下水；你想成为解题能手，你就必须去解题”．对于解题新手而言，首先要做的是观察和模仿别人在解题时的做法，最后通过解题学会解题．当然，在打好基本功之后，可以解答一些更有挑战性的问题，循序渐进地提升自己的解题能力．

其次，对于书中所介绍的策略与方法，建议结合平时的解题实践，逐步了解其“优缺点”的属性，以及自身是否善于运用之，从而提升解题的实战经验．例如，可以通过对一批几何问题尝试多种计算类解法，深层次地体会复数法、解析法、三角法、向量法等在解决平面几何问题中各自的优势与局限性．

此外，对于书中的各个章节，希望读者能关注它们之间的联系，以及它们与更广泛的数学内容之间的联系．解题策略与方法的运用，常常是多样化与综合性的．读者可以随时思考类似于这样的问题：在这一章节中所介绍的某个问题,还综合体现了哪一章节中的策略或方法,还有其他更多的解法吗?某一策略或方法，在小学数学中有怎样的体现，在大学数学中又有哪些运用的实例?

最后，还建议有兴趣的读者就书中介绍的这些解题策略与方法进一步地发散思考与探究，尝试问题创作. 作者相信，在对已有问题进行改编，甚至尝试提出原创性更高的相关问题的过程中，读者可以获得更高层次的思维历练，形成更深刻的理解和感悟.

以上这些建议，可以对等地“翻译”为数学教育专业课程的教学建议.

笔者具有多年的国家级与省市级数学竞赛命题工作经历，期间积累了许多原创问题，也一并积累了不少来自专家及参赛选手的优秀解答，作为本书撰写的素材来源. 笔者还参阅了包括历年国内外数学竞赛试题在内的众多文献资料，尽可能挑选那些能贴切反映主题的素材. 在许多情况下，笔者对原问题进行改编，或是针对性地创作一些问题，以满足凸显主题、调整难度、优化呈现方式等行文需要，再进行细致的解答和评论. 当然，书中的疏漏在所难免，热忱欢迎读者批评指正.

作 者

2020 年 9 月

目　　录

策　略　篇

第 1 章　变换问题

变换问题是最基本的数学解题策略之一. 在求解问题时, 我们常常得益于曾经见过或解过的那些问题: 或是利用它们的结果, 或是运用它们的求解方法, 或是借鉴在解答它们时所获得的经验. 反之, 在脱离已有知识、方法和经验的情况下, 要解决一个数学问题几乎是不可能的. 因此, 在解题中常常需要不断地变换问题的形式, 使之与我们的知识、方法和经验相联系.

例如, 对于一个问题 A_0, 我们看不出如何解决, 不过也许发现问题 A_0 与另一问题 A_1 等价, 而在考虑问题 A_1 时可能又会碰到另一个等价问题 A_2, 照此下去, 直至最终遇到某个问题 A_n, 其结果是已知的, 或是有现成方法对其进行求解, 这样便可由问题 A_n 的解决导致原问题 A_0 的解决.

除了等价变换这种基本形式, 变换问题也可以是提出与原问题相关的、对原问题求解可能有启发和帮助的任何非等价问题. 美籍匈牙利数学家、数学教育家波利亚指出, "如果你不能解所提的题目, 先尝试去解某道相关的题目. " 波利亚在其著名的 "怎样解题表" 中列举了相当多的提示性问题, 例如: 你以前见过它吗? 你见过同样的题目以一种稍有不同的形式出现吗? 你知道一道与它有关的题目吗? 你能重新叙述这道题目吗? 你能否想到一道更容易着手的相关题目? 一道更为普遍化的题目? 一道更为特殊化的题目? 一道类似的题目? 等等. 他认为, 解题中需要 "不断地变换你的问题" "必须一再地变换它, 重新叙述它、变换它, 直到最后成功地找到某些有用的东西为止" .

本章的四节分别围绕 "简化问题" "转化为已解决的问题" "分解问题" "合理加强命题" 这四个主题, 但实际上变换问题的表现形式远不仅限于这些. 广义地说, 在解题的过程中, 随着进展情况和目标的变化, 我们总是需要随时提出或改变问题. 本书第 2, 3, 4 章所涉及的另三种解题策略, 自然可以看成 "变换问题" 的一些具体侧面, 而后续章节对各种解题方法的介绍, 也或多或少蕴含了 "变换问题" 的思想成分. 尽管后续各章是围绕其他的策略与方法而展开的, 但希望读者同样能体会其中 "变换问题" 的精神, 作为本章内容的延伸和补充.

1.1 简 化 问 题

在求解数学问题时，可以试将问题改写成一个与之等价的简单形式. 例如，可以通过题意的重新表述，化繁为简，排除不必要的干扰； 可以通过代换、减元、消点、降维、标准化等手段来进行简化； 也可以根据问题的具体特点，进行各种灵活多样的转化.

例 1.1 当$0<\alpha<\dfrac{\pi}{2}$时，求$f(\alpha)=(1+\tan\alpha)\cos^2\alpha$的最大值.

解法 1 通过三角恒等变形得

$$f(\alpha)=\cos^2\alpha+\sin\alpha\cos\alpha=\frac{1+\cos 2\alpha}{2}+\frac{\sin 2\alpha}{2}=\frac{\sqrt{2}}{2}\sin\left(2\alpha+\frac{\pi}{4}\right)+\frac{1}{2}.$$

当$\alpha=\dfrac{\pi}{8}\in\left(0,\dfrac{\pi}{2}\right)$时，$\sin\left(2\alpha+\dfrac{\pi}{4}\right)$取到最大值 1，所以当$0<\alpha<\dfrac{\pi}{2}$时，$f(\alpha)$的最大值为$\dfrac{\sqrt{2}+1}{2}$.

解法 2 令$t=\tan\alpha$，当$0<\alpha<\dfrac{\pi}{2}$时，t取遍一切正实数. 由于

$$f(\alpha)=(1+\tan\alpha)\cdot\frac{1}{1+\tan^2\alpha}=\frac{1+t}{1+t^2},$$

故原问题等价转化为求函数$g(t)=\dfrac{1+t}{1+t^2}\ (t>0)$的最大值.

根据$g(t)$的结构特点，令$u=1+t$，则$u>1$，且

$$g(t)=\frac{u}{1+(u-1)^2}=\frac{u}{u^2-2u+2}=\frac{1}{u+\dfrac{2}{u}-2}.$$

由基本不等式得$u+\dfrac{2}{u}\geqslant 2\sqrt{u\cdot\dfrac{2}{u}}=2\sqrt{2}$，故$g(t)\leqslant\dfrac{1}{2\sqrt{2}-2}=\dfrac{\sqrt{2}+1}{2}$.

当$u=\sqrt{2}$，即$t=\sqrt{2}-1$时，$g(t)$取到最大值$\dfrac{\sqrt{2}+1}{2}$. 因而原问题中$f(\alpha)$的最大值为$\dfrac{\sqrt{2}+1}{2}$.

注 本题的解法很多，以上两种解法较为典型，且都体现了“复杂问题简

单化、陌生问题熟悉化”的精神. 解法 1 通过有目的的连贯的三角恒等变形，将原先复杂的三角函数转化为 $A\sin(\omega\alpha+\varphi)+b$ 的标准形式. 解法 2 则通过变量代换，将问题最终转化到求 $u+\dfrac{2}{u}$ 在 $u>1$ 时的最小值的简单问题. 变量代换是转化问题的重要手段，在初等代数中运用尤其普遍，关于这方面将在第 7 章中进一步展开.

例 1.2　设 $\{a_n\}$ 为等差数列，S_n 表示 $\{a_n\}$ 的前 n 项之和. 已知 k 为正奇数，l 为正偶数，且满足 $S_k+a_k=S_l+a_l$. 证明：$\{a_n\}$ 中存在一项为零.

证明　设 d 为等差数列 $\{a_n\}$ 的公差，则

$$S_k+a_k=ka_1+\frac{k(k-1)}{2}d+a_1+(k-1)d=(k+1)a_1+\frac{k^2+k-2}{2}d.$$

同理得 $S_l+a_l=(l+1)a_1+\dfrac{l^2+l-2}{2}d$. 故由条件知

$$(k+1)a_1+\frac{k^2+k-2}{2}d=(l+1)a_1+\frac{l^2+l-2}{2}d,$$

整理得

$$(k-l)a_1+\frac{1}{2}(k-l)(k+l+1)d=0.$$

由于 k 为正奇数，l 为正偶数，故 $k-l\neq 0$，所以 $a_1+\dfrac{k+l+1}{2}d=0$.

注意到 $\dfrac{k+l+1}{2}$ 为正整数，记之为 m，则 $a_{m+1}=a_1+md=0$. 结论得证.

注　在处理关于等差数列的问题时，作为一种常规的思路，选择首项与公差为“基本量”来分析问题，在许多情况下是有效的. 在解题中，常常可以选择问题中的一些量为基本量，而将其他量视为由基本量派生的量，并将它们用基本量表示，使得条件或要证明的结论变成少数几个基本量之间的关系，从而达到简化问题或明确目标的效果.

例 1.3　一个有底盖的半球体内有三个半径为 1 的小球. 已知每个小球既与半球的底盖相切，也与半球的球面相切，且三个小球两两外切. 求该半球体的半径 r.

解　如图 1.1，设半球体的球心为 O，三个小球的球心分别为 A,B,C，由条件知

$$AB = BC = CA = 2\,,\ AO = BO = CO = r-1,$$

且 A, B, C 到半球体底面的距离均为 1.

考虑正三棱锥 $O\text{-}ABC$，问题转化为：知其高为 1，底面棱长为 2，求其侧棱长 $r-1$.

为直观起见，可将正三棱锥 $O\text{-}ABC$ 按图 1.2 的方式摆放，并设 H 为底面中心，则 OH 为高. 于是

$$r-1 = CO = \sqrt{OH^2 + CH^2} = \sqrt{OH^2 + \left(\frac{\sqrt{3}}{3}BC\right)^2} = \sqrt{1+\frac{4}{3}} = \frac{\sqrt{21}}{3},$$

即 $r = \dfrac{\sqrt{21}}{3} + 1$.

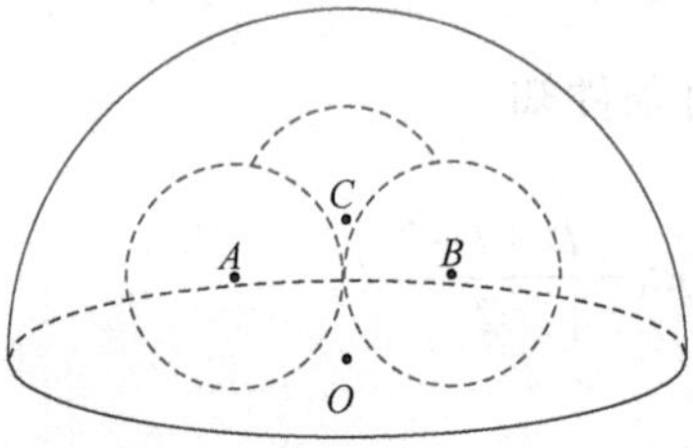

图 1.1

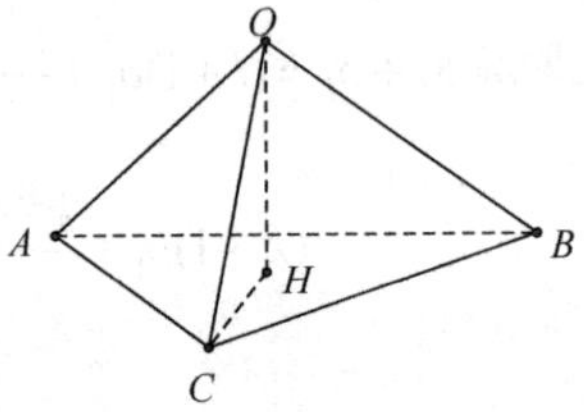

图 1.2

注 在平面几何中，圆与直线或与其他圆的相切关系，均可描述为圆的半径、圆心到直线或到其他圆的圆心的距离之间的等量关系. 同样地，在立体几何中，对球与平面或与其他球的相切关系，亦可作出类似的描述. 在本题中，这样的描述仅与四个球心 O, A, B, C 有关，完全可以脱离球的直观形象，从而减少解题过程中空间想象的困难.

例 1.4 有两个袋子 A, B，一开始 A 中装有 4 张 10 元纸币和 7 张 1 元纸币，B 中装有 9 张 5 元纸币和 2 张 1 元纸币(任意两张纸币都是不同的，即便它们的面值相同). 现要从两个袋子中各取出 9 张纸币. 问有多少种取法，使得 A 中取出的纸币价值之和大于 B 中取出的纸币价值之和?

解 每个袋子中取出 9 张纸币后，各留下两张纸币. 一开始袋子 A, B 中的纸币的总价值相等(都是 47 元)，故问题等价转化为：有多少种情况，使得 A 中留下的两张纸币价值之和 a 小于 B 中留下的两张纸币价值之和 b?

由于 $a < b \leqslant 5+5=10$，故 A 中不能留 10 元纸币，只能留下两张 1 元纸币，有 $\mathrm{C}_7^2 = 21$ 种方式. 此时有 $a=2$，故 $b>2$，即 B 中不能刚好留下两张 1 元纸币，

相应有 $C_{11}^2-1=54$ 种方式. 因此, 满足 $a<b$ 的情况数为 $21\times 54=1134$. 这意味着, 原问题中满足条件的取法有 1134 种.

注 如果分别用 x,y 表示从 A,B 中各自取出的 9 张纸币的总面值, 那么 $x>y$ 与 $a<b$ 是等价的. 我们自然可以对 x,y 的取值情况直接进行讨论, 求出满足 $x>y$ 的取法数(实际上并不是很复杂, 读者不妨自行尝试), 但当把注意力转移到两个袋子中各自留下的纸币时, 可以发现对 a,b 的分析要比对 x,y 的分析稍稍简明一些. 于是我们对问题进行等价转化后再求解, 以减轻思维负担. 当然也应当意识到, 有时问题经转化后的确变得更易处理了, 但转化问题这一环节本身要耗费一番精力, 且或多或少地有出错的风险. 先转化再求解, 未必比直接求解更为经济(对于本题, 一定也有解题者更倾向直接对 x,y 作分析). 具体如何选择, 与问题的特定内容有关, 也与不同解题者的思维风格有关. 然而, 形成转化问题的良好意识, 对数学问题的解决仍是有积极意义的.

例 1.5 设 m,n 为正整数, $2\leqslant m\leqslant n$. 求方程

$$x_1+x_2+\cdots+x_m=n$$

的正整数解 $(x_1,x_2,\cdots,x_m)$ 的组数.

解法 1 记 $S_k=x_1+x_2+\cdots+x_k(1\leqslant k\leqslant m-1)$, 则原方程的每组解 $(x_1,x_2,\cdots,x_m)$ 唯一对应一个 $m-1$ 元正整数组 $(S_1,S_2,\cdots,S_{m-1})$, 满足

$$1\leqslant S_1<S_2<\cdots<S_{m-1}\leqslant n-1.$$

因此, 要求原方程的正整数解 $(x_1,x_2,\cdots,x_m)$ 的组数, 等价于求在 $1,2,\cdots,n-1$ 中选取 $m-1$ 个数(从小到大依次作为 $S_1,S_2,\cdots,S_{m-1}$ 的取值)的方式数, 显然答案为 C_{n-1}^{m-1}.

解法 2 先将 n 表示成

$$n=1+1+\cdots+1. \quad ①$$

在①式右端的 $n-1$ 个加号中任选 $m-1$ 个, 将这些 "1" 分成 m 段, 第 i 段的 "1" 的个数为正整数 $x_i(i=1,2,\cdots,m)$, 则 $x_1+x_2+\cdots+x_m=n$, 即 $(x_1,x_2,\cdots,x_m)$ 为原方程的一组正整数解. 反之, 每组正整数解 $(x_1,x_2,\cdots,x_m)$ 也唯一对应一种在①式的右端选 $m-1$ 个加号的方式.

于是, 原问题转化为求在①式右端的 $n-1$ 个加号中任选 $m-1$ 个的方式数, 显然答案为 C_{n-1}^{m-1}.

注 通过建立一一对应，可将一个相对复杂或陌生的计数问题，转化为一个更简单或熟悉的问题. 在本题中，上述两种解法的具体操作方式不同，但均体现了这一精神.

建立对应关系，是数学研究的重要手段，也是数学解题的常用方法. 在第 10 章中有这方面的进一步的例子.

例 1.6 设 m 为实数，$x, y>0, x+y<\pi$. 证明：

$$(m^2-m)\sin(x+y)+m\sin x>(m-1)\sin y.$$

证明 根据条件，可构造 $\triangle ABC$，使得 $\angle A=x, \angle B=y, \angle C=\pi-x-y$. 记 a, b, c 分别为角 A, B, C 的对边.

由正弦定理得

$$\frac{\sin x}{a}=\frac{\sin y}{b}=\frac{\sin(\pi-x-y)}{c}=\frac{\sin(x+y)}{c}>0,$$

因此转化为证明：对任意实数 m，有

$$(m^2-m)c+ma-(m-1)b=cm^2+(a-b-c)m+b>0.$$

构造关于 m 的一元二次方程

$$cm^2+(a-b-c)m+b=0,$$

由于其中 $c>0$，故只需证明该方程的判别式 $\Delta<0$ 即可.

事实上，由 $0<a<b+c,\ 0<b<c+a,\ 0<c<a+b$ 可知

$$\Delta=(a-b-c)^2-4bc=a(a-b-c)+b(b-c-a)+c(c-a-b)<0.$$

从而原不等式成立.

注 本题采用构造三角形和构造一元二次方程的方式，对问题进行了先后两次简化，避免了复杂的计算和推理.

1.2 转化为已解决的问题

在匈牙利著名数学家路沙·彼得的名著《无穷的玩艺：数学的探索与旅行》中，有这么一段生动有趣的描述：

“假设在你面前有煤气灶、水龙头、水壶和火柴，你想烧开水，应当怎样去做？”对此，某人回答说：“在壶中灌上水，点燃煤气，再把壶放到煤气灶上.”提问者肯定了这一回答，但又追问道：“如果其他的条件都没有变化，只

是水壶中已经有了足够多的水，那么你又应该怎样去做？”这时被提问者一定会大声而有把握地回答说：“点燃煤气，再把水壶放上去.”但路沙认为这并不是最好的回答，因为“只有物理学家才这么做，而数学家们则会把水倒掉，并声称我已把后一问题化归成原先的问题了.”

所谓“化归”，是指把要解决的问题，通过某种转化过程，归结到一类已经解决或者能比较容易解决的问题中去，最终获得原问题解答的一种策略. 路沙·彼得的描述固然有夸张的成分，但体现了化归的实质. 事实上，对于一个待解决的问题，数学家有时并不关心正面解决它的最短途径是怎样的，而是考虑以尽可能短的途径将其结论建立在已知结论之上，达到对问题结论的把握.

1.1 节例题中的各种化繁为简、化难为易、化陌生为熟悉的手段，都是化归的体现. 本节将更强调类似于前面“把水倒掉”的这种化归，即主要围绕如何将问题化归为已明确解决的问题，或者将问题中的一些有待考虑的情形化归为已明确解决的情形. 值得注意的是，我们常常对一个数学问题中所蕴含的“对称性”“齐次性”等属性加以利用，来简化求解或证明，这可以视为化归策略的隐含运用.

例 1.7 设 n 为给定的正整数.

(1) 求方程 $x_1+x_2+x_3+x_4=n$ 的非负整数解 (x_1,x_2,x_3,x_4) 的组数；

(2) 求不等式 $x_1+x_2+x_3\leqslant n$ 的非负整数解 (x_1,x_2,x_3) 的组数；

(3) 求方程 $x_1+x_2+x_3=n$ 满足 $x_k\geqslant -k\,(k=1,2,3)$ 的整数解 (x_1,x_2,x_3) 的组数.

解 (1) 设 (x_1,x_2,x_3,x_4) 为原方程的任意一组非负整数解，作代换

$$x_k'=x_k+1\quad(k=1,2,3,4),$$

则 x_1',x_2',x_3',x_4' 均为正整数，且

$$x_1'+x_2'+x_3'+x_4'=x_1+x_2+x_3+x_4+4=n+4.$$

易知方程

$$x_1'+x_2'+x_3'+x_4'=n+4 \qquad ①$$

的每组正整数解 (x_1',x_2',x_3',x_4') 唯一对应于原方程的一组非负整数解

$$(x_1,x_2,x_3,x_4)=(x_1'-1,x_2'-1,x_3'-1,x_4'-1).$$

因此，问题转化为求方程①的正整数解的组数，而这正是例 1.5 研究过的问题. 利用例 1.5 的结果，可知本题答案为 C_{n+3}^3.

(2) 设 (x_1,x_2,x_3) 为原不等式的任意一组非负整数解，令 $x_4=n-(x_1+x_2+$

x_3)，则 x_4 为非负整数，且

$$x_1+x_2+x_3+x_4=n. \qquad ②$$

易知方程②的每组非负整数解 (x_1,x_2,x_3,x_4) 唯一对应于原不等式的一组非负整数解 (x_1,x_2,x_3).

因此，问题转化为求方程②的非负整数解的组数. 根据第(1)题的结果，所求答案为 C_{n+3}^3.

(3) 设 (x_1,x_2,x_3) 为原方程的任意一组满足条件的整数解，作代换

$$x_k'=x_k+k+1 \quad (k=1,2,3),$$

则 x_1',x_2',x_3' 均为正整数，且

$$x_1'+x_2'+x_3'=(x_1+2)+(x_2+3)+(x_3+4)=n+9.$$

易知方程

$$x_1'+x_2'+x_3'=n+9 \qquad ③$$

的每组正整数解 (x_1',x_2',x_3') 唯一对应于原方程的一组满足条件的整数解

$$(x_1,x_2,x_3)=(x_1'-2,x_2'-3,x_3'-4).$$

因此，问题转化为求方程③的正整数解的组数. 利用例 1.5 的结果，可知答案为 C_{n+8}^2.

注 本题中，我们不断地将面临的新问题化归为已解决的问题. 本章习题中的第 6 题提供了这方面进一步的素材.

例 1.8 证明：对任意实数 x,y,z，在 $|x-y|\leqslant|z|, |y-z|\leqslant|x|, |z-x|\leqslant|y|$ 这三个不等式中，至少有一个成立.

证明 由对称性，不妨设 $x\geqslant y\geqslant z$，此时三个不等式可分别改写为

$$x-y\leqslant|z|, \quad y-z\leqslant|x|, \quad x-z\leqslant|y|. \qquad ①$$

由于 $(x-y)+(y-z)=x-z\leqslant|x|+|z|$，即

$$(x-y-|z|)+(y-z-|x|)\leqslant 0,$$

故①中的前两个不等式必有一个成立. 因此结论成立.

注 本题中，对于 x,y,z 的排序关系的多种可能，我们只选择了其中一种 $x\geqslant y\geqslant z$ 进行讨论，为什么这就足够了呢？

事实上，题目中 x,y,z 的地位是完全对等的，不难验证，当对换任意两个字母时，条件和结论都不改变. 例如当交换 x,y 后，题中的三个不等式分别变成

$$|y-x|\leqslant|z|,\quad |x-z|\leqslant|y|,\quad |z-y|\leqslant|x|,$$

实际上它们分别是原来的第 1、第 3、第 2 个不等式.

因此，对其他每一种排序关系的讨论，均可归结为对 $x\geqslant y\geqslant z$ 这一情形的讨论. 既然如此，我们仅需在解题过程中指出这种对称性，之后就不必再逐一讨论别的情况了.

例 1.9 设 $a,b,c>0$. 证明:

$$a\sqrt{a}(b+c)+b\sqrt{b}(c+a)+c\sqrt{c}(a+b)\leqslant\frac{2}{3\sqrt{3}}(a+b+c)^{\frac{5}{2}}.$$

证明 由齐次性，不妨设 $a+b+c=1$，此时原不等式变为

$$a\sqrt{a}(1-a)+b\sqrt{b}(1-b)+c\sqrt{c}(1-c)\leqslant\frac{2}{3\sqrt{3}}. \qquad ①$$

由平均值不等式得

$$2a(1-a)^2\leqslant\left(\frac{2a+(1-a)+(1-a)}{3}\right)^3=\frac{8}{27},$$

故 $\sqrt{a}(1-a)\leqslant\frac{2}{3\sqrt{3}}$. 同理得 $\sqrt{b}(1-b)\leqslant\frac{2}{3\sqrt{3}}$, $\sqrt{c}(1-c)\leqslant\frac{2}{3\sqrt{3}}$.

因此①式的左边不超过 $\frac{2}{3\sqrt{3}}(a+b+c)=\frac{2}{3\sqrt{3}}$，故①式成立. 从而原不等式成立.

注 本题中，$a+b+c$ 的值有无限多种可能. 在上述解法中，我们仅选择了其中一种 $a+b+c=1$ 进行讨论，为什么这就足够了呢?

事实上，原不等式两端均为关于变量 a,b,c 的 $\frac{5}{2}$ 次齐次式(在数学上，“λ 次齐次式”是指：当各个变量同时乘以一个任意的正数 t 后，该式的值与原先的值之比总为 t^{λ}). 因此当 $a+b+c\neq1$ 时，在原不等式两端可同时乘以 $t^{\frac{5}{2}}$，其中 $t=\dfrac{1}{a+b+c}$，将原不等式等价转化为

$$ta\sqrt{ta}\cdot(tb+tc)+tb\sqrt{tb}\cdot(tc+ta)+tc\sqrt{tc}\cdot(ta+tb)\leqslant\frac{2}{3\sqrt{3}}. \qquad ②$$

记 $a'=ta,\ b'=tb,\ c'=tc$，则

$$a',b',c'>0,\quad a'+b'+c'=t(a+b+c)=1, \qquad ③$$

进而②式可改写为

$$a'\sqrt{a'}(1-a')+b'\sqrt{b'}(1-b')+c'\sqrt{c'}(1-c')\leqslant\frac{2}{3\sqrt{3}}. \quad ④$$

在③的条件下证明不等式④，这正是已经解决的问题.

一般地，齐次性使我们能够对变量额外施加一个可实现的等式约束条件，所有不满足该条件的其余情形，均可归结为对满足该条件的特殊情形的讨论.

额外条件设置得适当，对问题的解决大有帮助. 本题中，设置 $a+b+c=1$ 这一额外条件，回避了不等式右端不易处理的 $(a+b+c)^{5/2}$，更重要的是不等式左端的结构也对配合运用该额外条件较为有利，所以形成了上述相对简单的证明方法.

例 1.10 (1) 有 13 个人围成一圈. 从圈上至多能选出多少人，使他们互不相邻?

(2) 从 $1,2,\cdots,13$ 中至多可以选出多少个数，使得每两个选出的数之差既不等于 5，也不等于 8?

解 (1) 将 13 个人依次编号为 $1,2,\cdots,13$，如图 1.3 所示.

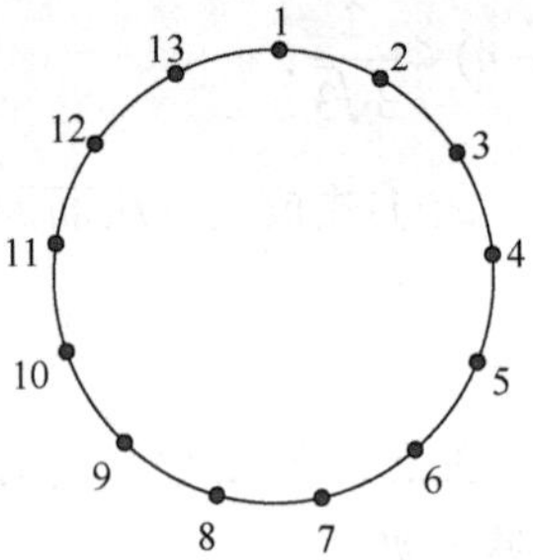

图 1.3

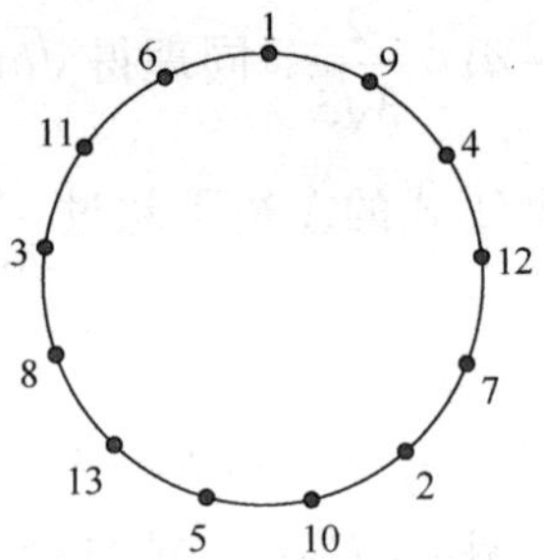

图 1.4

由于 $1,3,5,7,9,11$ 号两两不相邻，故可选出 6 人.

下证至多可选 6 人. 先任意选定一人，由对称性，不妨设为 1 号，此时与他相邻的 2 号与 13 号不能选. 将剩下的 10 人配成 5 对：$(3,4),(5,6),(7,8),(9,10),(11,12)$，每对中至多只能选一人，连同 1 号在内，至多可选 6 人.

综上所述，从圈上至多能选出 6 人，使他们互不相邻.

(2) 将 $1,2,\cdots,13$ 按图 1.4 的方式排成一圈，易验证知圈上的数满足：两数相邻当且仅当它们的差是 5 或 8.

于是问题(2)转化为：在这个圈上至多可以选出多少个数，使它们互不相邻? 由(1)的结论知，答案是 6. 例如，选 $1,4,7,10,13,3$ 这 6 个数.

注 从表面来看，(1)，(2)两题是不同的，且由于直观性的差异，直接求解(2)比(1)来得困难．现通过转化，将(2)化归为(1)，问题就解决了．

1.3 分解问题

为了解决一个复杂的问题，可以将其分解为若干个并列的或有先后关系的子问题，分别予以解决，这也是变换问题的一种表现．

分解问题的主要手段是"分类"与"分步"．在数学研究的过程中，经常需要根据数学对象本质属性中的共同点与不同点，分门别类地加以研究．因此，分类策略的运用常常是数学内在规律的一种反映．从技术层面看，分类实际上是为解决问题增加额外的已知条件，使解题者更易于突破问题中的实质困难．此外，有的问题不便一步到位地解决，也可以尝试分步的策略，将问题的求解分为若干个先后的环节，使得处理每个环节是一个比原问题更简单或更明确的子问题．

例 1.11 函数 $f(x)$ 的定义域为 $[0,1]$，$f(0)=f(1)$，且对任意 $x_1, x_2 \in [0,1]$，均有

$$|f(x_1)-f(x_2)| \leqslant |x_1-x_2|.$$

设 $a, b \in [0,1]$．证明：$|f(a)-f(b)| \leqslant \dfrac{1}{2}$．

证明 当 $|a-b| \leqslant \dfrac{1}{2}$ 时，根据条件，显然有 $|f(a)-f(b)| \leqslant |a-b| \leqslant \dfrac{1}{2}$．

当 $|a-b| > \dfrac{1}{2}$ 时，由对称性，不妨设 $0 \leqslant a < b \leqslant 1$，则 $b-a > \dfrac{1}{2}$．于是有

$$\begin{aligned}|f(a)-f(b)| &= |f(a)-f(0)+f(1)-f(b)| \leqslant |f(a)-f(0)|+|f(1)-f(b)| \\ &\leqslant |a-0|+|1-b| = 1-(b-a) < \frac{1}{2}.\end{aligned}$$

综上，结论证毕．

注 在 $|a-b| \leqslant \dfrac{1}{2}$ 的条件下，可以轻易证明本题的结论，故按 $|a-b| \leqslant \dfrac{1}{2}$ 与 $|a-b| > \dfrac{1}{2}$ 两类情形进行讨论，成为证明本题结论的一个自然的切入点．后一情形下的证明略微困难一些，需要考虑如何有效利用 $f(0)=f(1)$ 这一约束条

件(如果题目中缺少了该条件，将导致反例的出现，例如，$f(x)=x\,(x\in[0,1])$).
值得注意的是，“$|a-b|\leqslant\frac{1}{2}$”与“$|a-b|>\frac{1}{2}$”作为额外的已知条件，分别对两类情形下的证明提供了实质帮助.

例 1.12 一个三角形的三边长分别为 6, 8, 10. 证明：有且仅有一条同时平分该三角形的面积和周长的直线.

证明 设$\triangle ABC$中，$AB=6$, $BC=8$, $CA=10$，其半周长为 12.

考虑以下三类情形.

(1) 若直线与边 AB, BC 分别交于点 D, E，设 $BD=x$, $BE=y$，则 $x+y=12$, $xy=24$，故 $\{x, y\}=\left\{6+2\sqrt{3},\ 6-2\sqrt{3}\right\}$，但 $\max\{x, y\}\leqslant 8<6+2\sqrt{3}$，矛盾.

(2) 若直线与边 AB, AC 分别交于点 F, G，设 $AF=x$, $AG=y$，则 $x+y=12$, $xy=30$，故 $\{x, y\}=\left\{6+\sqrt{6},\ 6-\sqrt{6}\right\}$，只能是 $x=6-\sqrt{6}\,(<6)$, $y=6+\sqrt{6}\,(<10)$，符合条件.

(3) 若直线与边 AC, BC 分别交于点 H, I，设 $CH=x$, $CI=y$，则 $x+y=12$, $xy=40$，无实数解.

综上可知，有且仅有一条直线符合条件.

注 由于$\triangle ABC$三边地位不对等，很难对问题作出统一的分析，因此自然地按照直线与各边相交的情况进行分类，将整个解题任务分解为三个并列的子任务，达到化难为易的效果.

例 1.13 在整数范围内对多项式 $P(x)=x^7-2x^5+2x^4-2x^3+2x^2-3x+2$ 作因式分解.

解 对高次多项式 $P(x)$ 直接完成因式分解有些困难. 我们先将问题变换为：求出 $P(x)$ 的所有一次因式.

注意到 $P(x)$ 的最高次项系数为 1，常数项为 2，计算 $P(\pm1)$, $P(\pm2)$，发现 $P(1)=0$，$P(-2)=0$，这表明 $x-1, x+2$ 是 $P(x)$ 的因式(实际上 $x-1$ 还是重因式，但在实际解题时，我们可能暂时不知道这一点).

由带余除法，计算得

$$P(x)=(x-1)(x+2)(x^5-x^4+x^3-x^2+x-1).$$

至此，原问题转化为：在整数范围内对 $Q(x)=x^5-x^4+x^3-x^2+x-1$ 进行因式分解. 发现 $Q(x)$ 仍含有因式 $x-1$，再计算得

$$Q(x)=(x-1)(x^4+x^2+1).$$

经尝试，x^4+x^2+1已不含整数范围内的一次因式，转而考虑其是否能分解为二次因式之积. 由于

$$x^4+x^2+1=(x^2+1)^2-x^2=(x^2+x+1)(x^2-x+1),$$

故对$P(x)$分解的结果为

$$P(x)=(x-1)(x+2)Q(x)=(x-1)^2(x+2)(x^2+x+1)(x^2-x+1).$$

注 我们把解题任务分为两个环节——先寻找一次因式，再寻找其他因式.

在整数范围内对多项式作因式分解时，若最高次项系数与常数项分别为a, b，则所能分解出的一次因式$px+q$(p,q为非零整数)必须满足$p|a, q|b$. 在本题中，由于$P(x)$的系数的特点，寻找一次因式所需的工作量非常小，所以优先进行这一环节是一种经济的选择.

完成第一环节后，我们发现第二环节对x^4+x^2+1进行因式分解已是一个不太困难的任务了(即便不知道将x^2拆成$2x^2-x^2$凑平方差的技巧，我们仍可利用待定系数或其他方法实现分解).

例 1.14 设n为大于1的奇数，α是多项式$P(x)=(x-1)^n-x^2$的实根. 证明:

$$\alpha>2+\frac{1}{n}.$$

证明 先证明$\alpha\geqslant 1$. 因n为奇数，假如$\alpha<1$，将导致$P(\alpha)=(\alpha-1)^n-\alpha^2<0$，与题意不符.

再证明$\alpha\geqslant 2$. 假如$1\leqslant\alpha<2$，将导致$(\alpha-1)^n<1\leqslant\alpha^2$，故$P(\alpha)<0$，与题意不符.

最后证明$\alpha>2+\frac{1}{n}$. 假如$2\leqslant\alpha\leqslant 2+\frac{1}{n}$，将导致$(\alpha-1)^n\leqslant\left(1+\frac{1}{n}\right)^n<\mathrm{e}<4\leqslant\alpha^2$，故$P(\alpha)<0$，与题意不符.

至此结论证毕.

注 我们采用“步步为营、层层推进”的策略：首先十分容易排除$\alpha<1$的可能性，于是将所需考虑的范围缩小至$\alpha\geqslant 1$，为第二步的分析创设了有利条件$\alpha^2\geqslant 1$；第二步仍未彻底解决问题，但将所需考虑的范围进一步缩小至$\alpha\geqslant 2$，为第三步的分析创设了有利条件$\alpha^2\geqslant 4$；此时发动最后攻势的时机已成熟，在第三步中，问题得以完全解决.

例 1.15 设 m 为给定的正整数. 试给出一个 $2m+1$ 项的单调递增正整数等差数列, 使得该数列的各项积为完全平方数.

解 先任取一个 $2m+1$ 项的单调递增正整数等差数列 $\Gamma: a_1, a_2, \cdots, a_{2m+1}$.

数列 Γ 已具有"单调递增""正整数""等差"这三个属性, 但可能暂时不具有"各项积为完全平方数"的属性.

对任意正整数 k, 显然 $\Gamma_k: ka_1, ka_2, \cdots, ka_{2m+1}$ 仍保持"单调递增""正整数""等差"的属性. 我们设法选取一个 k, 使得 Γ_k 进一步满足"各项积为完全平方数"的要求.

由于 Γ_k 的各项积为 $(ka_1)(ka_2)\cdots(ka_{2m+1}) = k^{2m+1}a_1a_2\cdots a_{2m+1}$, 取 $k = a_1a_2\cdots a_{2m+1}$, 则 Γ_k 的各项积 $(k^{m+1})^2$ 为完全平方数, 达到目的.

特别地, 可以从数列 $1, 2, \cdots, 2m+1$ 出发, 取 $k=(2m+1)!$, 得到一个满足题目要求的等差数列:

$$(2m+1)!,\quad 2\cdot(2m+1)!,\quad \cdots,\quad (2m+1)\cdot(2m+1)!.$$

注 本题是一项构造任务. 我们不必追求"一步到位"地完成构造, 而是可以先构造一个半成品, 再适当加工使其变为成品.

例 1.16 一列点 $P_1, P_2, \cdots$ 满足: 对任意正整数 n, 点 P_n 与 P_{2n}, P_{3n+1} 之间均有边相连. 证明: 这列点中的任意两点均可由这些边互通.

证明 只需证明每个点 $P_i(i \geqslant 2)$ 均可与点 P_1 互通(这样任意两点可借助 P_1 而互通).

进一步, 只需证明从每个点 $P_i(i \geqslant 2)$ 出发, 可经过有限条边到达某个下标更小的点 $P_j\ (j<i)$ (这样, 下标的递降必在有限步内结束, 故从 P_i 出发经有限步必可到达 P_1).

事实上,

$$P_{3k} \to P_{9k+1} \to P_{18k+2} \to P_{36k+4} \to P_{12k+1} \to P_{4k} \to P_{2k}(k \geqslant 1);$$

$$P_{3k+1} \to P_k(k \geqslant 1);$$

$$P_{3k+2} \to P_{6k+4} \to P_{2k+1}(k \geqslant 0).$$

从而命题得证.

注 我们不易直接构造出任意两点 P_a, P_b 之间通路的一般形式, 但完全可以将实现互通的过程分解为一系列的环节: 让 P_a 与 P_b 各自逐步地接近并到达

点 P_1，从而达到 P_a, P_b 互通的目的(对不同的正整数 a, b，显然环节数是不定的，但一定是有限的).

在证明“每个点 $P_i(i \geqslant 2)$ 可与某个下标更小的点 $P_j(j<i)$ 互通”这一关键命题时，出于需要，我们又对下标按模3的余数进行分类，即对当前问题作了进一步的分解.

1.4 合理加强命题

“加强命题”是变换问题的一种常见形式，具体可表现为：证明一个更强的结论(这个结论是使原结论成立的一个充分条件)，在更弱的条件下证明结论，证明一个更一般的命题(原命题是其特殊情形)，等等. 无论何种形式，一旦加强后的命题得证，就直接导致原命题得证.

在解题中作出一项加强命题的决策，通常需要冒一定的风险，因为加强后的命题未必为真命题，即使为真命题，也未必易于证明. 从逻辑上说，加强后的命题不真，并不代表原命题为假命题. 因此，当我们无法证明加强后的命题时，从解题的直接成果上来衡量便是“一无所获”的. 然而，在失败的尝试中所花的时间和精力未必是白费的，因为尝试过程往往会引导我们对原命题的前景作出一个较好的判断. 而且，当加强命题的决策不是基于自负，而是基于某种合理的超越表面的洞察时，它就十分有可能获得成功.

例 1.17 在 $\triangle ABC$ 中，G 为重心，O 为外心. 证明：

(1) $\overrightarrow{AG}\cdot\overrightarrow{BC}+\overrightarrow{BG}\cdot\overrightarrow{CA}+\overrightarrow{CG}\cdot\overrightarrow{AB}=0$；

(2) $\overrightarrow{AO}\cdot\overrightarrow{BC}+\overrightarrow{BO}\cdot\overrightarrow{CA}+\overrightarrow{CO}\cdot\overrightarrow{AB}=0$.

证明 对 $\triangle ABC$ 所在平面内任意一点 P，均有

$$\begin{aligned}&\overrightarrow{AP}\cdot\overrightarrow{BC}+\overrightarrow{BP}\cdot\overrightarrow{CA}+\overrightarrow{CP}\cdot\overrightarrow{AB}\\ =&\overrightarrow{AP}\cdot\left(\overrightarrow{BP}-\overrightarrow{CP}\right)+\overrightarrow{BP}\cdot\left(\overrightarrow{CP}-\overrightarrow{AP}\right)+\overrightarrow{CP}\cdot\left(\overrightarrow{AP}-\overrightarrow{BP}\right)=0.\end{aligned}$$

因此, (1), (2)得证.

注 本题中的两小题都是平面向量的常规练习题，可以分别利用重心与外心的特殊性来解决. 另外容易意识到，对 $\triangle ABC$ 的垂心 H，$\overrightarrow{AH}\cdot\overrightarrow{BC}+\overrightarrow{BH}\cdot\overrightarrow{CA}+\overrightarrow{CH}\cdot\overrightarrow{AB}=0$ 显然是也成立的. 因此，很可能联想到并研究一下内心 I (或其他更多的特殊点)有没有如此巧合的性质，发现确有此类性质. 换个角度考

虑，如此多的巧合，是否意味着该性质与点的特殊性无关呢？这就启发我们考虑是否有一个统一的证明．在本题中，去掉非本质的条件，去证明一个更一般的命题，反而不受到特殊性的干扰与拘束，使问题的解决变得更简单了．此外，还可以将点 P 的位置推广到空间(甚至是高维空间)，由向量的运算性质，结论仍是成立的．

例 1.18 设 $a,b,c,d>0$．证明：

$$\frac{a^3+b^3+c^3}{a+b+c}+\frac{b^3+c^3+d^3}{b+c+d}+\frac{c^3+d^3+a^3}{c+d+a}+\frac{d^3+a^3+b^3}{d+a+b}\geqslant a^2+b^2+c^2+d^2.$$

证明 先证明

$$\frac{a^3+b^3+c^3}{a+b+c}\geqslant\frac{a^2+b^2+c^2}{3}. \quad ①$$

由柯西不等式，可知

$$(a^3+b^3+c^3)(a+b+c)\geqslant(a^2+b^2+c^2)^2,$$

$$3(a^2+b^2+c^2)\geqslant(a+b+c)^2,$$

所以

$$3(a^3+b^3+c^3)(a+b+c)\geqslant(a+b+c)^2(a^2+b^2+c^2),$$

故①成立．

由对称性，同理有

$$\frac{b^3+c^3+d^3}{b+c+d}\geqslant\frac{b^2+c^2+d^2}{3}, \quad ②$$

$$\frac{c^3+d^3+a^3}{c+d+a}\geqslant\frac{c^2+d^2+a^2}{3}, \quad ③$$

$$\frac{d^3+a^3+b^3}{d+a+b}\geqslant\frac{d^2+a^2+b^2}{3}. \quad ④$$

由①，②，③，④得原不等式成立．

注 上述证明中的①，可以视为原不等式的一个“局部不等式”，其结构比较简单，更易于进行考察．由于 a,b,c,d 具有对称性，仅需证明①，便可知②，③，④也一并成立．事后发现，①的证明并不困难(除了运用柯西不等式，也可以用作差比较之类的更基本的方法)，因此我们将原问题加强为“证明不等式①成立”这一行动是成功的．

例 1.19 设 p 为素数. 证明: 存在无穷多个正整数 n, 满足 $p\mid(2^n-n)$.

证明 若 $p=2$, 显然所有正偶数 n 满足条件.

以下考虑 p 为奇素数的情况. 由费马小定理知

$$2^{p-1}\equiv 1\pmod p. \quad ①$$

考虑使 $p\mid(2^n-n)$ 成立的一个充分条件

$$\begin{cases}2^n\equiv 1\pmod p,\\ n\equiv 1\pmod p.\end{cases} \quad ②$$

当 n 为 $p-1$ 的倍数时, 利用①知 $2^n\equiv 1\pmod p$. 因此取

$$n_k=(kp-1)(p-1)\quad (k=1,2,\cdots),$$

当 $n=n_k$ 时, 易验证充分条件②成立.

因此 $n_1,n_2,\cdots$ 是满足条件的无穷多个正整数.

注 本题中, 我们用到了初等数论中的一个著名结论(费马小定理): 对任意素数 p 及与 p 互素的整数 a, 有 $a^{p-1}\equiv 1\pmod p$.

对于不同的素数 p, 2^n 模 p 的余数随 n 变化的规律不易统一刻画, 但由费马小定理, 至少知道当 n 为 $p-1$ 的倍数时, 2^n 模 p 的余数是确定的常数 1. 这启发我们在 p 为奇素数的情况下将命题加强为: 证明无穷多个正整数 n 满足条件②. 这里②对 n 的约束要求更高, 但对构造 n 值的指向也更为明确, 反而为证明铺平了道路.

例 1.20 给定正整数 $n\geqslant 3$, 是否存在不全相等的非零实数 $a_1,a_2,\cdots,a_n$ 满足:

$$a_k=\max\left\{\frac{a_{k-1}}{a_k},\frac{a_{k-2}}{a_k}\right\}-2\quad (k=1,2,\cdots,n)? \quad ①$$

这里约定 $a_{-1}=a_{n-1}$, $a_0=a_n$.

解 将非零实数 $a_1,a_2,\cdots,a_n$ 所满足的条件①削弱为: 对每个 $k\in\{1,2,\cdots,n\}$, 存在 $j\in\{1,2,\cdots,n\}$, 使得 $a_k=\dfrac{a_j}{a_k}-2$, 即

$$a_j+1=(a_k+1)^2. \quad ②$$

在此基础上考虑 $a_1,a_2,\cdots,a_n$ 需满足的性质.

对每个 $k\in\{1,2,\cdots,n\}$, 任意选择一个使②式成立的 j, 并定义 $j=f(k)$,

按此方式可确定一个映射 $f:\{1,2,\cdots,n\}\to\{1,2,\cdots,n\}$.

取定任意一个 $k\in\{1,2,\cdots,n\}$，我们来证明 $a_k=-1$.

记 $k_0=k,\ k_i=f(k_{i-1})(i=1,2,\cdots)$．假设 $a_k\neq-1$，由 $a_{k_i}+1=(a_{k_{i-1}}+1)^2\ (i=1,2,\cdots)$，可知 $a_{k_i}\neq-1(i=1,2,\cdots)$.

由于 $n+1$ 个数 $k_0,k_1,\cdots,k_n\in\{1,2,\cdots,n\}$，根据抽屉原理，必存在 $s,t(0\leqslant s<t\leqslant n)$，使得 $k_s=k_t$，从而

$$a_{k_t}+1=(a_{k_{t-1}}+1)^2=(a_{k_{t-2}}+1)^{2^2}=\cdots=(a_{k_s}+1)^{2^{t-s}}=(a_{k_t}+1)^{2^{t-s}},$$

又 $a_{k_t}+1\neq0$，故 $(a_{k_t}+1)^{2^{t-s}-1}=1$．由 $2^{t-s}-1$ 为奇数知 $a_{k_t}+1=1$，即 $a_{k_t}=0$，与条件矛盾．所以必有 $a_k=-1$.

这样 $a_1,a_2,\cdots,a_n$ 只可能均为 -1，但这与 $a_1,a_2,\cdots,a_n$ 不全相等矛盾.

因此不存在 $a_1,a_2,\cdots,a_n$ 满足削弱后的条件，当然更不存在 $a_1,a_2,\cdots,a_n$ 满足原条件.

注 本题的条件①表明 $a_k=\dfrac{a_{k-1}}{a_k}-2$ 或 $a_k=\dfrac{a_{k-2}}{a_k}-2$，但具体是哪个等式成立，因涉及 a_{k-1},a_{k-2} 的大小关系及 a_k 的正负，难以明确判断．此外，简单地从局部几项分析大小和正负关系，也难以打开局面．因此干脆将①削弱，即不再关心②中的 j 是 $k-1$ 还是 $k-2$，甚至允许 j 是 $\{1,2,\cdots,n\}$ 中的任意数．如此反而使一种有效的推理模式浮现出来．最终我们也借削弱条件而扩大了解题的成果，即在一类比原问题更广泛的情形下否定了 $a_1,a_2,\cdots,a_n$ 的存在性.

习　题　1

1. 求解关于实数 x 的方程 $\log_2(\log_8 x)=\log_4(\log_4 x)$.

2. 在 $\triangle ABC$ 中，角 A,B 的对边分别为 a,b．若 $a\cos A=b\cos B$，证明：$\tan A$，$\tan B$ 或者相等，或者互为倒数.

3. 设 $b>a>\mathrm{e}$（e 为自然对数的底数）．证明：$a^b>b^a$.

4. 设 $a,b,c,d>0,\ a+2b=c+2d=1$．求 $\dfrac{1}{a}+\dfrac{1}{bcd}$ 的最小值.

5. 在 8×8 的国际象棋棋盘中，有多少种方法从中选出 56 个格子，满足所有的黑格被选出，且每行及每列恰有 7 个格子被选出？

6. 求解下列问题(请注意每相邻两小题之间的关系):

(1) 方程 $a+b+c=6$ 的非负整数解 (a,b,c) 有多少组?

(2) 方程 $2^a\cdot 2^b\cdot 2^c=64$ 的非负整数解 (a,b,c) 有多少组?

(3) 方程 $xyz=64$ 的正整数解 (x,y,z) 有多少组?

(4) 方程 $xyz=1000000$ 的正整数解 (x,y,z) 有多少组?

7. 设实数 a, b, c 满足 $a+b+c=0$. 令 $d=\max\{|a|,|b|,|c|\}$. 证明:

$$\left|(1+a)(1+b)(1+c)\right|\geqslant 1-d^2.$$

8. 给定整数 $n\geqslant 3$. 设 $F=\dfrac{a_1}{a_1+a_2}+\dfrac{a_2}{a_2+a_3}+\cdots+\dfrac{a_n}{a_n+a_1}$, 其中 $a_1,a_2,\cdots,a_n>0$. 证明:

(1) $F>1$;

(2) $F<n-1$; 试将此问题归结为问题(1).

9. 设正方形周界上的两点 M,N 之间连有一条可求长的连续曲线 Γ, 将正方形分成面积相等的两部分. 证明: Γ 的长度不小于正方形的边长.

10. 给定锐角 $\triangle ABC$, 试在线段 BC, CA, AB 内各确定一点 D, E, F, 使得 $\triangle DEF$ 为等边三角形. 请尽可能多地给出不同的方法.

11. 设 n 为不含数码 0 的三位正整数. 若将 n 的个位、十位和百位数码任意排列, 构成的三位数总不为 4 的倍数, 求这样的 n 的个数.

12. 设一个三角形的三边长为三个连续的正整数, 且三个内角中有一个为另一个的两倍, 求这个三角形的面积.

13. 设正整数 $n\geqslant 2$. 证明: 对任意实数 $x_1,x_2,\cdots,x_n\in[0,1]$, 均有

$$2(x_1^3+x_2^3+\cdots+x_n^3)-(x_1^2x_2+x_2^2x_3+\cdots+x_n^2x_1)\leqslant n.$$

14. 是否存在非零实数 $a_1,a_2,\cdots,a_{100}$, 满足

$$a_k+\min\left\{\frac{a_{k+3}}{a_k},\frac{a_{k-2}}{a_k}\right\}=1\ (k=1,2,\cdots,100)?$$

这里对任意整数 i 约定 $a_{100+i}=a_i$.

15. 证明: 方程 $x^2+y^2+z^2=2xyz$ 不存在正整数解 (x,y,z).

第 2 章　变换视角

从不同的视角看待一个数学问题，会突显出其不同的侧面. 在解题中，如果说问题的本质难度是一定的，那么，选择适当的视角虽未改变其本质难度，但有利于揭示问题的内在规律，降低其“相对难度”，对解决问题是有益的.

一个问题本身通常并不暗示解题者从何种视角分析更为有利. 因此，为了更有机会发现并选择合理的视角，解题者需要积累一定的经验，需要善于多角度地考虑问题，同时需要具备良好的发散思维和变通的能力，这样才能在解题中自如地变换视角，根据实际情况而随机应变.

2.1 合理选择视角

本节提供了一些关于解题视角合理选择的典型例子. 其中许多问题有常规的分析思路，但通过变换视角可以更方便地解决.

例 2.1　设 k, l, m 为给定的互不相等的实数. 求解关于 x, y, z 的方程组

$$\begin{cases} k^2x+ky+z=k^3, \\ l^2x+ly+z=l^3, \\ m^2x+my+z=m^3. \end{cases}$$

解　考虑关于 t 的方程

$$t^3-t^2x-ty-z=0. \qquad ①$$

由条件知 k, l, m 为①的三个不同的实根. 由三次多项式根与系数的关系，可知

$$\begin{cases} x=k+l+m, \\ y=-(kl+lm+mk), \\ z=klm. \end{cases}$$

注 本题的方程组中x,y,z是未知数，k,l,m是参数. 上述解法改变了视角，将x,y,z暂时视为已知的，反过来将k,l,m看成未知数，这样k,l,m是方程①的三个解，x,y,z是该方程的参数. 随后，我们并不需要真正求解方程①，仅需利用根与系数的关系(即一元高次方程的韦达定理，这可以通过展开$(t-k)(t-l)(t-m)=0$并与①比较系数而证得)，即可成功地将x,y,z用k,l,m来表示. 变换视角，诱导了解决本题的一条捷径. 当然这种方法之所以奏效，与方程组结构的特殊性有关，使得我们可以利用方程①来做文章. 如果不具备特殊的有利因素，还是应当回归到常规的消元解法.

例 2.2 设A_1,A_2,A_3是$S=\{1,2,3,4\}$的三个子集(允许相同)，满足$A_1\cup A_2\cup A_3=S$，求这样的有序三元组(A_1,A_2,A_3)的个数.

解 为使$A_1\cup A_2\cup A_3=S$，必有$1\in A_1,1\in A_2,1\in A_3$中至少一个成立，因此$S$的元素1关于$A_1,A_2,A_3$的归属情况(即“属于”或“不属于”)有$2^3-1=7$种.

同理，S的元素2, 3, 4关于A_1,A_2,A_3的归属情况也分别有7种.

由乘法原理知，S的所有元素关于A_1,A_2,A_3的归属情况共有$7^4=2401$种.

当S的所有元素关于A_1,A_2,A_3的归属情况均被确定后，有序三元组(A_1,A_2,A_3)即被确定，并且不同的归属情况对应不同的有序三元组. 因此满足条件的有序三元组(A_1,A_2,A_3)的个数为2401.

注 在涉及多个元素与多个集合的归属关系时，“各个集合中分别含有哪些元素”与“各个元素分别归属于哪些集合”，是两种不同的分析问题的视角. 本题中采用后者，因为其计数结构更为简单.

不妨用一种更直观的方式呈现本题：作一个4行3列的表格，若$i\in A_j$，则在表格第i行第j列的单元格内做个标记. 此时，若将视角聚焦于“列”，则是在分析“各个集合中分别含有哪些元素”；若将视角聚焦于“行”，则是在分析“各个元素分别归属于哪些集合”. 本题实际上是问有多少种标记方式使每行都有标记，自然是将视角聚焦于“行”更为有利.

例 2.3 数列$\{a_n\}$满足：对任意正整数n，有$a_n(2S_n-a_n)=n$，其中S_n表示$\{a_n\}$的前n项和. 证明：对任意正整数n，有$a_n<\sqrt{2}n$.

证明 约定$S_0=0$，则对任意正整数n，有

$$a_n=S_n-S_{n-1},\quad 2S_n-a_n=S_n+S_{n-1},$$

由条件得

$$n=a_n(2S_n-a_n)=(S_n-S_{n-1})(S_n+S_{n-1})=S_n^2-S_{n-1}^2.$$

因此

$$S_n^2=S_{n-1}^2+n=S_{n-2}^2+(n-1)+n=\cdots=S_0^2+1+2+\cdots+(n-1)+n=\frac{n(n+1)}{2},$$

即 $S_n=\pm\sqrt{\frac{n(n+1)}{2}}$ (当 $n=0$ 时亦成立). 从而

$$a_n=S_n-S_{n-1}\leqslant\sqrt{\frac{n(n+1)}{2}}+\sqrt{\frac{n(n-1)}{2}}<\sqrt{\frac{1}{2}\left(n+\frac{1}{2}\right)^2}+\sqrt{\frac{1}{2}\left(n-\frac{1}{2}\right)^2}$$

$$=\frac{1}{\sqrt{2}}\left(\left(n+\frac{1}{2}\right)+\left(n-\frac{1}{2}\right)\right)=\sqrt{2}n.$$

注 上述解法中消去 a_n，即以 $\{S_n\}$ 为视角研究问题，发现能得到一个简单的递推关系——$S_n^2-S_{n-1}^2=n$，借此很容易求得 $\{S_n^2\}$ 的各项值(相当于确定了各 S_n 的绝对值)，进而确定 $\{a_n\}$ 各项的可能值. 后续的不等关系的证明并不困难.

相比之下，如果我们坚持消去 S_n，即以 $\{a_n\}$ 为视角研究问题，可能要更曲折一些. 典型的思维过程也许是这样的——先发现对任意 n，当 $a_1,a_2,\cdots,a_{n-1}$ 被确定之后，a_n 的值总是有两种选择，然后仔细考察前几项的可能值，从中猜测到了 $\{a_n\}$ 的通项所满足的具体性质，再用数学归纳法来证明.

一般地，a_n 与 S_n 从不同的视角刻画数列的本质规律. 当 $\{S_n\}$ 为 $\{a_n\}$ 的"部分和数列"时，$\{a_n\}$ 便是 $\{S_n\}$ 的"差分数列". 由 $\{a_n\}$ 与 $\{S_n\}$ 中任意一个数列，均可确定另一数列. 因此，尽管许多数列问题是从 $\{a_n\}$ 出发来陈述的，容易给人以一种先入为主的感觉，但具体解题时，不必受问题陈述方式的限制，不妨先分别从 $\{a_n\}$ 和 $\{S_n\}$ 的视角(当然还可以包括其他视角)作一番初探，再选择一个我们认为前景更佳的视角，将解题工作继续下去.

例 2.4 一段路上有 100 个路灯 $L_1,L_2,\cdots,L_{100}$，一开始它们都是关着的. 有 100 名行人先后经过这段路. 对每个 $k\in\{1,2,\cdots,100\}$，当第 k 名行人经过时，他将所有下标为 k 的倍数的路灯 $L_k,L_{2k},\cdots$ 的开关状态改变. 问当第 100 名行人经过后，有多少个路灯处于开着的状态?

解 固定每个 $n\in\{1,2,\cdots,100\}$，考察路灯 L_n.

根据题意，L_n 被第 k 名行人改变开关状态，当且仅当 k 为 n 的正约数(注意 n 的正约数都不超过 100，故每个正约数均可对应到某一名行人). 所以 L_n 最终为开，当且仅当n的正约数个数为奇数．以下证明这等价于n为平方数．

事实上，n的每个正约数d均可对应到正约数$d'=\frac{n}{d}$，其中，d对应到自身当且仅当$d=\frac{n}{d}$，即$d=\sqrt{n}$．这意味着，n的正约数个数为奇数当且仅当$\sqrt{n}$是n的正约数，即n为平方数．

因此，当所有行人都经过后，恰好那些下标为平方数$1,4,9,\cdots,100$的路灯是开着的，所以共有 10 个路灯处于开着的状态．

注 我们不必受问题陈述方式的影响而在心中真正预演一遍整个开灯关灯的过程．事实上，每个路灯的最终状态仅与它被操作的次数的奇偶性有关，而与它被操作的时刻无关．于是我们排除无关因素，将视角聚焦于每个路灯L_n被操作的次数(即n的正约数个数)的奇偶性，进而归结为对n是否为平方数的判断．这样，我们对L_n最终的开关状态作出了清晰的刻画，使问题迎刃而解．

例 2.5 实数l满足：当关于x的实系数一元二次方程$ax^2+bx+c=0$有实根时，

$$(a-b)^2+(b-c)^2+(c-a)^2\geqslant la^2$$

总成立．求l的最大值．

解 令$f(a,b,c)=\frac{(a-b)^2+(b-c)^2+(c-a)^2}{a^2}$，其中$a,b,c$为实数，$a\neq 0$．

当方程$ax^2+bx+c=0$有实根时，其两根均为实数，记为x_1,x_2．

由韦达定理知$x_1+x_2=-\frac{b}{a}$，$x_1x_2=\frac{c}{a}$，故

$$\begin{aligned}f(a,b,c)&=\left(1-\frac{b}{a}\right)^2+\left(\frac{b}{a}-\frac{c}{a}\right)^2+\left(\frac{c}{a}-1\right)^2\\&=(1+x_1+x_2)^2+(-x_1-x_2-x_1x_2)^2+(x_1x_2-1)^2\\&=2(x_1^2+x_1+1)(x_2^2+x_2+1)\geqslant 2\times\frac{3}{4}\times\frac{3}{4}=\frac{9}{8},\end{aligned}$$

其中，当$x_1=x_2=-\frac{1}{2}$，即$a=b=4c\neq 0$时，$f(a,b,c)$可以取到$\frac{9}{8}$．

换言之，满足条件的l的最大值为$\frac{9}{8}$．

注 本题的常规思路是从系数的视角出发考虑问题，即在$a,b,c(a\neq 0)$

满足不等式约束 $\varphi(a,b,c)=b^2-4ac\geqslant 0$ 的前提下，分析三元函数 $f(a,b,c)$ 的最小值，然而因 $\varphi(a,b,c)$ 与 $f(a,b,c)$ 的形式较为复杂(尽管可以利用齐次性减少一个变元)，导致具体处理十分烦琐.

上述解法给出另一种思路——改从根的视角描述问题. 将 $f(a,b,c)$ 用两根 x_1,x_2 表示，将问题转化为：当 x_1,x_2 为任意实数时，求二元函数 $g(x_1,x_2)=2(x_1^2+x_1+1)(x_2^2+x_2+1)$ 的最小值. 在新问题中，自变量 x_1,x_2 没有任何约束条件，而更令人惊喜的是，$g(x_1,x_2)$ 具有分离变量的形式，对求最小值极为有利(通常我们不能指望这么好的事情发生).

在本题的陈述中，方程的系数 a,b,c 是外显的，而根 x_1,x_2 是内隐的，这自然增加了后一思路的隐蔽性. 这也说明，在解题实践中，常常需要主动将注意力延伸到与问题有关的各种因素，从中寻找可能有用的视角.

例 2.6 设 a,b,c 为正数. 证明：$\sqrt{a^2+ab+b^2}\leqslant\sqrt{a^2-ac+c^2}+\sqrt{b^2-bc+c^2}$.

证明 构造 $\triangle XYZ$ ，使得 $XY=a, XZ=b, \angle YXZ=120°$，在 $\angle YXZ$ 内取一点 W ，使得 $\angle YXW, \angle WXZ$ 均为 $60°$，并且 $XW=c$.

由余弦定理易知，

$$YZ=\sqrt{a^2+ab+b^2},\quad YW=\sqrt{a^2-ac+c^2},\quad WZ=\sqrt{b^2-bc+c^2}.$$

显然 $YZ\leqslant YW+WZ$ ，所以原不等式得证.

注 本题若选择代数变形或函数分析的视角来证明，均比较复杂. 但是不等式中出现的“$\sqrt{u^2+\lambda uv+v^2}$”结构，可以启发我们联想到“余弦定理”和“距离”，形成从代数到几何的视角转变，通过构造图形使问题直观化，从而给出简洁的证明.

一般地，“数”与“形”是同一数学对象的两个不同的侧面，两者各有特点和优势. 在解题中，通过数形转换以达到扬长避短、优势互补的目的，是非常重要的解题策略. 关于数形转换，2.2 节会有进一步展开.

例 2.7 有 n 个人 $P_1,P_2,\cdots,P_n$，其中任意两人之间可以进行有限次的通话(也可以不进行)，一段时间过后，发现他们之间一共进行了 e 次通话，且对 $i=1,2,\cdots,n$ ，P_i 参与了其中的 d_i 次通话. 证明：

$$d_1+d_2+\cdots+d_n=2e.$$

证明 考虑所有人参与通话的次数之和 S .

一方面，对 $i=1,2,\cdots,n$ ，P_i 参与了 d_i 次通话，汇总后的结果为

$$S = d_1 + d_2 + \cdots + d_n.$$

另一方面，每次通话恰有两人参与，即对 S 的"贡献"为 2，汇总 e 次通话的贡献可知

$$S = 2e.$$

综合以上两方面，得 $d_1 + d_2 + \cdots + d_n = 2e$.

注 本题是一个以图论为背景的经典结论．在证明中，我们考虑一个关键量——所有人参与通话的次数之和 S，分别从"人"和"通话"两个视角对 S 计数，再将两方面的结果综合起来．这种"从不同视角看问题，再加以综合"的解题策略，在数学上被广泛运用．在 2.3 节中，会介绍这方面的更多例子．

2.2 数形转换

"数"与"形"作为同一数学对象的两个不同的侧面，前者具有概括、抽象的特点，后者具有直观、形象的特点．通过数与形之间的对应和转化来解决数学问题，是一种数学解题的基本策略，它兼有数的严谨与形的直观之长．进一步而言，通过数与形的相互对照，能启发我们优化解题路径，促进对数学内容的更深理解．

例 2.8 在 $\triangle ABC$ 中，D 为 $\angle BAC$ 平分线上的任意一点，E, F 分别在边 AB, AC 的延长线上，满足 $CE // BD, BF // CD$ ，M, N 分别是 CE, BF 的中点．证明：$AD \perp MN$.

证明 如图 2.1 所示，以 A 为原点，射线 AD 的方向为 x 轴正方向，建立平面直角坐标系．

不妨设直线 AB 的方程为 $y = -kx$，直线 AC 的方程为 $y = kx$，其中 $k > 0$，点 B, C 的坐标分别为 $(b, -kb), (c, kc)$ ．不失一般性，设点 D 坐标为 $(1, 0)$.

易知直线 BD 的方程为 $x = \dfrac{1-b}{kb}y + 1$，考虑到 $CE // BD$，可设直线 CE 的方程为

$$x - c = \frac{1-b}{kb}(y - kc),$$

与直线 AB 的方程 $y = -kx$ 联立消去 y，得 $x_E = x = c(2b-1)$ ．类似可得 $x_F = b(2c-1)$.

由于 M, N 分别是 CE, BF 的中点，故

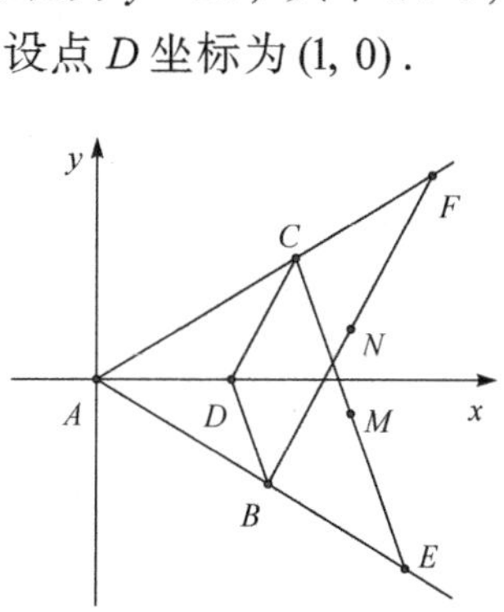

图 2.1

$$x_M=\frac{x_C+x_E}{2}=\frac{c+c(2b-1)}{2}=bc,\quad x_N=\frac{x_B+x_F}{2}=\frac{b+b(2c-1)}{2}=bc,$$

从而 $x_M=x_N$，即 $AD\perp MN$.

注 本题运用解析几何方法解决平面几何问题. 解析几何的基本精神是: 通过图形的坐标化, 将原问题翻译成代数问题, 再通过代数上的计算与论证对之予以求解.

相比于纯几何方法, 解析几何方法通过更直接的计算来建立对象之间的关联, 减轻了添辅助线的困难, 从实用角度而言有其积极意义. 一般而言, 在图形的坐标化容易实现的情况下, 解析几何(或与之功能相仿的向量、复数等)手段就有望(但不是必然)得到较好的施展. 在本题中, 平行关系、中点的条件以及需证明的垂直关系均很容易实现坐标化, 这是解决本题的有利条件.

当然, 对一个图形以不同方式进行坐标化后所形成的代数问题, 其困难程度通常也是不同的. 上述证法选择了一种相对有利的坐标化方式——以 $\angle BAC$ 的平分线作为 x 轴正半轴建立坐标系, 此时整个图形的坐标形式具有较好的对称性, 且所需证明的结论"$AD\perp MN$"被翻译为简洁的数量关系"$x_M=x_N$". 这就使证明的目标变得十分明确(仅需验证 $x_M=x_N$), 并且只要求得 x_M, 即可利用形式对称性得到 x_N .

值得补充的是, 在运用纯几何方法解题时, 借助具体图形虽有直观之利, 但亦有以偏概全的风险. 以本题为例, 假如题目中将 E, F 允许的位置从"AB, AC 的延长线"放宽到"直线 AB, AC", 那么就更需要担心依赖于一个特殊图形的纯几何证明能否反映最一般的情况了. 为了使证明不失一般性, 常常需要列出几何对象的各种可能的位置关系进行讨论(分解任务), 或是借助有向线段、有向角、有向面积等进行变通, 提高图形的概括性. 相比之下, 将图形坐标化后, 所得的"数"比原来的"形"在概括性方面拥有更大优势. 我们甚至可以利用这样的概括性, 导出更深刻或更普遍的结论. 仍以本题为例, 如果注意到上述证明不依赖于点 B, C 的横坐标 b, c 的正负, 那么可以将 D 的位置推广到 $\angle BAC$ 平分线的反向延长线, 或者 $\angle BAC$ 的外角平分线, 从而得到更普遍的结论.

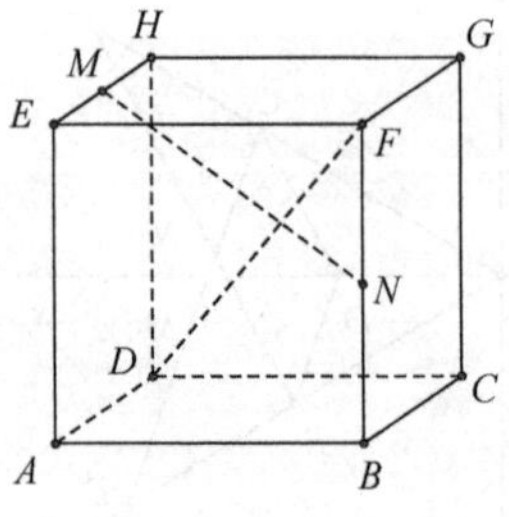

图 2.2

例 2.9 如图 2.2 所示, 正方体 $ABCD\text{-}EFGH$ 的棱长为 2, M, N 分别为棱 EH, BF 的中点. 求直线 MN, DF 之间的距离.

解 直线 MN, DF 之间的距离等于 MN, DF 上的动点 P, Q 之间的最短距离.

现以 D 为坐标原点，$\overrightarrow{DA}, \overrightarrow{DC}, \overrightarrow{DH}$ 分别为 x 轴、y 轴、z 轴的正方向，建立空间直角坐标系.

分别取直线 MN, DF 的方向向量为 $(1,2,-1),(1,1,1)$，又 $M(1,0,2)$，故可设 MN 上的动点 P 和 DF 上的动点 Q 的坐标分别为 $P(1+s,2s,2-s), Q(t,t,t)$，其中 s,t 为参数. 于是

$$\begin{aligned}|PQ|^2 &= (1+s-t)^2+(2s-t)^2+(2-s-t)^2\\ &= 6s^2-4st+3t^2-2s-6t+5\\ &= 3\left(t-\frac{2s}{3}-1\right)^2-3\left(\frac{2s}{3}+1\right)^2+6s^2-2s+5\\ &= 3\left(t-\frac{2s}{3}-1\right)^2+\frac{14}{3}\left(s-\frac{9}{14}\right)^2+\frac{1}{14}\\ &\geqslant \frac{1}{14}.\end{aligned}$$

当 $s=\frac{9}{14}, t=\frac{2s}{3}+1=\frac{10}{7}$ 时，$|PQ|^2$ 取到最小值 $\frac{1}{14}$，即 $|PQ|$ 的最小值为 $\frac{\sqrt{14}}{14}$.

因此直线 MN, DF 之间的距离为 $\frac{\sqrt{14}}{14}$.

注 从“形”的角度看，本题需要构造异面直线 MN, DF 的公垂线段并求其长度，或是转化为求相互平行的平面与直线(或另一平面)之间的距离. 考虑到本题中图形的坐标化十分容易实现，上述解法从“数”的角度出发，通过空间坐标，将距离问题转化为一个求二元二次函数最小值的问题，这在很大程度上降低了对空间直觉的要求. 另外一种典型的解法是：先求异面直线 MN, DF 的公共法向量，再于 MN, DF 上各任取一点，求连接线段在公共法向量上的射影长.

例 2.10 给定正数 k. 设正数 a,b,c,A,B,C 满足 $a+A=b+B=c+C=k$. 证明：$aB+bC+cA<k^2$.

证明 如图 2.3 所示，在以 k 为边长的正 $\triangle PQR$ 的边 QR, RP, PQ 上分别取点 L, M, N，使 QL, LR, RM, MP, PN, NQ 的长分别为 A, a, B, b, C, c，则

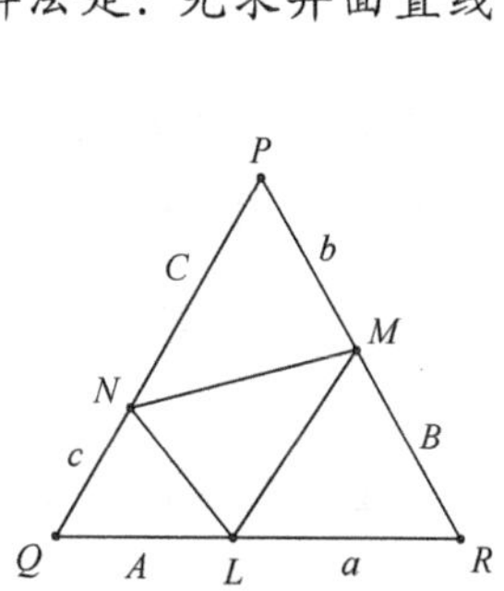

图 2.3

$$S_{\triangle LRM}=\frac{1}{2}aB\sin 60^\circ,\quad S_{\triangle MPN}=\frac{1}{2}bC\sin 60^\circ,$$

$$S_{\triangle NQL}=\frac{1}{2}cA\sin 60^\circ,\quad S_{\triangle PQR}=\frac{1}{2}k^2\sin 60^\circ.$$

从而,

$$\frac{\sqrt{3}}{4}(aB+bC+cA)=S_{\triangle LRM}+S_{\triangle MPN}+S_{\triangle NQL}<S_{\triangle PQR}=\frac{\sqrt{3}}{4}k^2,$$

即 $aB+bC+cA<k^2$. 于是原不等式成立.

例 2.11 设 p,q 为互素的正整数, $q\geqslant 2$. 证明:

$$\sum_{k=1}^{q-1}\left[k\cdot\frac{p}{q}\right]=\frac{(p-1)(q-1)}{2},$$

这里 $[x]$ 表示不超过 x 的最大整数.

证明 考虑平面直角坐标系 xOy 中的矩形 $OABC$, 这里 $A(q,0),B(q,p),C(0,p)$(图 2.4).

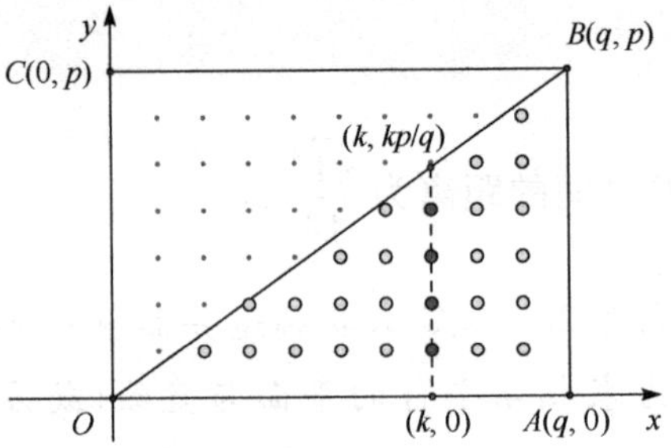

图 2.4

由 p,q 互素知, 对任意整数 $k\in\{1,2,\cdots,q-1\}$, $k\cdot\dfrac{p}{q}$ 不是整数, 故线段 OB 上除端点之外无别的整点. 于是由对称性可知, 矩形 $OABC$ 内部的整点恰有一半位于 $\triangle OAB$ 内部(这里“内部”不含边界). 注意到 $\triangle OAB$ 内部和矩形 $OABC$ 内部的整点个数分别为 $\sum\limits_{k=1}^{q-1}\left[k\cdot\dfrac{p}{q}\right]$ 和 $(p-1)(q-1)$, 因此结论成立.

注 在本例与上一例中, 题目中所出现的式子的几何意义比例 2.6 中的更为隐晦, 但我们仍可抓住一些蛛丝马迹, 构建适当的图形, 对这两个问题作出直观性较强的解答.

例 2.12 设复数 z_1, z_2 满足 $\mathrm{Re}(z_1)>0$, $\mathrm{Re}(z_2)>0$，且 $\mathrm{Re}(z_1^2)=\mathrm{Re}(z_2^2)=2$．求 $S=|z_1+2|+|\overline{z_2}+2|-|\overline{z_1}-z_2|$的最小值.

解 对 $k=1,2$，设 $z_k=x_k+y_k\mathrm{i}\,(x_k, y_k\in\mathbf{R})$．由条件知

$$x_k=\mathrm{Re}(z_k)>0,\quad x_k^2-y_k^2=\mathrm{Re}(z_k^2)=2.$$

可将 z_1, z_2 对应到平面直角坐标系 xOy 中的点 $P_1(x_1, y_1)$, $P_2(x_2, y_2)$．记 P_2' 是 P_2 关于 x 轴的对称点，这样 P_1, P_2' 均位于双曲线 $\Gamma: x^2-y^2=2$ 的右支上.

设 F_1, F_2 分别是 Γ 的左、右焦点，易知 $F_1(-2,0)$, $F_2(2,0)$.

根据双曲线的定义，有 $|P_1F_1|=|P_1F_2|+2\sqrt{2}$, $|P_2'F_1|=|P_2'F_2|+2\sqrt{2}$．又注意到 $|\overline{z_1}-z_2|=|z_1-\overline{z_2}|$，故

$$\begin{aligned}S&=|z_1+2|+|\overline{z_2}+2|-|z_1-\overline{z_2}|=|P_1F_1|+|P_2'F_1|-|P_1P_2'|\\&=4\sqrt{2}+|P_1F_2|+|P_2'F_2|-|P_1P_2'|\geqslant 4\sqrt{2},\end{aligned}$$

等号成立当且仅当 F_2 位于线段 P_1P_2' 上(当 $z_1=z_2=2+\sqrt{2}\mathrm{i}$ 时可以发生).

综上可知，S 的最小值为 $4\sqrt{2}$.

注 本题虽以复数面貌示人，但S的形式似乎与“距离”隐隐相关，这启发我们从几何的视角看问题，而在进一步弄清条件 $\mathrm{Re}(z_1^2)=\mathrm{Re}(z_2^2)=2$ 的几何属性后，容易将原问题重新叙述为一个与双曲线定义颇为相关的解析几何问题.

在解析几何中，“以数解形”的场合居多，但对于有些问题，则可以反其道而行之，利用其较为鲜明的几何意义(例如，圆锥曲线的定义，几何中常见的等量关系或不等关系)，从图形上对其求解．本题经转化所得的解析几何问题，即属于这样的情形.

例 2.13 设 $k>0$．已知函数 $f(x)=|\sin x|$ 的图像 Γ 与直线 $l: y=kx$ 有且仅有三个交点，交点的横坐标的最大值为 α．证明：$\dfrac{\cos\alpha}{\sin\alpha+\sin 3\alpha}=\dfrac{1+\alpha^2}{4\alpha}$.

证明 在 $x<0$ 的范围内，Γ 与 l 显然无交点.

在 $x\in[0,\pi]$ 的范围内，Γ 与 l 至多只有两个交点(注意 $f(x)$ 的凸性)，这意味着在 $x\in(\pi,+\infty)$ 的范围内亦存在 Γ 与 l 的交点．根据图像推断，此时 Γ 与 l 在 $x\in[0,\pi]$ 的范围内必有两个交点，故它们的第三个交点位于 $x\in(\pi,+\infty)$ 的范围内，且其横坐标就是 α.

由图像知 $\alpha\in(\pi,2\pi)$，且 Γ 与 l 相切于点 $(\alpha,-\sin\alpha)$.

当 $x\in(\pi,2\pi)$ 时，$f'(x)=(-\sin x)'=-\cos x$，故 $-\cos\alpha=\dfrac{-\sin\alpha}{\alpha}$，即 $\alpha=\tan\alpha$.

因此有

$$\frac{\cos\alpha}{\sin\alpha+\sin 3\alpha}=\frac{\cos\alpha}{2\sin 2\alpha\cos\alpha}=\frac{1}{2\sin 2\alpha}=\frac{\cos^2\alpha+\sin^2\alpha}{4\sin\alpha\cos\alpha}$$
$$=\frac{1+\tan^2\alpha}{4\tan\alpha}=\frac{1+\alpha^2}{4\alpha}.$$

注 函数 $f(x)=|\sin x|$ 具有分段的形式，如果脱离图像作分析，将陷于烦琐的计算和估值. 通过图形上的直观考察(如图 2.5，试想直线 l 绕原点转动)，很容易洞察到 $\alpha\in(\pi,2\pi)$，且 Γ 与 l 相切于点 $(\alpha,-\sin\alpha)$ (为了论证严密，当然还需要对一些环节补充推理依据). 然而，直观图形对“图像相切”这一微观状态却难以精确刻画，这对结论的证明造成了困难. 于是我们又切换回数量的视角，借助导数，从微观上分析切点 $(\alpha,-\sin\alpha)$，使问题完全解决.

上述解法根据分析问题的实际需要，前半部分“以形释数”，后半部分“以数解形”，充分展示了“数形结合”策略的运用.

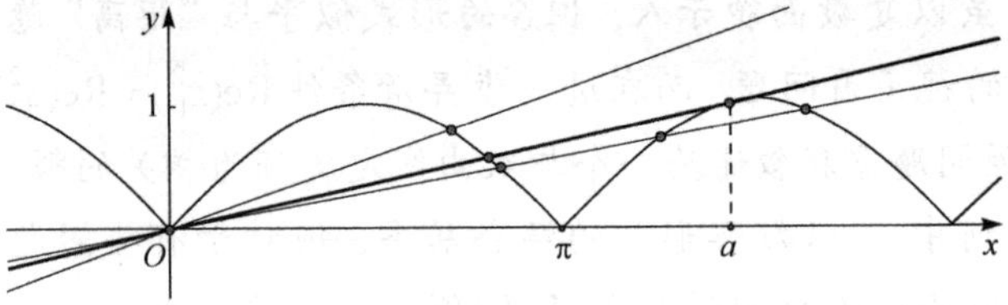

图 2.5

例 2.14 从空间一点最多可以引出多少条射线，使得其中每两条射线的夹角均为钝角?

解 首先，若由正四面体的中心向它的4个顶点方向各引一条射线，这4条射线两两之间的夹角均为钝角，满足条件.

其次，证明 5 条射线无法满足题目要求.

假设从点 O 引出的 5 条射线 $OA_1, OA_2, \cdots, OA_5$ 两两夹角均为钝角.

用空间向量的坐标来表示射线方向，不妨设 $\overrightarrow{OA_5}=(0,0,-1)$，而

$$\overrightarrow{OA_i}=(x_i,y_i,z_i)\quad(i=1,2,3,4).$$

由 $\overrightarrow{OA_i}\cdot\overrightarrow{OA_5}=-z_i$ 可知 $z_i>0\ (i=1,2,3,4)$.

记 P_i 是点 A_i 在 xOy 平面内的射影.

根据抽屉原理，在 $\overrightarrow{OP_i}=(x_i,\ y_i,\ 0)\ (i=1,\ 2,\ 3,\ 4)$ 中必有两个向量夹角不大于 $90°$，不妨设它们是 $\overrightarrow{OP_1}$ 与 $\overrightarrow{OP_2}$，则 $\overrightarrow{OP_1}\cdot\overrightarrow{OP_2}=x_1x_2+y_1y_2\geqslant 0$，再结合 $z_1,\ z_2>0$ 可知

$$\overrightarrow{OA_1}\cdot\overrightarrow{OA_2}=x_1x_2+y_1y_2+z_1z_2>0,$$

即 $\overrightarrow{OA_1}$ 与 $\overrightarrow{OA_2}$ 的夹角为锐角，与假设矛盾！

综上所述，从空间一点最多只能引出 4 条射线，使其中每两条射线的夹角均为钝角.

注　在解本题时，我们引入了空间向量这一代数工具，随后不断地在"向量的数量积为正"与"向量的夹角为锐角"这两个等价命题之间(既有空间情形，又有平面情形)进行转化，充分运用了数形转换的策略.

例 2.15　求所有实数对 (a,b)，使得对任意 $x\in[0,2]$，均有

$$\left|\sqrt{4-x^2}-ax-b\right|\leqslant\sqrt{2}-1.$$

解　当 $x\in[0,2]$ 时，令

$$y_1=ax+b,\quad y_2=\sqrt{4-x^2}+\sqrt{2}-1,\quad y_3=\sqrt{4-x^2}-\sqrt{2}+1.$$

如图 2.6 所示，在平面直角坐标系中，y_1 表示一条以 $(0,b),\ (1,a+b)$ 为端点的线段(图中未画出)，y_2 表示以 $A(0,\sqrt{2}-1)$ 为圆心、半径为 2 的右上四分之一圆弧，y_3 表示以 $B(0,-\sqrt{2}+1)$ 为圆心、半径为 2 的右上四分之一圆弧. 原不等式等价于 $y_3\leqslant y_1\leqslant y_2$.

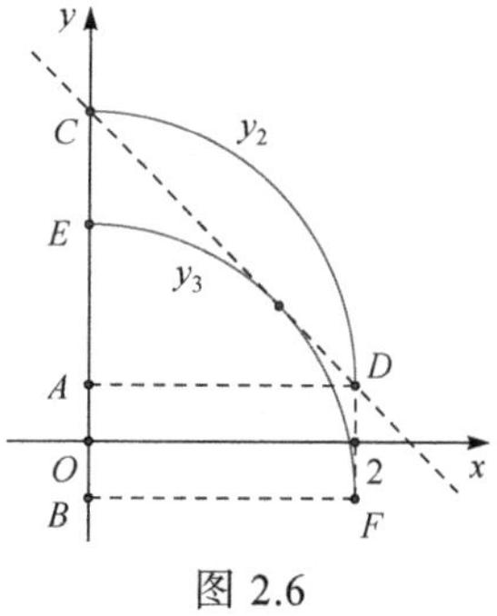

图 2.6

取 y_2 所相应的圆弧的端点 $C(0,\sqrt{2}+1),\ D(2,\sqrt{2}-1)$，则直线 CD 的方程为

$$y=-x+\sqrt{2}+1,$$

计算知点 B 到 CD 的距离为 2，即 CD 与 y_3 所相应的圆弧相切. 因此，为使 $y_3\leqslant y_1\leqslant y_2$ 总成立，y_1 的图像必为线段 CD，此时有

$$b=\sqrt{2}+1,\quad 2a+b=\sqrt{2}-1,$$

即所求实数对 $(a,b)=(-1,\ \sqrt{2}+1)$.

注　本题的常规代数解法是在参数 $a,\ b$ 的不同情形下，对不等式进行同解变形来分析问题的，但整个分析过程较为复杂. 上述解法改从几何意义入

手，较为直观. 进一步，受此启发，还可以给出一种非常规的代数解法.

由于原不等式对 $x=0, 2, \sqrt{2}$ 成立，故

$$|2-b|\leqslant\sqrt{2}-1,\quad |2a+b|\leqslant\sqrt{2}-1,\quad \left|\sqrt{2}-\sqrt{2}a-b\right|\leqslant\sqrt{2}-1.$$

由这些条件，可得 (a,b) 的唯一性. 事实上，

$$\begin{aligned}4-2\sqrt{2}&=(\sqrt{2}-1)(b-2)+(2a+b)+\sqrt{2}(\sqrt{2}-\sqrt{2}a-b)\\&\leqslant(\sqrt{2}-1)|2-b|+|2a+b|+\sqrt{2}\left|\sqrt{2}-\sqrt{2}a-b\right|\\&\leqslant\left((\sqrt{2}-1)+1+\sqrt{2}\right)\cdot(\sqrt{2}-1)=4-2\sqrt{2},\end{aligned}$$

这意味着所有不等号均为等号，这样 (a,b) 只可能是 $(-1, \sqrt{2}+1)$.

以下仅需验证这组特殊值是否符合要求，等价于证明当 $x\in[0,2]$ 时，有

$$2\leqslant\sqrt{4-x^2}+x\leqslant2\sqrt{2}.$$

相比直接求解原问题，证明这个不等式要简明许多. 数形转换使我们更容易发现这种较为隐蔽的代数解法，有助于我们加深对本题的理解.

2.3 “算 两 次”

“算两次”，一般是指在解题过程中，从两个方面来考虑(计算、估计)同一个量，再加以综合，从而使问题得到解决的方法.

其实，我们对“算两次”并不陌生，譬如列方程解应用题时，常常需要将一个量用两种不同的方法表示出来，建立等量关系；在平面几何或立体几何中，等积法的运用也是“算两次”的体现. 在数学竞赛问题中，“算两次”方法被广泛使用. 例如，我们常常通过交换求和次序来证明等式或化简组合式，其中交换求和次序便是“算两次”的一种典型表现. 此外，亦可通过“算两次”建立不等关系或其他关系，或利用“算两次”在反证法中导出矛盾.

运用“算两次”方法解题，首先需要有“变换视角看问题”的策略意识. 当然在有些较为困难的问题中，如何发掘适当的对象和角度进行“算两次”，是具有挑战性的，需要我们同时具备良好的知识储备以及洞察力和创造力.

例 2.16 设 n 为任意正整数. 证明:

(1) $\mathrm{C}_{n+2}^3=\mathrm{C}_2^2+\mathrm{C}_3^2+\cdots+\mathrm{C}_{n+1}^2$；

(2) $\mathrm{C}_{n+2}^3=1\cdot n+2\cdot(n-1)+3\cdot(n-2)+\cdots+n\cdot1$.

证明 考虑在 $n+2$ 个数 $1,2,3,\cdots,n+2$ 中任取 3 个数的方式数 N. 显然

$N = \mathrm{C}_{n+2}^3$.

如果取出的最大的数是 $k(3 \leqslant k \leqslant n+2)$，则较小的两个数有 C_{k-1}^2 种取法. 因此

$$N = \sum_{k=3}^{n+2} \mathrm{C}_{k-1}^2 = \mathrm{C}_2^2 + \mathrm{C}_3^2 + \cdots + \mathrm{C}_{n+1}^2,$$

从而(1)得证.

如果取出的中间大小的数是 $m(2 \leqslant m \leqslant n+1)$，那么最小的数有 $m-1$ 种取法，最大的数有 $n+2-m$ 种取法. 因此

$$N = \sum_{m=2}^{n+1} (m-1)(n+2-m) = 1 \cdot n + 2 \cdot (n-1) + 3 \cdot (n-2) + \cdots + n \cdot 1,$$

从而(2)得证.

注　本题可作为一个数学归纳法的简单习题，但注意到等式左端的 C_{n+2}^3 具有鲜明的组合意义，故也可以尝试赋予等式右端另一种相匹配的组合解释，综合起来即可建立所需证明的等量关系.

顺便指出，还可以“绕开” C_{n+2}^3，直接证明(1), (2)两题中的等式右端相等.

事实上，可用两种方法考虑和式 $N = \sum\limits_{k=1}^{n} \sum\limits_{j=k+1}^{n+1} k$.

一方面，$N = \sum\limits_{k=1}^{n} k(n+1-k)$，即(2)中的等式右端.

另一方面，交换求和次序得，

$$N = \sum_{j=2}^{n+1} \sum_{k=1}^{j-1} k = \sum_{j=2}^{n+1} \frac{j(j-1)}{2} = \sum_{j=2}^{n+1} \mathrm{C}_j^2,$$

即(1)中的等式右端.

例 2.17　一项网球慈善赛事邀请了 8 位选手参加. 组织者计划每天安排 4 名选手进行一场双打比赛，且希望整个赛事结束后，任意两名选手同场比赛(可以是搭档，也可以是对手)的次数相同. 证明：这项赛事至少要持续两周.

证明　设赛事持续 n 天，任意两名选手同场比赛 k 次.

称每天参赛的任意两名选手构成一个“同场二人组”(多天同场比赛则计多次). 从两个方面考虑同场二人组的个数 S.

一方面，每天的比赛有 4 名选手参加，产生 $\mathrm{C}_4^2 = 6$ 个同场二人组，n 天共

产生 $6n$ 个同场二人组.

另一方面，在 8 名选手中任取两人构成“选手对”，有 $C_8^2=28$ 种取法，每个选手对中的两人同场比赛 k 次，产生 k 个同场二人组，故所有选手对一共产生 $28k$ 个同场二人组.

综合以上两方面，可知 $S=6n=28k$，即 $3n=14k$. 由 $3,14$ 互素可知 $14\mid n$，故赛事持续天数 $n\geqslant 14$，即赛事至少要持续两周.

注 我们需要寻找一个量，它能与问题中的各方面信息形成较好的关联，且能为我们提供两种(甚至多种)分析问题的视角. 上述证法中引入的“同场二人组”的个数 S，正满足这种需要. 事实上，我们既可以联系“每天安排 4 名选手”这一条件，按比赛日来考察 S，也可以联系“任意两名选手同场比赛的次数相同”这一条件，按“选手对”来考察 S.

顺便指出，通过上述证明亦可得知，在符合要求的赛事安排中，每两名选手同场比赛的次数 k 必为 3 的倍数. 此外，有兴趣的读者可以尝试安排一种符合题目要求的 14 天的赛程.

例 2.18 用 $[x]$ 表示不大于实数 x 的最大整数，τ_n 表示正整数 n 的正约数个数. 证明：

$$\left[\frac{n}{1}\right]+\left[\frac{n}{2}\right]+\left[\frac{n}{3}\right]+\cdots+\left[\frac{n}{n}\right]=\tau_1+\tau_2+\tau_3+\cdots+\tau_n.$$

证明 考虑满足“$i, j\in\{1,2,\cdots,n\},\ i\mid j$”的二元对 (i,j) 的全体 M. 从两方面考察集合 M 的元素个数 $|M|$.

一方面，对每个固定的 $i\in\{1,2,\cdots,n\}$，满足“$j\in\{1,2,\cdots,n\}$ 且 $i\mid j$”的 j 有 $\left[\frac{n}{i}\right]$ 个，所以 M 中 $(i,*)$ 型的二元对有 $\left[\frac{n}{i}\right]$ 个. 对 $i=1,2,\cdots,n$ 求和，得

$$|M|=\left[\frac{n}{1}\right]+\left[\frac{n}{2}\right]+\left[\frac{n}{3}\right]+\cdots+\left[\frac{n}{n}\right].$$

另一方面，对每个固定的 $j\in\{1,2,\cdots,n\}$，满足“$i\in\{1,2,\cdots,n\}$ 且 $i\mid j$”的 i 的个数恰是 j 的正约数个数 τ_j，所以 M 中 $(*,j)$ 型的二元对有 τ_j 个. 对 $j=1,2,\cdots,n$ 求和，得

$$|M|=\tau_1+\tau_2+\tau_3+\cdots+\tau_n.$$

综合以上两方面，结论得证.

注 1 由于 $\left[\frac{n}{i}\right]$ 与 τ_j 这两种形式的关联并不紧密，因此我们考虑寻找一个与它们都有关联的量. 注意到 $\left[\frac{n}{i}\right]$ 与 τ_j 的形式分别蕴含一定的计数意义，其中 $\left[\frac{n}{i}\right]$ 表示 $1,2,\cdots,n$ 中 i 的倍数的个数，而 τ_j 表示 j 的正约数个数. 这里，“倍数”与“约数”刚好形成呼应，引导我们从整除关系出发设计所需考察的量(整除关系 $i\mid j$ 为我们提供了两种分析视角：“j 是 i 的倍数”与“i 是 j 的约数”). 受此启发，我们最终找到了一个适用于“算两次”的量——满足“$i, j\in\{1,2,\cdots,n\}, i\mid j$”的二元对 (i, j) 的个数.

注 2 也可以将“平面直角坐标系中区域 $A=\{(x, y)\mid 1\leqslant x\leqslant n, 1\leqslant xy\leqslant n\}$ 所含的整点个数”作为所考察的量，一方面按各条直线 $x=i\ (i=1,2,\cdots,n)$ 进行分类计数，另一方面按各条双曲线 $xy=j\ (j=1,2,\cdots,n)$ 进行分类计数，综合两方面后导出结论. 与原证法相比，这一证法的直观性稍强一些(参考图 2.7)，但由于两种证法仅相差一个代换 $i=x, j=xy$，故它们并无实质上的差异.

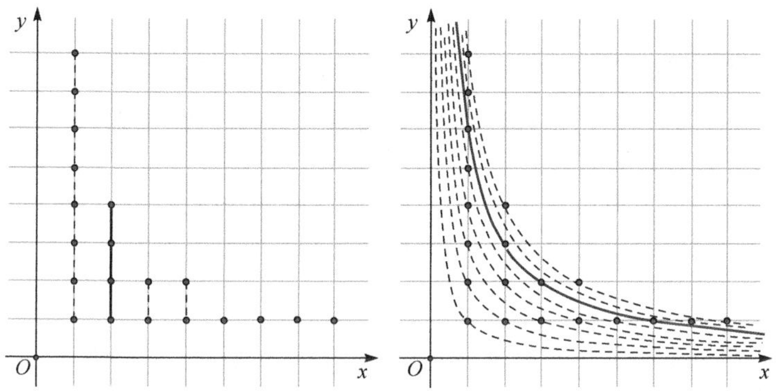

图 2.7

注 3 本题给出了一个数论上很有意义的恒等式. 尽管数列 $\{\tau_n\}$ 的增减规律较为复杂，但利用此恒等式，并注意到 $\left[\frac{n}{i}\right]$ 近似于 $\frac{n}{i}$，可知 $\{\tau_n\}$ 前 n 项的算术平均值近似于调和级数的前 n 项和 $1+\frac{1}{2}+\cdots+\frac{1}{n}$，即具有 $\ln n$ 的量级.

例 2.19 设整数 $n\geqslant 2$，实数 $a_1, a_2, \cdots, a_n$ 满足

$$a_1<a_2<\cdots<a_n,\ a_1^2+a_2^2+\cdots+a_n^2=1.$$

记 $m=\min\limits_{1\leqslant i\leqslant n-1}\{a_{i+1}-a_i\}$. 证明：$m\leqslant\sqrt{\dfrac{12}{n(n^2-1)}}$.

证明 从两方面来估计 $S=\sum\limits_{1\leqslant i<j\leqslant n}(a_i-a_j)^2$.

一方面，

$$S=(n-1)\sum_{i=1}^{n}a_i^2-2\sum_{1\leqslant i<j\leqslant n}a_ia_j=n\cdot\sum_{i=1}^{n}a_i^2-\left(\sum_{i=1}^{n}a_i\right)^2\leqslant n.$$

另一方面，对任意 $i,j\,(1\leqslant i<j\leqslant n)$，有 $a_j-a_i\geqslant(j-i)m$. 于是

$$S\geqslant m^2\cdot\sum_{1\leqslant i<j\leqslant n}(i-j)^2$$

$$=m^2\sum_{k=1}^{n-1}(n-k)k^2=m^2\cdot\left(n\sum_{k=1}^{n-1}k^2-\sum_{k=1}^{n-1}k^3\right)=m^2\cdot\left(n\cdot\frac{(n-1)n(2n-1)}{6}-\frac{(n-1)^2n^2}{4}\right)$$

$$=\frac{m^2}{12}n^2(n^2-1).$$

综合上述两方面，得 $n\geqslant\dfrac{m^2}{12}n^2(n^2-1)$，所以 $m\leqslant\sqrt{\dfrac{12}{n(n^2-1)}}$.

注 当“算两次”的过程涉及不等式估计时，可由此建立一个不等关系. 本题中，考虑 $S=\sum\limits_{1\leqslant i<j\leqslant n}(a_i-a_j)^2$ 是关键的想法. 由于 S 具有轮换对称结构，故可利用代数变形，结合 $a_1^2+a_2^2+\cdots+a_n^2=1$ 来估计 S 的上界，而 S 的下界又与 $m=\min\limits_{1\leqslant i\leqslant n-1}\{a_{i+1}-a_i\}$ 直接相关，如此即可综合两方面来建立不等关系，从而得到 m 的上界.

如果进一步关注上述证明中各不等式的取等条件，可知当 $a_1,a_2,\cdots,a_n$ 构成以 $\sqrt{\dfrac{12}{n(n^2-1)}}$ 为公差的等差数列，且各项和为零、各项平方和为 1 时，m 确实可以取到题中所述的上界 $\sqrt{\dfrac{12}{n(n^2-1)}}$.

例 2.20 在一项竞赛中，有 a 名选手和 b 位评委，其中 $b\geqslant3$ 为奇数. 每位评委对每名选手的评判结果为“通过”或“不通过”. 设正整数 k 满足：每两位评委至多在 k 名选手的评判上给出一致的结果. 证明：$\dfrac{k}{a}\geqslant\dfrac{b-1}{2b}$.

证明 用 $P_1,P_2,\cdots,P_a$ 表示这 a 名选手，$Q_1,Q_2,\cdots,Q_b$ 表示这 b 位评委. 作一个 a 行 b 列的表格. 对任意 $i,j\,(1\leqslant i\leqslant a,1\leqslant j\leqslant b)$，若评委 Q_j 对选手

P_i的评判结果为“通过”，则在第i行第j列的单元格内记录“1”；若评判结果为“不通过”，则在此单元格上记录“0”.

将同一行上填有相同数字的两个单元格称为一个“对子”. 从纵、横两方面来考虑对子的总数N.

(1) 纵向考虑.

固定任意两列，由条件知它们至多在k个对应位置上填有相同数字，即由这两列至多提供k个对子. 又由于在b列中任选两列有C_b^2种选法，因此对子的总数$N \leqslant k \cdot \mathrm{C}_b^2$.

(2) 横向考虑.

固定任意一行，设该行的单元格中有x个“1”与$b-x$个“0”，则该行提供的对子数为

$$\mathrm{C}_x^2+\mathrm{C}_{b-x}^2=\frac{x(x-1)}{2}+\frac{(b-x)(b-x-1)}{2}=\left(x-\frac{b}{2}\right)^2+\frac{b^2-2b}{4}.$$

注意到b为奇数，x为整数，故

$$\mathrm{C}_x^2+\mathrm{C}_{b-x}^2 \geqslant \left(\frac{1}{2}\right)^2+\frac{b^2-2b}{4}=\left(\frac{b-1}{2}\right)^2.$$

由于表格共有a行，所以对子的总数$N \geqslant a \cdot \left(\frac{b-1}{2}\right)^2$.

综合(1), (2)两方面，得$a \cdot \left(\frac{b-1}{2}\right)^2 \leqslant N \leqslant k \cdot \mathrm{C}_b^2$，所以$\frac{k}{a} \geqslant \frac{b-1}{2b}$.

注　在上述证明中，先将问题等价转化为表格形式(相关信息以某种方式登记在单元格中)，这为我们提供了一种理解问题的清晰的方式，并使我们自然地获得了一种“算两次”的实施方案——分别以纵、横两种视角对表格进行考察. 这种表格化的处理方式带有些许“横看成岭侧成峰”的意味. 实际上，也可以对例 2.17 及例 2.18 进行这种表格化的处理.

习　题　2

1. 设$A_1, A_2, \cdots, A_n$是集合$M=\{1,2,3,4,5\}$的所有非空子集，对$i=1,2,\cdots,n$，A_i的元素和为s_i. 求$s_1+s_2+\cdots+s_n$的值.

2. 等差数列$\{a_n\}$的首项为 1，公差为 2，前n项之和为S_n；等比数列$\{b_n\}$的首项为 1，公比为 2，前n项之和为T_n. 设数列$\{c_n\}$的通项为$c_n=a_nT_n+$

$b_nS_n - a_nb_n$. 求 $\{c_n\}$ 的前 n 项之和.

3. 设 x, y, z 满足方程组

$$\begin{cases} \dfrac{x}{11}+\dfrac{y}{12}+\dfrac{z}{13}=1, \\ \dfrac{x}{14}+\dfrac{y}{15}+\dfrac{z}{16}=1, \\ \dfrac{x}{17}+\dfrac{y}{18}+\dfrac{z}{19}=1. \end{cases}$$

注意该方程组结构的特殊性, 试给出求 $x+y+z$ 的值的一种简便方法.

4. 一段路上有 100 个路灯 $L_1, L_2, \cdots, L_{100}$, 一开始它们都是关着的. 有 50 名行人先后经过这段路. 对每个 $k \in \{1, 2, \cdots, 50\}$, 当第 k 名行人经过时, 他将所有下标为 $2k-1$ 的倍数的路灯 $L_{2k-1}, L_{2(2k-1)}, \cdots$ 的开关状态改变. 问当第 50 名行人经过后, 有多少个路灯处于开着的状态?

5. 证明: 任意四边形四条边的平方和, 等于两条对角线的平方和, 加上对角线中点连线的平方的 4 倍.

6. 如图 2.8 所示, 正方体 $ABCD\text{-}EFGH$ 的棱长为 1, 点 P, Q 分别在线段 AC, DF 上, 满足 $AP=DQ$. 求 PQ 长度的最小值.

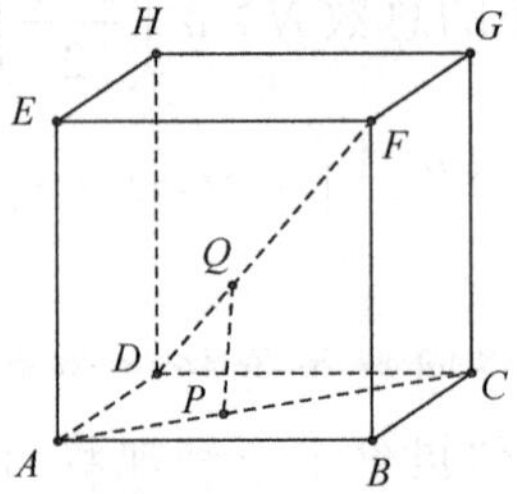

图 2.8

7. 求 $f(x)=\sqrt{x^2+1}+\sqrt{x^2-4x+13}$ 与 $g(x)=\sqrt{x^2+1}-\sqrt{x^2-4x+13}$ 的最小值.

8. 设实系数一元二次方程 $x^2+ax+2b-2=0$ 有两个相异实根, 其中一根在 $(0, 1)$ 内, 另一根在 $(1, 2)$ 内. 记 $U=a+2b, V=a^2+b^2, W=\dfrac{b-4}{a-1}$. 求

(1) U 的取值范围;

(2) V 的取值范围;

(3) W 的取值范围.

9. 求二元函数 $f(a,b)=(a-b)^2+\left(\sqrt{2-a^2}-\frac{9}{b}\right)^2$ 的最小值.

10. 记 $S=\left[1^{3/2}\right]+\left[2^{3/2}\right]+\cdots+\left[1000^{3/2}\right]$，$T=\left[1^{3/2}\right]+\left[2^{3/2}\right]+\cdots+\left[100^{3/2}\right]$. 求 $S+T$ 的值.

11. 证明：对任意实数 $a_1,a_2,\cdots,a_8$，下列 6 个数：

$$a_1a_3+a_2a_4,\ a_1a_5+a_2a_6,\ a_1a_7+a_2a_8,\ a_3a_5+a_4a_6,\ a_3a_7+a_4a_8,\ a_5a_7+a_6a_8$$

中至少有一个是非负的，并举例说明这 6 个数可能恰有一个是非负的.

12. 设 n 为正整数. 证明：恒等式 $(C_n^0)^2+(C_n^1)^2+\cdots+(C_n^n)^2=C_{2n}^n$.

13. 证明：不存在一个 17 项的数列，它的每 7 个连续项之和为正，每 11 个连续项之和为负.

14. 某校有 a 名教师和 b 名学生，满足：

(1) 每名教师恰好教 k 名学生；

(2) 对任意两名学生，恰好有 h 名教师教他们两人.

证明：$\frac{a}{h}=\frac{b(b-1)}{k(k-1)}$.

15. 设 n 为正整数，称 $n\times n$ 的方格表 T_n 的网格线的交点(这样的交点共有 $(n+1)^2$ 个)为格点. 现将数 $1,2,\cdots,(n+1)^2$ 分配给 T_n 的所有格点，使不同的格点分到不同的数. 称 T_n 的一个 1×1 格子 S 为“好方格”，如果从 S 的某个顶点起按逆时针方向读出的 4 个顶点上的数依次递增(例如，图 2.9 是将数 $1,2,\cdots,9$ 分配给 T_2 的格点的一种方式，其中 B,C 是好方格，而 A,D 不是好方格). 证明：T_n 中好方格个数不超过 $\frac{n^2+2n-1}{2}$ 个.

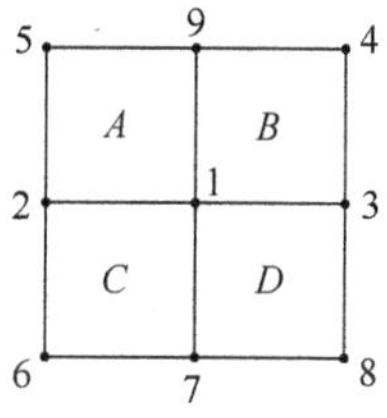

图 2.9

第 3 章　考虑特殊情形

“考虑特殊情形”在数学研究中具有特别重要的意义. 数学家希尔伯特在 1900 年巴黎国际数学家大会上的演讲中曾说, “可能在大多数场合, 我们寻找一个问题的答案而未能成功的原因, 是在于这样的事实, 即有一些比手头的问题更简单、更容易的问题没有完全解决或是完全没有解决. 这时, 一切都有赖于找出这些比较容易的问题, 并使用尽可能完善的方法和能够推广的概念来解决它们. ”

“考虑特殊情形”常常是一种猜测答案和探索解题有效途径的策略, 也常常作为“从特殊通向一般”的奠基工作. 此外, 对一些极端情形的考察, 除了作为一种探索手段之外, 还有另一方面的意义: 即我们试图着眼于某种极端性来研究问题, 使极端情形所蕴含的特殊性质成为额外条件, 为解决问题所利用.

3.1　特殊情形用于探索

在解决数学问题时, “考虑特殊情形”具有多方面的功能, 对猜测答案和探索解题途径有重要作用.

首先, 它可以作为一种弄清题意的辅助手段. 例如, 可以借助特殊情形的直观性, 对问题中的已知量、未知量、关键术语、各个对象之间的关系等, 形成更好的理解和把握.

其次, 它是一种试验和收集信息的手段. 通过考察几种简单的、极端的, 或是随意选择的情形作为试验, 常常可以对猜测答案、形成解题思路有所启发.

此外, 研究特殊情形的过程中所获得的经验, 也可以为当前解题计划的可行性或是与答案的接近程度等的即时评估提供有益的支持.

例 3.1　依次写出正整数 $1, 2, 3, \cdots, n$, 可以构成一个以“12345678910111213…”为开头的数字串 D_n. 若 D_n 的长度为 39999, 求 n 的值.

解　数字串 D_{9999} 的长度为 $1\times 9+2\times 90+3\times 900+4\times 9000=38889$.

因此当$10000 \leqslant n \leqslant 99999$时，数字串$D_n$的长度为$38889+5\times(n-9999)$. 列出方程

$$38889+5\times(n-9999)=39999,$$

解得$n=10221$(满足条件的n显然是唯一的，故不必再讨论其他情况).

注 在上述求解过程中，选择数字串D_{9999}作为特例进行考察，目的是对未知量n作一个初步的估计(也许在此之前我们还会去评估D_9, D_{99}之类的特例). 由反馈信息基本可以断定n是一个五位数，借此可以准确地列出方程进行求解，或者通过一系列尝试不断逼近并得到n的准确值.

本题虽然简单，但对解题有一定的启示：尝试特例，有时并不是单纯为了碰运气，而是希望它起到“投石问路”的作用，借助反馈的信息来评估与答案的接近度.

例 3.2 函数$f(x)$定义在实数集$\mathbf{R}$上，满足：对于任意$x, y\in\mathbf{R}$，都有

$$f(x+y)+f(x-y)=2f(x)f(y), \quad ①$$

且已知$f(c)=0$，其中c为一个正数.

试问$f(x)$是否为周期函数？如果是，找出它的一个周期；如果不是，说明理由.

解 我们来证明$f(x)$是周期函数，$4c$为它的一个周期.

将①式中的x, y分别用$x+c, c$代替，并注意到$f(c)=0$，可知

$$f(x+c+c)+f(x+c-c)=2f(x+c)f(c)=0,$$

即对任意$x\in\mathbf{R}$，有

$$f(x+2c)=-f(x).$$

从而对任意$x\in\mathbf{R}$，有

$$f(x+4c)=-f(x+2c)=f(x).$$

注 对满足条件的对象群体中的一个特例进行分析，有助于我们把握整个群体的某种共同属性.

从①式的结构容易联想到余弦函数的和差化积公式：

$$\cos(x+y)+\cos(x-y)=2\cos x\cos y,$$

又$\cos\dfrac{\pi}{2}=0$，从而$f(x)=\cos x$是符合题意的一个特例(相应的c值可以取为$\dfrac{\pi}{2}$). 熟知余弦函数$y=\cos x$是周期函数，2π为它的一个周期. 这使我们积累了一

定的信心猜测本题的结论为“是”，同时可以通过$\frac{\pi}{2}$与c之间的类比，意识到$4c$也许就是$f(x)$的一个周期. 至此，在特例的“鸣锣开道”之下，我们明确了解题方向，并形成了一个有成算的解题计划.

例 3.3 甲乙两人在一个半径为10的圆桌面上轮流放置半径为1的硬币，甲先开始，每人每次放一枚硬币，硬币间不能有重叠，硬币不能超出桌面边界，已放在桌面上的硬币不能移动，轮到谁无法放硬币则谁输. 问谁有必胜策略?

解 甲先放一枚硬币，使硬币圆心与桌面圆心O重合.

以下每步，若乙可放一枚硬币C，则甲随即在关于O对称的位置放一枚硬币C'. 由于C不与已有硬币重叠且不超出桌面边界，由对称性，C'也不与已有硬币重叠且不超出桌面边界. 此外C'也不会与刚放的C重叠(因C, C'的圆心关于O对称，且到O的距离均至少为2，故C, C'的圆心距至少为4).

因桌面面积有限，故游戏在有限步后结束，从而甲必胜.

注 本题中，圆桌面的面积远大于单枚硬币的面积，导致游戏必将进行大量步数，而硬币放置的位置又可以连续地变化，因此若按常规方式分析该问题，复杂度将无法想象. 不妨考虑“圆桌只能容下一枚硬币”这一极端的特殊情形，此时先操作的甲当然获胜，并且甲放置硬币的位置是圆桌面的中心. 受此启发，我们可以想到一般情形下甲的上述“中心对称化”获胜策略.

例 3.4 已知存在n个整数$a_1, a_2, \cdots, a_n$满足$a_1 = a_n = 0$，$a_1 + a_2 + \cdots + a_n = 1000$，且对任意$i = 1, 2, \cdots, n-1$，均有$|a_i - a_{i+1}| \leqslant 1$. 求正整数$n$的最小值.

解 先粗略构造一组值，使得项数尽可能少，和尽可能大.

考虑$2m+1$项：$0, 1, \cdots, m-1, m, m-1, \cdots, 1, 0$，它们的和为$\frac{m(m+1)}{2} + \frac{m(m-1)}{2} = m^2$.

注意到$m \geqslant 32$时，该和大于1000. 取$m = 32$，即写出

$$0, 1, 2, \cdots, 31, 32, 31, \cdots, 2, 1, 0$$

这 65 项(和为 1024)，再进行调整.

将包含 32 在内的连续 24 个数调小 1，可达到要求，即当$n = 65$时，取

$$(a_1, a_2, \cdots, a_{65}) = (0, 1, \cdots, 8, 8, 9, \cdots, 30, 31, 31, 30, \cdots, 2, 1, 0), \quad ①$$

满足条件.

而当$n \leqslant 64$时，注意$a_1 = a_n = 0$及$|a_i - a_{i+1}| \leqslant 1 (i = 1, 2, \cdots, n-1)$，可知

$$a_k \leqslant k-1\left(k=1, 2, \cdots, \left[\frac{n}{2}\right]\right), \quad a_k \leqslant n-k\left(k=\left[\frac{n}{2}\right]+1, \cdots, n-1, n\right),$$

故

$$\begin{aligned} a_1+a_2+\cdots+a_n &\leqslant \frac{1}{2}\cdot\left(\left[\frac{n}{2}\right]-1\right)\cdot\left[\frac{n}{2}\right]+\frac{1}{2}\cdot\left(n-\left[\frac{n}{2}\right]-1\right)\cdot\left(n-\left[\frac{n}{2}\right]\right) \\ &\leqslant \frac{1}{2}\cdot 31\cdot 32+\frac{1}{2}\cdot 31\cdot 32<1000. \end{aligned}$$

综上所述，所求n的最小值为 65.

注 本题要求的是未知量(项数n)的最值，因此寻找极端的特例进行探索，以对结果有一个初步的估计．具体而言，让数列的每一项尽可能地大，以最少的项数使它们的和达到(或超过)1000，从而估计出n的大致边界．借此，一方面得到一个“半成品”，随后将其修正为$n=65$情形下的一个实例(即①式)；另一方面将不等式估计的过程严格化后，排除了$n\leqslant 64$的情形.

例 3.5 证明：方程$x^2+y^2+z^2=x^3+y^3+z^3$有无穷多组整数解(x, y, z).

证明 考虑特殊情形$z=-y$，此时$x^2+2y^2=x^3$，即$x^2(x-1)=2y^2$.

令$x-1=2k^2$，则$2y^2=(2k^2+1)^2\cdot 2k^2$，此时$y=k(2k^2+1)$满足条件．从而当取$k$为不同的正整数时，由

$$(x, y, z)=(2k^2+1, k(2k^2+1), -k(2k^2+1)) \qquad ①$$

给出了无穷多组整数解.

注 本题很难通过代数方法求解方程，但所幸并不需要将所有的整数解(x, y, z)全部求出．由于方程的未知数个数较多，故考虑施加特殊的限制条件来减少自由度，以便于解的搜索(当然，如果一种限制条件不奏效，还可以根据即时的判断，考虑施加更紧的、更松的或是其他形式的限制条件)．上述解法中，限制条件$z=-y$的设置直接消除了y^3+z^3的部分，使方程的形式得到大幅的简化(试比较$z=0$或$z=y$等另一些限制条件所能带来的效果)，在此基础上搜索得到了具有①中形式的无穷多解，使问题得以成功解决.

例 3.6 设非负实数a, b, c, d, e的和为 1．求$S=ab+bc+cd+de+ea$的最大值.

解 先证明$S\leqslant\frac{1}{4}$.

不失一般性，设$e=\min\{a, b, c, d, e\}$.

考虑 $T=(a+c+e)(b+d)$，有

$$T-S=ad+be-ae\geqslant ae+0-ae=0.$$

从而

$$S\leqslant T\leqslant\left(\frac{(a+c+e)+(b+d)}{2}\right)^2=\frac{1}{4}.$$

又当 $a=b=\frac{1}{2}, c=d=e=0$ 时，S 可取到 $\frac{1}{4}$. 因此 S 的最大值为 $\frac{1}{4}$.

注 在这个证明中，目标“$S\leqslant\frac{1}{4}$”的出现颇显突兀. 在真实的解题思维过程中，我们对 S 作上界估计的思路也许并不明朗，因而很可能会采用“先猜后证”的策略，即通过若干特例的尝试，对 S 的最大值作一个较为可靠的猜测，然后寻找合适的方法予以证明. 例如，可以考察 (a,b,c,d,e) 的多个特例：

(1) $(1,0,0,0,0)$：$S=0$；

(2) $\left(\frac{1}{5},\frac{1}{5},\frac{1}{5},\frac{1}{5},\frac{1}{5}\right)$：$S=\frac{1}{5}$；

(3) $\left(\frac{1}{2},\frac{1}{2},0,0,0\right)$：$S=\frac{1}{4}$；

(4) $\left(\frac{1}{2},0,\frac{1}{2},0,0\right)$：$S=0$；

(5) $\left(\frac{1}{3},\frac{1}{3},\frac{1}{3},0,0\right)$：$S=\frac{2}{9}$；

……

亦可加入一些随意性更强的特例，如 $\left(\frac{1}{10},\frac{1}{2},\frac{3}{20},\frac{1}{10},\frac{3}{20}\right)$ 等，还可以利用含参数的特例，如 $(t,1-t,0,0,0)$ 等形式进行探索. 从大量的尝试与比较中，我们可能对“S 的最大值为 $\frac{1}{4}$”这一猜测逐渐增强信心，最终决定(冒着些许风险)去证明它.

借助特殊情形作出正确的猜测，首先可以防止一些不切实际的方向性错误. 例如，假想我们仅凭某种朴素的经验而猜测当 a,b,c,d,e 全相等时 S 最大，进而试图证明“$S\leqslant\frac{1}{5}$”，那么无论构思怎样精巧的证明计划，最后势必是徒劳的.

一个正确的猜测往往还能使解题的注意力得到更优化的配置. 在本题中, 当有了正确的猜测后, “$\frac{1}{4}$”这个数的特殊性也许会使我们联想到“若两个数的和为定值1, 则它们的积不超过$\frac{1}{4}$”,从中便可酝酿一个成功的解题方案: 将S适当放大, 变成两个和为 1 的数的乘积形式(即上述证明中所出现的“T”).

3.2 从特殊通向一般

有时候, 先研究并解决原问题的一些特殊情形, 一方面是为了加深对问题的理解, 寻找解题思路, 另一方面也是为了此后通过局部合成、叠加、归纳过渡、“爬坡式”推理等各种手段, 通向一般情形(逆向地看, 就是将一般情形化归为特殊情形). 此时, 解决特殊情形可以视作解决整个问题的奠基步骤.

例 3.7 试将$1, 2, 3, \cdots, 200$分成两组数, 每组100个数, 使得第1组数的平方和等于第2组数的平方和.

解 利用恒等式

$$n^2-(n+1)^2-(n+2)^2+(n+3)^2=4, \quad ①$$

可知对任意 8 个连续的整数$k, k+1, \cdots, k+7$, 有

$$k^2-(k+1)^2-(k+2)^2+(k+3)^2=(k+4)^2-(k+5)^2-(k+6)^2+(k+7)^2,$$

即$k, k+3, k+5, k+6$的平方和等于$k+1, k+2, k+4, k+7$的平方和.

将$1, 2, 3, \cdots, 200$分为 25 个连续整数段$k, k+1, \cdots, k+7$ $(k=1, 9, 17, \cdots, 193)$, 每段 8 个数中$k, k+3, k+5, k+6$分给第 1 组, $k+1, k+2, k+4, k+7$分给第 2 组. 当所有数分配完后, 两组各含 100 个数, 且第 1 组数的平方和等于第 2 组数的平方和.

注 一种自然的解题思路是先计算出$1^2, 2^2, \cdots, 200^2$的和S, 然后挑选其中 100 个平方数, 比较它们之和与$\frac{S}{2}$的大小, 再通过“一对一”的替换逐渐消除差异, 最终达到$\frac{S}{2}$, 完成分组. 相比之下, 上述解法中, 并没有直接考虑

200 个数，而是先进行小规模的试探，发现四个连续整数 $n, n+1, n+2, n+3$ 的平方可以通过①的方式进行加减运算，抵消 n 的二次项与一次项，得到一个与 n 无关的常数. 受此启发，可以先对任意 8 个连续整数给出符合题意的分组，再通过“局部合成整体”的方式，将这种分组方案推广到任意 $8m$ 个连续整数的分组问题上，使原问题得以解决.

例 3.8 设 x_1, x_2, x_3 为互不相同的实数.

(1) 试给出一个二次多项式 $\varphi(x)$，满足 $\varphi(x_1)=1$，且 $\varphi(x_2)=\varphi(x_3)=0$；

(2) 设 y_1, y_2, y_3 为实数，试给出一个不超过二次的多项式 $f(x)$，满足

$$f(x_i)=y_i \quad (i=1,2,3).$$

解 (1) 为了使 $\varphi(x_2)=\varphi(x_3)=0$，可令 $\varphi(x)=C(x-x_2)(x-x_3)$. 由 $\varphi(x_1)=1$ 解得 $C=\dfrac{1}{(x_1-x_2)(x_1-x_3)}$，因此

$$\varphi(x)=\frac{(x-x_2)(x-x_3)}{(x_1-x_2)(x_1-x_3)}.$$

(2) 与(1)类似地，取

$$\begin{cases} f_1(x)=y_1\cdot\dfrac{(x-x_2)(x-x_3)}{(x_1-x_2)(x_1-x_3)}, \\ f_2(x)=y_2\cdot\dfrac{(x-x_1)(x-x_3)}{(x_2-x_1)(x_2-x_3)}, \\ f_3(x)=y_3\cdot\dfrac{(x-x_1)(x-x_2)}{(x_3-x_1)(x_3-x_2)}, \end{cases} \qquad ①$$

则对任意 $i=1,2,3$，有 $f_i(x_i)=y_i$ 且 $f_i(x_j)=0\,(j\neq i)$. 令

$$f(x)=f_1(x)+f_2(x)+f_3(x), \qquad ②$$

则有 $f(x_1)=y_1+0+0=y_1$，同理得 $f(x_2)=y_2, f(x_3)=y_3$.

根据①，②，可将 $f(x)$ 表示为

$$f(x)=y_1\cdot\frac{(x-x_2)(x-x_3)}{(x_1-x_2)(x_1-x_3)}+y_2\cdot\frac{(x-x_1)(x-x_3)}{(x_2-x_1)(x_2-x_3)}+y_3\cdot\frac{(x-x_1)(x-x_2)}{(x_3-x_1)(x_3-x_2)}. \qquad ③$$

显然 $f(x)$ 不超过二次，故 $f(x)$ 满足条件.

注 1 第(1)题是第(2)题在取 $(y_1, y_2, y_3)=(1,0,0)$ 时的简单特殊情形，此时很容易构造出满足要求的多项式 $\varphi(x)$.

在第(2)题中，仿照前述$\varphi(x)$的构造方式，分别给出满足限制条件

$$(y_1, y_2, y_3) = (y_1, 0, 0), (0, y_2, 0), (0, 0, y_3)$$

的多项式$f_1(x), f_2(x), f_3(x)$，最后通过叠加的方式得到一般情形下的结果$f(x)$.

注 2　对于一个不超过二次的多项式$f(x)$，可设其为ax^2+bx+c的形式(a, b, c为待定参数)，由三元线性方程组$f(x_i)=y_i\,(i=1,2,3)$(x_i, y_i为已知量)可唯一地确定a, b, c的取值.(这里要用到系数行列式$\begin{vmatrix} x_1^2 & x_1 & 1 \\ x_2^2 & x_2 & 1 \\ x_3^2 & x_3 & 1 \end{vmatrix} \neq 0$,并涉及一些线性代数的背景).这意味着本题中由③式所给出的多项式是满足第(2)题条件的唯一的多项式.

注 3　本题是一个二次多项式的插值问题.仿照上述过程，可解决一般的n次多项式的插值问题：

设$x_1, x_2, \cdots, x_{n+1}$为互不相同的实数，$y_1, y_2, \cdots, y_{n+1}$为实数，则多项式

$$f(x)=\sum_{i=1}^{n+1}\left(y_i \cdot \prod_{j\neq i}\frac{x-x_j}{x_i-x_j}\right)$$

满足

$$f(x_i)=y_i\ (i=1,2,\cdots,n+1). \qquad ④$$

这里$f(x)$称为“拉格朗日插值多项式”，它是所有不超过n次的多项式中唯一满足条件④的多项式.

例 3.9　证明：对任意整数$n\geqslant 2$,所有$\dfrac{1}{ab}$ $(0<a<b\leqslant n, a+b>n, (a,b)=1)$的和为$\dfrac{1}{2}$.

证明　当$n=2$时，对应的和式为$\dfrac{1}{1\times 2}$，等于$\dfrac{1}{2}$.

因此，为了证明一般情形下的和式值为$\dfrac{1}{2}$，仅需证明：对每个$n\geqslant 3$，从$n-1$变化到n时，和式值的增量为0(进而由数学归纳法易知结论成立).

从$n-1$变化到n时，和中去掉了满足$0<a<b\leqslant n, a+b=n, (a,b)=1$的那些项$\dfrac{1}{ab}$，添加了满足$0<a<n, (a,n)=1$的那些项$\dfrac{1}{an}$，故只需证明

$$\sum_{\substack{0<a<n/2,\\(a,n-a)=1}}\frac{1}{a(n-a)}=\sum_{\substack{0<a<n,\\(a,n)=1}}\frac{1}{an}. \qquad ①$$

事实上，注意到 $(n-a,n)=(a,n)=(a,n-a)$，有

$$\sum_{\substack{0<a<n,\\(a,n)=1}}\frac{1}{an}=\sum_{\substack{0<a<n/2,\\(a,n)=1}}\left(\frac{1}{an}+\frac{1}{(n-a)n}\right)=\sum_{\substack{0<a<n/2,\\(a,n)=1}}\frac{(n-a)+a}{a(n-a)n}=\sum_{\substack{0<a<n/2,\\(a,n-a)=1}}\frac{1}{a(n-a)},$$

即①式成立．因此结论证毕．

注 求解本题时，可以先选择一些较小的 n（例如，$n=2,3,4,5,6$ 等）进行探索，列出相应的求和式进行观察，尤其注意对 $n-1$ 与 n 情形下的和式进行对比，可以猜测：n 时的和式中的项，或是直接来自 $n-1$ 时的和式，或是两项之和刚好凑成 $n-1$ 时的和式中的一项（只要这个猜测得到证明，则和式的值将不随 n 的变化而改变，问题也就迎刃而解了）．以 $n=5$ 作为一个代表性的特例，对比两个和式

$$\frac{1}{1\times4}+\frac{1}{2\times3}+\frac{1}{3\times4}, \qquad ②$$

$$\frac{1}{1\times5}+\frac{1}{2\times5}+\frac{1}{3\times4}+\frac{1}{3\times5}+\frac{1}{4\times5}, \qquad ③$$

发现 $\frac{1}{3\times4}$ 为②，③所共有的，而③中的 $\frac{1}{1\times5}+\frac{1}{4\times5}$ 与 $\frac{1}{2\times5}+\frac{1}{3\times5}$ 分别等于②中的项 $\frac{1}{1\times4}$ 与 $\frac{1}{2\times3}$．随着更多的观察，我们对上述猜测的信心会越来越强，且容易从中提炼出一般的模式：n 时的和式中的项 $\frac{1}{an}$ 与 $\frac{1}{(n-a)n}$，凑成 $n-1$ 时的和式中的项 $\frac{1}{a(n-a)}$．

通过考察一系列特殊情形，以及仔细研究若干个有代表性的特殊情形，我们明确了一般情形的证明思路，借助数学归纳法使特殊情形通向一般．

例 3.10 设 $\{F_n\}$ 为斐波那契数列：$F_1=F_2=1, F_{n+2}=F_{n+1}+F_n\,(n\in\mathbf{N}^*)$．证明：对任意整数 $n\geqslant2$，F_{2n-1} 必可表示为 $\{F_n\}$ 中两项的平方和，F_{2n} 必可表示为 $\{F_n\}$ 中两项的平方差．

证明 列出 $\{F_n\}$ 的前若干项：$1,1,2,3,5,8,13,21,34,55,\cdots$．观察发现

$$2=1^2+1^2,\ 5=1^2+2^2,\ 13=2^2+3^2,\ 34=3^2+5^2,\ \cdots;$$

$$3=2^2-1^2,\ 8=3^2-1^2,\ 21=5^2-2^2,\ 55=8^2-3^2,\ \cdots.$$

由此猜测对任意整数 $n\geqslant 2$，均有

$$F_{2n-1}=F_{n-1}^2+F_n^2,\quad F_{2n}=F_{n+1}^2-F_{n-1}^2. \qquad ①$$

由于初始情形已得到验证，故仅需证明：当①式在 n 的情形下成立时，①式在 $n+1$ 的情形下也成立.

事实上，若①式在 n 的情形下成立，则

$$F_{2n+1}=F_{2n}+F_{2n-1}=(F_{n+1}^2-F_{n-1}^2)+(F_{n-1}^2+F_n^2)=F_n^2+F_{n+1}^2,$$

进而又有

$$\begin{aligned}F_{2n+2}&=F_{2n+1}+F_{2n}=(F_n^2+F_{n+1}^2)+(F_{n+1}^2-F_{n-1}^2)\\&=2F_{n+1}^2+F_n^2-(F_{n+1}-F_n)^2=(F_{n+1}+F_n)^2-F_n^2=F_{n+2}^2-F_n^2,\end{aligned}$$

即①式在 $n+1$ 的情形下也成立.

由数学归纳法知结论成立.

注　与上一例相仿，先对较小的 n 进行考察，从中提炼出一般的模式(即①式)，再予以严格证明.

例 3.11　设 $f(x)$ 为定义在有理数全体 $\mathbf{Q}$ 上的函数，满足对任意 $x,y\in\mathbf{Q}$，均有

$$f(x+y)=f(x)+f(y). \qquad ①$$

设 $f(1)=c$，证明：对任意 $x\in\mathbf{Q}$，均有

$$f(x)=cx. \qquad ②$$

证明　在①式中令 $x=y=0$，得 $f(0)=2f(0)$，故 $f(0)=0$.

此外，对任意正整数 n 及有理数 r，由①式得

$$\begin{aligned}f(nr)&=f((n-1)r)+f(r)=\big(f((n-2)r)+f(r)\big)+f(r)\\&=f((n-2)r)+2f(r)\\&=\cdots\\&=f(2r)+(n-2)f(r)=nf(r).\end{aligned} \qquad ③$$

以下分三步进行.

(1) 先证明②式对任意正整数 x 成立.

事实上，这正是③式中取 $n=x,\ r=1$ 的结果.

(2) 再证明②对任意正有理数 x 成立.

令正有理数 $x=\frac{q}{p}$，其中 p, q 为正整数. 在③中取 $n=p, r=x$，得 $f(px)=pf(x)$，又由第(1)步的结论知 $f(px)=f(q)=cq$，所以

$$f(x)=\frac{f(px)}{p}=\frac{cq}{p}=cx.$$

(3) 最后证明②对一切有理数 x 成立.

注意到 $f(0)=0$ 及第(2)步的结论，仅需考虑 x 为负有理数的情形. 此时在①式中令 $y=-x$ 得 $f(0)=f(x)+f(-x)$，又由 $-x>0$ 知 $f(-x)=-cx$，所以

$$f(x)=f(0)-f(-x)=0-(-cx)=cx.$$

综上，结论证毕.

注 函数方程①是由数学家柯西首先提出并研究的，故称为“柯西方程”，柯西方程的解称为“加性函数”. 上述解法极有特点：通过若干个环节逐步逼近最终目标，每一环节的结果都作为后面推理的基础，因此可形象地称为“爬坡式”推理方法. 在“从特殊通向一般”的意义下看，爬坡式推理表现为：先解决问题中的一类特殊的奠基情形，随后总是借助已解决的情形，去解决一类更加一般的情形，以此方式逐步扩大问题解决的范围. 进一步，如果 $f(x)$ 是定义在 $\mathbf{R}$ 上的连续函数，且①对任意 $x, y\in\mathbf{R}$ 成立，那么还可以继续“爬坡”，利用连续性推出②对任意实数 x 成立(这里，$f(x)$ 的连续性的要求也可以削弱为某个局部的连续性或单调性).

例 3.12 圆 ω_1, ω_2 交于 A, B 两点，O_1, O_2 分别为 ω_1, ω_2 的圆心. 设点 P 在圆 ω_1 上运动，点 Q 在圆 ω_2 上运动，满足有向角 $\measuredangle AO_1P=\measuredangle AO_2Q$ (这里有向角 $\measuredangle XOY$ 是指将直线 OX 逆时针旋转至 OY 所相应的转角，有向角的值及加减运算均在模 π 的意义下理解). 证明：平面上存在一个定点 T，使得 $TP=TQ$ 恒成立.

证明 先通过特殊情形探索定点 T 的位置.

当动点 Q 恰好位于点 B 处时，设 P 在圆 ω_1 上的点 P' 处. 由 $TP'=TB$ 知 T 应位于 BP' 的中垂线 l_1 上(如图 3.1(a)所示). 易知 l_1 过圆心 O_1，故

$$\measuredangle TO_1P'=\measuredangle BO_1T=\measuredangle BO_1A+\measuredangle AO_1T.$$

设 $\measuredangle BO_1O_2=\measuredangle O_2O_1A=\alpha, \measuredangle AO_2O_1=\measuredangle O_1O_2B=\beta$，则

$$\measuredangle AO_1T=\measuredangle AO_1P'-\measuredangle TO_1P'=\measuredangle AO_2B-\measuredangle BO_1A-\measuredangle AO_1T=2\beta-2\alpha-\measuredangle AO_1T,$$

故$\measuredangle AO_1T+\alpha=\beta$，即

$$\measuredangle O_2O_1T=\measuredangle AO_2O_1. \quad ①$$

类似地，当动点P恰好位于点B处时，设Q在圆ω_2上的点Q'处，则T应位于BQ'的中垂线l_2上，且有

$$\measuredangle O_1O_2T=\measuredangle AO_1O_2. \quad ②$$

由①，②可推断知T为点A关于O_1O_2中垂线的对称点. 点T具有如下性质：

$$TO_1=AO_2,\quad TO_2=AO_1,\quad \measuredangle AO_1T=\measuredangle AO_2T. \quad ③$$

下面就动点P,Q的一般位置证明$TP=TQ$恒成立，如图 3.1(b)所示.

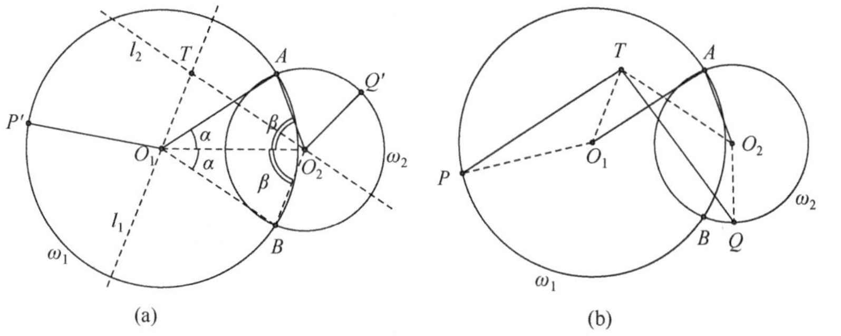

图 3.1

事实上，在$\triangle TO_1P$与$\triangle QO_2T$中(这里允许三角形退化为线段)，利用③得

$$TO_1=AO_2=QO_2,$$

$$PO_1=AO_1=TO_2,$$

$$\measuredangle TO_1P=\measuredangle AO_1P-\measuredangle AO_1T=\measuredangle AO_2Q-\measuredangle AO_2T=\measuredangle TO_2Q.$$

所以$\triangle TO_1P$与$\triangle QO_2T$全等. 进而$TP=TQ$.

注　先利用特殊情形确定一般情形下的必要条件，再证明该条件在一般情形下也是充分的，是“从特殊通向一般”的一种有效途径.

在本题中，当不知道定点T位于何处时，所能用来推导结论的信息十分有限，而一旦明确了T的位置，便获得了一系列条件(上述证明中的③)，使证明思路自然地浮现出来. 因此，发现定点T的位置，既是本题的难点，也是解决问题的首要目标. 在上述证明中，通过尝试两种简单明确的特殊情形，分别得到T所满足的两个必要条件①，②，由此对T的位置作出了猜测，成功地突破了难点. 当然，在真正落笔书写证明时，等式②及其之前的内容都是可以省略的.

3.3 利用极端性

某些数学问题中所出现的各个元素的地位是不平等的，某个极端元素或某个元素的极端状态往往具有优先于其他元素的特殊性质，而这恰好为解题提供了突破口．作出极端化的假设，相当于在解题过程中获得了额外的条件，可供之后的推理所利用．因此，考虑一些极端的情形或是某个极端的方面，合理利用其所蕴含的特殊性质，常常会对解题产生意想不到的效果．

在作极端化假设时，常常需要用到下面两个显然的事实：

(1) 在有限个实数中，必存在最大值和最小值；

(2) 在任意多个正整数中，必存在最小值．

例 3.13 在一项乒乓球比赛中，$n\,(n\geqslant 3)$ 名选手两两之间比赛一场且分出胜负．已知没有全胜的选手，证明：一定可以从中找出三名选手 A,B,C，满足 A 胜 B，B 胜 C，C 胜 A．

证明 由于参赛人数有限，故必存在一名获胜场数最多的选手 A．

因 A 未全胜，故可选出一名选手 C 胜了 A．由于 A 输给了 C，而 A 的获胜场数又是最多的，这表明在其余 $n-2$ 名选手中，A 所战胜的人数一定大于 C 所战胜的人数，故必能选出一人 B 输给了 A 但战胜了 C．

于是 A,B,C 三人即为所求．

注 本题中，通过极端化假设获得了额外的条件“A 的获胜场数不小于其他任何一人的获胜场数”，这为之后的分析推理提供了有力的支持．

例 3.14 设 a,b 为整数，$a<b$，函数 f 在 $\{a,a+1,\cdots,b\}$ 上有定义，且函数值均为整数．若对任意整数 $n\,(a\leqslant n<b)$，有 $f(n+1)-f(n)\in\{-1,0,1\}$，且 $f(a)f(b)<0$，证明：存在整数 $c\,(a<c<b)$，使得 $f(c)=0$．

证明 由对称性，仅需在 $f(a)<0, f(b)>0$ 的情形下证明命题．

考虑集合 $A=\{n\,|\,a<n\leqslant b, f(n)\geqslant 0\}$．

显然 A 为有限集，且由 $f(b)>0$ 知 A 不是空集，因此可取

$$c=\min\{n\,|\,a<n\leqslant b, f(n)\geqslant 0\}.$$

显然 $f(c)\geqslant 0$．又由 c 的最小性知 $f(c-1)<0$，即 $f(c-1)\leqslant -1$，故

$$f(c) \leqslant f(c-1)+1 \leqslant 0.$$

综上可得 $f(c)=0$.

注 本题的结论是离散形式的零点存在定理，在求解一些离散型数学问题时非常有用，其正确性很容易直观理解. 这里放慢步子，给出了细致的证明过程，可以看到极端化假设使我们获得了“$f(c) \geqslant 0$”及“$f(c-1)<0$”这两个额外条件.

例 3.15 证明：任意一个四面体中总存在一个顶点，满足从该顶点引出的三条棱可作为一个三角形的三条边.

证明 设四面体为 $ABCD$，它的最长的棱为 AB. 我们证明：自顶点 A 或自顶点 B 所引出的三条棱，可作为一个三角形的三条边.

事实上，在 $\triangle ABC$ 与 $\triangle ABD$ 中，分别有

$$AC+CB>AB, \quad AD+DB>AB,$$

两式相加，并重新组合得

$$(AC+AD-AB)+(BC+BD-AB)>0,$$

所以 $AC+AD>AB$ 与 $BC+BD>AB$ 中必有一项成立.

不妨设 $AC+AD>AB$，由于已设 AB 是最长的棱，故从顶点 A 引出的三条棱可作为三角形的三条边.

注 1 一般而言，若要判断三个正数 a, b, c 能否作为一个三角形的三边长，需兼顾三个不等关系，但如果能事先确定三个数中的最大者，例如说是 a，那么 $a+b>c, a+c>b$ 便已自动成立，随后仅需判断 $b+c>a$ 是否成立即可. 本题中，正是作了极端性假设“AB 是最长的棱”，使得在分析“AB, AC, AD”或是“BA, BC, BD”能否满足条件时，目标更为明确，也简化了讨论的步骤.

注 2 在本题中，也可以选取一个顶点，使其所引出的三条棱的总长度最大，并证明该顶点满足条件. 这种证法亦体现了对极端性的利用.

例 3.16 设正整数 $a, b \geqslant 2$. 在一个 a 行 b 列的方格表中，两个单元格“相邻”是指它们有一条公共边. 在每个单元格内填入一个实数，满足：任意一个单元格 C 内的数不小于 C 的所有相邻单元格内各个数的算数平均值. 证明：方格表所有单元格内所填的数都相等.

证明 所有单元格(共 ab 个)中所填的数必存在最小值，记之为 m .

引理 填有数 m 的单元格的相邻格内也都填了 m .

引理的证明 设一个单元格 P 内填有数 m ，P 的所有相邻格 $P_1, P_2, \cdots, P_k$ (这里 k 可能为 2, 3 或 4)内分别填有数 $m_1, m_2, \cdots, m_k$，则由条件知

$$m \geqslant \frac{m_1+m_2+\cdots+m_k}{k}. \qquad ①$$

但由 m 的最小性，又得

$$\frac{m_1+m_2+\cdots+m_k}{k} \geqslant \frac{m+m+\cdots+m}{k}=m, \qquad ②$$

因此不等式①，②均取到等号，故 $m_1=m_2=\cdots=m_k=m$.

引理得证.

回到原问题. 取一个填有数 m 的单元格，记为 C_0 .

考虑任意一个单元格 $C \neq C_0$，显然可以找到 t 个单元格 $C_1, C_2, \cdots, C_t(=C)$，使得对任意 $i=1,2,\cdots,t$，C_{i-1} 与 C_i 相邻. 故利用引理，可依次推出 $C_1, C_2, \cdots, C_t(=C)$ 内填有数 m ，特别地，C 内填有数 m . 这意味着方格表所有单元格内所填的数都相等.

注 本题看似条件很弱，仅给出了每个单元格与其相邻格内所填各数的某种大小控制关系，却要证明很强的结论——所有单元格内都填了相同的数. 我们联想到，有一种策略可以达到此类效果：通过证明不等关系 $a \geqslant b$ 和 $a \leqslant b$，来证明等量关系 $a=b$. 联系到本题，如果“a”代表某个单元格 C 内的数，“b”代表 C 的所有相邻单元格内各数的算数平均值，那么题目条件已蕴含了 $a \geqslant b$，故仅需再创造有利条件使 $a \leqslant b$ 也成立，就能证得 $a=b$. 事实上，取 C 为填有最小数 m 的一个单元格，即为这样的有利条件(因为此时“a”等于 m ，显然不超过“b”). 于是推得 $a=b$. 这意味着与 C 相邻的那些单元格也必须填有最小数 m ，而这种推理模式又可逐步蔓延到所有单元格. 至此形成了本题完整的解决方案.

例 3.17 设 m, n 为正整数. 有一个 m 行 n 列的实数矩阵. 一次操作是指：同时改变其某一行或某一列的所有数的符号，其余数均不变. 证明：可经过有限次操作，使得矩阵每一行的各数之和、每一列的各数之和均为非负数.

证明 操作不改变矩阵中各元素的绝对值，故矩阵中各数和 S 至多有 2^{mn} 种(有限种)可能取值，其中必有最大者.

取一个使 S 达到最大的矩阵，以下证明其满足条件.

若不然，不妨设第 i 行各数之和为负(对某一列各数之和为负的讨论完全类似)，则对该行再作一次操作，新矩阵中第 i 行各数之和为正，而其余数字保持不变，于是新矩阵中各数之和必大于 S，与 S 的最大性矛盾！故命题成立.

注 在寻找极端对象时，或许可以从解题的目标中得到一些启发. 由于"矩阵中所有数之和尽可能大"，与"每一行、每一列各数之和均为非负数"这一目标状态较为和谐一致，因此我们试图对具有最大元素和的矩阵验证条件成立，是一个自然合理的设想.

亦可从调整构造的角度看此问题：每一步选取和为负的一行或一列，对之进行操作，直到这样的操作不能再进行为止(想一想为什么这样的操作一定会停止)，此时的矩阵满足条件. 以 $\boldsymbol{A}=\begin{pmatrix}1 & 3 & -6\\ -2 & 2 & 0\end{pmatrix}$ 为例，可通过操作第 1，3 列，使 $\boldsymbol{A}$ 变成 $\boldsymbol{A}_1=\begin{pmatrix}-1 & 3 & 6\\ 2 & 2 & 0\end{pmatrix}$，亦可通过先操作第 1 行，再操作第 1，2 列，使 $\boldsymbol{A}$ 变成 $\boldsymbol{A}_2=\begin{pmatrix}1 & 3 & 6\\ 2 & -2 & 0\end{pmatrix}$. 可以验证，$\boldsymbol{A}_1$ 是原解法中使 S 达到最大的矩阵，不过这里的 $\boldsymbol{A}_2$ 同样符合题目的要求，可以作为调整构造过程的终点.

一般地，许多存在性命题，如果可以从某种极端性出发来陈述其证明过程，那么也可以通过调整构造来实现，反之亦然. 实际上，极端情形的存在，或是调整过程的可实现性，均需以某种有限性(如状态数的有限性等)为基础，而我们所考察的极端情形，可能正是某个调整优化过程的终点，反之亦然.

例 3.18 已知有一些圆纸片，它们所盖住的总面积为 9. 证明：可以从中选出若干个互不重叠的圆纸片，使得它们的面积之和不小于 1.

证明 设计一个取圆纸片的算法——每步"贪心"地选择当前剩下的最大的圆纸片，并清除掉与之有重叠的圆纸片.

该算法必在有限步内结束，且最终选出的圆纸片显然是互不重叠的.

以下证明，在该算法下所选出的圆纸片总面积至少为 1.

设算法进行了 n 步.

对 $i=1, 2, \cdots, n$，设第 i 步选出的圆纸片为 D_i，其圆心为 O_i，半径为 r_i. 对任意一个与 D_i 有重叠的圆纸片，由于其半径至多为 r_i (利用 D_i 的极端性)，故完全落在以 O_i 为圆心、$3r_i$ 为半径的圆形闭区域中. 从而，D_i 及第 i 步中被清除掉的那些圆纸片所覆盖到的区域面积不超过 $9\pi r_i^2$.

因此，所有圆纸片盖住的总面积

$$9\pi r_1^2+9\pi r_2^2+\cdots+9\pi r_n^2\geqslant 9.$$

这意味着所选出的 $D_1, D_2, \cdots, D_n$ 的面积之和

$$\pi r_1^2+\pi r_2^2+\cdots+\pi r_n^2\geqslant 1,$$

从而 $D_1, D_2, \cdots, D_n$ 满足条件.

注 本题将极端原理运用于一个算法的设计，其中算法每执行一步，都是极端原理的一次运用. 尽管执行该算法后选出的一组圆纸片未必具有最大的总面积，但每一步的“局部最优性”保障了一个不算糟糕的结果，至少达到了题目的要求.

例 3.19 设 $A_1, A_2, \cdots, A_n$ 与 $B_1, B_2, \cdots, B_n$ 构成集合 M 的两个划分，且满足：对任意两个集合 $A_i, B_j\ (1\leqslant i\leqslant n, 1\leqslant j\leqslant n)$，若 $A_i\cap B_j=\varnothing$,则 $\left|A_i\cup B_j\right|\geqslant n$ (其中 $|X|$表示集合 X 的元素个数). 证明：$|M|\geqslant\dfrac{n^2}{2}$.

证明 由对称性，不妨设集合 $A_i, B_j(1\leqslant i\leqslant n, 1\leqslant j\leqslant n)$ 中元素个数最少的为 A_1，$|A_1|=k$.

若 $k\geqslant\dfrac{n}{2}$，则 $|M|=|A_1|+|A_2|+\cdots+|A_n|\geqslant nk\geqslant\dfrac{n^2}{2}$.

若 $k<\dfrac{n}{2}$，将 $B_1, B_2, \cdots, B_n$ 分为两类：第一类与 A_1 有公共元素，不妨设为 B_1, $B_2, \cdots, B_t$，由极端性假设知

$$\left|B_j\right|\geqslant|A_1|=k\ \ (1\leqslant j\leqslant t);\qquad ①$$

第二类与 A_1 的交集为空，它们为 $B_{t+1}, B_{t+2}, \cdots, B_n$，由条件知对任意 $t+1\leqslant j\leqslant n$，均有

$$\left|B_j\right|+|A_1|\geqslant\left|A_1\cup B_j\right|\geqslant n,$$

于是

$$\left|B_j\right|\geqslant n-k\ \ (t+1\leqslant j\leqslant n).\qquad ②$$

由①，②得

$$\begin{aligned}|M|&=\sum_{j=1}^{t}\left|B_i\right|+\sum_{j=t+1}^{n}\left|B_j\right|\geqslant tk+(n-t)(n-k)\\&=\frac{n^2}{2}+\frac{1}{2}(n-2t)(n-2k).\end{aligned}\qquad ③$$

由于 $B_1, B_2, \cdots, B_t$ 两两相交为空，且都与 k 元子集 A_1 有公共元素，故 $t \leqslant k < \frac{n}{2}$，因此

$$(n-2t)(n-2k) > 0,$$

结合③知 $|M| > \frac{n^2}{2}$.

综上可得 $|M| \geqslant \frac{n^2}{2}$.

注　本题的目标是估计 $|M|$ 的下界，“A_1 所含元素最少”．这一极端性假设为我们带来了如下两方面的益处：

(1) 集合 B_j 与 A_1 不相交的情况更“容易”发生，且根据条件，此时 B_j 满足 $|A_i \cup B_j| \geqslant n$，势必含有较多的元素；

(2) 集合 B_j 与 A_1 交集非空的情况更不“容易”发生，而且即便发生了，这些 B_j 所含元素也不至于太少(元素个数不能小于 $|A_1|$).

正因如此，围绕元素最少的集合 A_1 进行讨论，取得了理想的效果.

例 3.20　设正整数 $n \geqslant 3$，平面上有不全在一条直线上的 n 个点．证明：必有一条直线恰好通过这 n 个点中的两个点.

证明　对这 n 个点中的任意三个点 X, Y, Z，可计算点 X 到直线 YZ 的距离，这样的距离个数是有限的，且由条件知这些距离值中存在正值，故有最小正值 d_0.

如图 3.2 所示．不妨设 n 个点中的三个点 P, A, B 满足：P 到直线 AB 的距离为 d_0．以下证明 AB 上不存在这 n 个点中的其他点.

否则，假设 AB 上还有这 n 个点中的一点 C．作 P 到 AB 的垂线段 PH，则由抽屉原理，A, B, C 中至少有两点落在垂足 H 的同侧，不妨设这两个点是 B, C，且 $HC < HB$ (允许 C 与 H 重合).

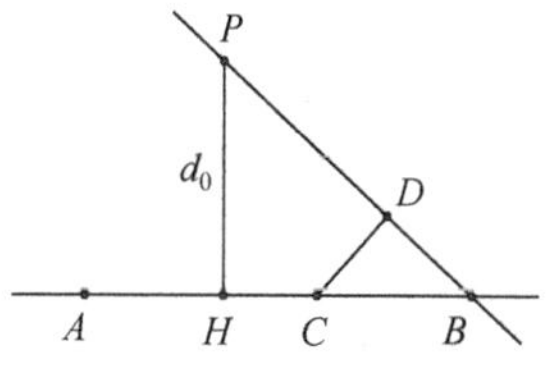

图 3.2

然而，此时 C 到直线 PB 的距离 CD 小于 $PH = d_0$，与 d_0 的最小性矛盾.

从而，直线 AB 恰好通过这 n 个点中的两个点.

注　该问题是 1893 年英国数学家西尔维斯特(J. J. Sylvester)在《教育时代》杂志上提出的．该问题看似简单，但被人们思考了(也许是忽略了)数十年,

直到 1933 年，才由数学家伽莱(T. Gallai)以十分复杂的方式解决了由保罗·厄尔多斯(P. Erdös)独立提出的同样问题. 相比之下，上述证法极为通俗易懂，是凯利(L. M. Kelly)在大约 1944 年时给出的，其中，选取适当的极端对象加以考察是证明的关键.

本问题有一个对偶命题：设正整数 $n \geqslant 3$，在平面上给定 n 条两两不平行的直线，若对于他们中任何两条直线的交点，都有这 n 条直线中的另一条过这个点，则这 n 条直线共点.

证明过程相仿，留作思考.

习 题 3

1. 若 99 可以表示为 n 个互不相同的素数之和，求 n 的最小值与最大值.

2. 证明：对任意正整数 n，$a_n = \underbrace{11\cdots1}_{n-1个}\underbrace{22\cdots2}_{n个}5$ 为完全平方数.

3. 设 $f(x)$, $g(x)$ 是定义在 $\mathbf{R}$ 上的函数，$g(x) = f(x)f(x+1)$.

(1) 试给出一个 $f(x)$，使得 $g(x)$ 为偶函数，且不为常值函数；

(2) 试给出一个 $f(x)$，使得 $g(x)$ 为奇函数，且不为常值函数.

4. 实数 λ 满足：对任意三角形的三边长 a, b, c，均有

$$ab + bc + ca \geqslant \lambda(a + b + c)^2.$$

求 λ 的最大值.

5. 在 $\triangle ABC$ 中，D, E 分别在边 AC, AB 上，BD, CE 分别平分 $\angle ABC$, $\angle ACB$. 设 P 为线段 DE 上的任意一点，L, M, N 分别为点 P 在直线 BC, CA, AB 上的射影. 试判断 $PM + PN$ 与 PL 的大小关系，并证明你的结论.

6. 设 AB 为圆 ω 的弦(不是直径)，P 为圆 ω 上不同于 A, B 的一个动点. 过 BP 的中点 M 作直线 AP 的垂线，H 为垂足. 当点 P 运动时，直线 HM 是否总是经过一个定点？证明你的结论.

7. 设 $x, y > 0$. 证明：对任意 $\lambda, \mu(\lambda > \mu > 0)$，有 $\left(\dfrac{x^\lambda + y^\lambda}{2}\right)^{\frac{1}{\lambda}} \geqslant \left(\dfrac{x^\mu + y^\mu}{2}\right)^{\frac{1}{\mu}}$.

8. 证明：对任意正整数 $n > 1$，方程 $1 + 2x + 3x^2 + \cdots + nx^{n-1} = n^2$ 均有有理根.

9. 设 $\{F_n\}$ 为斐波那契数列：$F_1 = F_2 = 1,\ F_{n+2} = F_{n+1} + F_n\ (n \in \mathbf{N}^*)$. 证明：存在整数 K，使得对任意正整数 n，均有 $F_nF_{n+2} + K\cdot(-1)^n$ 为平方数.

10. 已知对任意正整数 n，石子 A_n 的质量为 n^2 克. 一开始天平的左盘放

有一个质量为正整数克的重物. 证明: 可将 $A_1, A_2, \cdots$ 依次添加到天平的左盘或右盘中(假定天平可承载任意大的质量), 使得当添加完某块石子 A_k 后, 天平刚好平衡.

11. 平面上给定 100 个点, 已知其中任意两点的距离不超过 1, 且任意三点是一个钝角三角形的三个顶点. 证明: 这 100 个点被一个半径不超过 $\frac{1}{2}$ 的圆覆盖.

12. 证明: 在任意一个三角形中, 总存在一条中线, 其长度的平方至少为该三角形面积的 $\sqrt{3}$ 倍.

13. 若干个人聚会, 其中某些人彼此认识, 已知如果某两人在聚会者中有相同数目的熟人, 那么他俩便没有共同的熟人. 证明: 若聚会者中有人至少有 100 个熟人, 则必然也有人恰好有 100 个熟人.

14. 在一个由若干座城市组成的国家中, 某些城市之间有道路相连, 满足: 所有道路互不相交; 对任意两座城市, 都可以从一座城市出发沿道路到达另一座城市(中间可能通过其他城市). 每座城市的“里程值”, 定义为从该城市出发途经所有城市(同一城市允许被多次经过)所需的总路程的最小值. 证明: 任意两座城市的里程值之比不超过 $\frac{3}{2}$.

15. 设 k 为正整数, $d_0, d_1, \cdots, d_m$ $(1 = d_0 < d_1 < \cdots < d_m = 4k)$ 是 $4k$ 的所有正约数. 证明: 存在 $i \in \{1, 2, \cdots, m\}$, 使得 $d_i - d_{i-1} = 2$.

第 4 章　从整体考虑问题

一个整体中的若干对象通常是相互制约的. 将一个对象置于整体的视角下看待, 可能会获得超出于孤立地看待它所得的信息.

为研究一个数学问题, 固然常常需要从局部入手, 先进行一定的摸索, 试图将局部弄清楚, 再综合概括得出关于整体的结论. 但是在许多场合下, 如果过于关注细节而忽略全局, 会导致“只见树木, 不见森林”, 无法真正理解和把握一个问题的关键所在. 因此, 在研究数学问题时, 也常常需要从整体层面对问题进行考虑, 以把握内在规律, 或是利用整体性质来推导局部性质, 使问题得到解决.

4.1　从整体尺度考察对象

在面对一个数学问题时, 先从整体还是先从局部对之进行考察, 何种方式更为有效, 通常不易事先判断, 并且涉及个人的思维习惯. 但是, 出于解题效率的考虑, 至少不应当忽略数学家波利亚的如下建议: “当你开始考察一个问题时, 你还不知道问题的哪些细节是重要的, 因此存在过分强调某个不重要的细节的危险, 而且你也许会陷在它里面不能自拔. 因此, 我们在开始时, 要先把问题当作一个不可分割的整体去考察, 不要钻到哪一个细节中去. ”

例 4.1　一项乒乓球单打淘汰赛有 100 名选手参加, 其中 28 名选手第 1 轮轮空, 经过 7 轮比赛 ($\frac{1}{64}$决赛、$\frac{1}{32}$决赛、$\frac{1}{16}$决赛、$\frac{1}{8}$决赛、$\frac{1}{4}$决赛、半决赛和决赛) 后决出冠军. 期间一共要安排多少场比赛?

解法 1　第 1 轮比赛的场数为 $\frac{100-28}{2}=36$, 此后各轮比赛的场数依次为 $32, 16, 8, 4, 2, 1$, 求和可知总共要安排的比赛场数为 $36+32+16+8+4+2+1=99$.

解法 2　比赛场数即所有人输的场数之和. 由淘汰赛的规则可知, 仅有冠军未输, 其余人各输一场, 故总共要安排的比赛场数为 $100-1=99$.

注　解法 1 采取“具体问题具体分析”的态度，将每轮比赛所需场数算清楚，再求和，而解法 2 则着眼于淘汰赛制的内在规律，抓住“所有人输的场数之和”这一关键量，直接给出问题的答案. 相比之下，解法 2 从整体尺度考察这项赛事，在忽略一些不必要的细节之后，解答反而得到了简化(并且可推广到任意参赛人数的单打淘汰赛).

例 4.2　甲、乙两人从相距 20 千米的两地同时出发相向而行，甲的速度为每小时 5.5 千米，乙的速度为每小时 4.5 千米. 丙驾驶电动车的速度为每小时 21.5 千米，他与甲同时出发，向乙驶去，遇到乙后立即掉头向甲驶去，遇到甲后又立即掉头向乙驶去……直到甲、乙相遇为止. 在此期间，丙一共行驶了多少千米的路程?

解　由于甲、乙从出发到相遇一共花去了 $\dfrac{20}{5.5+4.5}=2$ 小时，所以丙驾驶电动车的总时长也为 2 小时，期间一共行驶了 $2\times 21.5=43$ 千米的路程.

注　上述解法摆脱局部的纠缠，跳出分析每次相遇的时刻与位置的烦琐细节，着眼于丙匀速行驶的整个过程. 这样仅需抓住速度、时间两个关键量即可解决问题.

例 4.3　将数字 $1,3,4,6,7$ 排列后组成一个十进制下的 5 位数 n. 问 n 是否可能为素数?

解　由于 $1+3+4+6+7$ 为 3 的倍数，故由 $1,3,4,6,7$ 排列后组成的任意一个 5 位数 n 必为 3 的倍数，又显然 $n>3$，所以 n 不可能为素数.

注　一个十进制正整数能否被 3 整除，与组成它的各数字的排列次序无关，但与这些数字之和模 3 的余数有关. 这里，“排列次序”牵涉到局部的位置关系，而“各位数字之和”反映的是整体的属性. 本题中，恰好有“数字 $1,3,4,6,7$ 之和为 3 的倍数”这样的有利因素，使我们可以不必关注局部层面的“排列次序”便可迅速完成判断.

例 4.4　矩形纸片 $ABCD$ 内部标有 3 个点 E,F,G. 设点集 $\Gamma=\{A,B,C,D,E,F,G\}$. 现要将该纸片剖分成一些三角形，使得对于剖分出的每个三角形(包括该三角形的内部与边界)，属于 Γ 的点恰为其三个顶点. 问：一共剖分出多少个三角形?

解　设一共剖分出 x 个三角形. 考虑这些三角形的所有内角之和 S. 一方面显然 $S=x\cdot 180^\circ$.

另一方面，矩形 $ABCD$ 每个顶点处对 S 的贡献为 $90°$，点 E,F,G 处对 S 的贡献各为 $360°$，没有其他点对 S 有贡献. 所以 $S=4\cdot 90°+3\cdot 360°=1440°$.

综上可知 $x\cdot 180°=1440°$，解得 $x=8$，即一共剖分出 8 个三角形.

注 1 本题中，E,F,G 在矩形 $ABCD$ 内部的位置有多种可能的情形，而每种情形又对应多种可能的三角剖分，因此从局部考虑头绪非常多，不易实行. 然而，从整体的尺度考察所有 x 个三角形的内角，可知汇集于 Γ 中每个点的内角度数和是确定的，而借助这一信息已可求得 x，因此关于局部构型的各种细节便可忽略了.

细心的读者会注意到上述解法运用了“算两次”的策略. 事实上，在选择“算两次”所施加的对象时，为了使问题中的各方面信息形成较好的关联，所选对象常常会带有较明显的整体属性，这就在一定程度上同时体现出了“从整体考虑问题”的精神.

注 2 有一种从局部出发的分析思路如下：

将点 E,F,G 按一定次序逐个添入矩形. 添入第一个点后，矩形被剖分为 4 个三角形；此后每添入一个新的点，它可能落在一个已剖分出的三角形内部，也可能落在两个已剖分出的三角形的公共边界上，分别对这两种局部情形予以讨论，可知添入该点后所剖分出的三角形个数增加 2. 从而表明最终剖分出的三角形个数为 $4+2\times 2=8$.

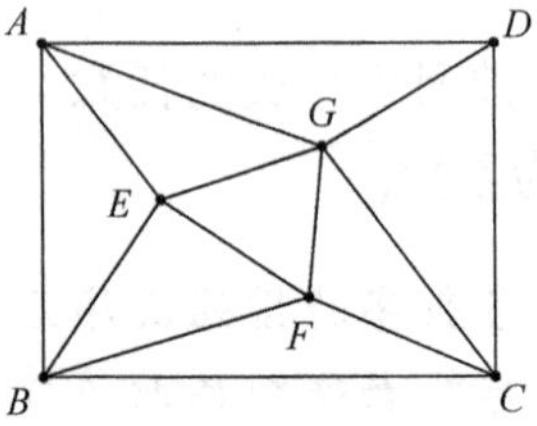

图 4.1

值得指出的是，该思路所考虑到的三角剖分中，必定有一个点(第一个被添入的点)与 A,B,C,D 均有连线，而实际上我们很容易找到一种三角剖分，它不具有这样的性质(例如图 4.1). 因此，该思路并未从一般意义上解决本题. 当然，如果将它作为一个探索过程，那么对发现本题的正确答案仍是有积极意义的.

4.2 组合局部信息

在一个问题中，已有的局部信息可能存在多种(甚至无穷多的)组合方式. 在求解问题时，常常需要寻求这些信息的某种有意义的组合，并从整体上加以考虑. 通过适当的方式，可由局部的不确定信息组合产生整体上的确定信息，或是由局部的复杂结构组合产生整体上的简单结构，又或是对局部散乱的信息进行整合与概括，从而使解题取得关键性的进展. 有的问题之所以困难，是因为局部信息的有效组合过于隐秘，需要解题者反复构想、反复试探，甚至需要非凡的洞察力和独创性.

例 4.5　设三元集合 $A=\{ab,\ 2b,\ 3c\}$，$B=\{a,\ 2b^2,\ 3bc\}$，其中 a,b,c 为非零实数. 若 $A=B$，求 b 的所有可能值.

解法 1　若 $a=ab$，则两边同除以非零实数 a，知 $b=1$.

若 $a=2b$，则 $ab=2b^2$，A 和 B 中分别剩下元素 $3c$ 和 $3bc$，它们相等. 考虑到 $c\neq 0$，有 $b=1$.

若 $a=3c$，则 $ab=3bc$，A 和 B 中分别剩下元素 $2b$ 和 $2b^2$，它们相等. 考虑到 $b\neq 0$，仍有 $b=1$.

最后进行检验：当 $b=1$ 时，$A=\{a,2,3c\}=B$，只要取 $a,c\neq 0$，使得 $a,2,3c$ 两两不等，即可保证 A,B 为满足条件的三元集合. 故 $b=1$.

解法 2　当 $A=B$ 时，集合 A,B 各自的元素积相等，即

$$ab\cdot 2b\cdot 3c=a\cdot 2b^2\cdot 3bc.$$

考虑到 $a,b,c\neq 0$，两边同除以 $6ab^2c$ 知 $b=1$.

以下检验同解法 1.

注　对有限个数考虑它们的轮换对称式(尤其是求和与求积)，是组合局部信息的常用手段. 在本题中，两个相等的集合 A,B 中元素的对应关系并不确定，若从局部分析问题，则需要分类讨论，解法 1 正是这种思路的典型. 与之相比，解法 2 将各元素的值以求积的方式进行组合，所产生的“元素积”不依赖于各元素的次序，因而具有确定性，且所列的等式刚好便于化简，这也使解法 2 显得更为精简.

例 4.6　设数列 $\{a_n\}$ 与 $\{b_n\}$ 满足 $a_1=1,\ b_1=3$，且对任意正整数 n，均有

$$\begin{cases} a_{n+1}=a_n+b_n-\sqrt{a_n^2-a_nb_n+b_n^2}, \\ b_{n+1}=b_n+a_n+\sqrt{b_n^2-b_na_n+a_n^2}. \end{cases}$$

求 $\{a_n\}$ 与 $\{b_n\}$ 的通项公式.

解　由已知得

$$a_{n+1}+b_{n+1}=2(a_n+b_n), \qquad ①$$

$$a_{n+1}b_{n+1}=(a_n+b_n)^2-(a_n^2-a_nb_n+b_n^2)=3a_nb_n. \qquad ②$$

因此，注意到 $a_1=1, b_1=3$，有

$$a_n+b_n=2^{n-1}(a_1+b_1)=2^{n+1},\quad a_nb_n=3^{n-1}a_1b_1=3^n,$$

故 a_n, b_n 是方程 $x^2-2^{n+1}x+3^n=0$ 的两根，其中 $a_n<b_n$．所以

$$a_n=2^n-\sqrt{4^n-3^n},\quad b_n=2^n+\sqrt{4^n-3^n}.$$

注 本题中数列 $\{a_n\},\{b_n\}$ 之间的递推关系较为复杂，但具有明显的对偶特征，故启发我们适当地对它们进行组合．通过解答中的①，②，可分别得到数列 $\{a_n+b_n\}$ 及 $\{a_nb_n\}$ 的简单递推关系，最后借助 a_n+b_n 与 a_nb_n 的值反过来求得了 a_n, b_n 的值．

例 4.7 有限数集 X 的全部元素之积称为 X 的“积数”．设集合 $A=\left\{\frac{1}{2},\frac{1}{3},\cdots,\frac{1}{100}\right\}$．

(1) 求 A 的所有非空子集的积数之和 S；

(2) 求 A 的所有奇数元子集的积数之和 T．

解 对多项式 $f(x)=\left(x+\frac{1}{2}\right)\left(x+\frac{1}{3}\right)\cdots\left(x+\frac{1}{100}\right)$ 进行展开，同类项不合并，共 2^{99} 项．

(1) A 的每个非空子集 $\{a_1,a_2,\cdots,a_k\}$ 唯一地对应 $f(x)$ 展开式中的一项 $a_1a_2\cdots a_kx^{99-k}$，故所有非空子集的积数之和 S 等于 $f(x)$ 中除 x^{99} 项以外的各项系数之和，即 $f(1)-1$．

计算得

$$f(1)=\left(1+\frac{1}{2}\right)\left(1+\frac{1}{3}\right)\cdots\left(1+\frac{1}{100}\right)=\frac{101}{2},$$

所以

$$S=f(1)-1=\frac{99}{2}.$$

(2) A 的所有奇数元子集的积数之和 T 等于 $f(x)$ 展开式中所有偶数次项的系数和，即 $\frac{f(1)+f(-1)}{2}$．计算得

$$f(-1)=\left(-1+\frac{1}{2}\right)\left(-1+\frac{1}{3}\right)\cdots\left(-1+\frac{1}{100}\right)=(-1)^{99}\frac{1}{2}\cdot\frac{2}{3}\cdots\frac{99}{100}=-\frac{1}{100},$$

所以

$$T=\frac{f(1)+f(-1)}{2}=\frac{1}{2}\left(\frac{101}{2}-\frac{1}{100}\right)=\frac{5049}{200}.$$

注　本题中，A 的每个子集的积数是一个局部量．如果将所有这样的局部量先计算出再进行求和，显然太过复杂．实际上，这些局部量有着整体上的联系．通过定义多项式 $f(x)$，将这些量整合在一起，从而简单地完成对两个特殊量 S 与 T 的求值．

例 4.8　设实数 x_1, x_2, x_3, x_4, x_5 满足方程组

$$\begin{cases} x_1x_2+x_1x_3+x_1x_4+x_1x_5=-1, \\ x_2x_1+x_2x_3+x_2x_4+x_2x_5=-1, \\ x_3x_1+x_3x_2+x_3x_4+x_3x_5=-1, \\ x_4x_1+x_4x_2+x_4x_3+x_4x_5=-1, \\ x_5x_1+x_5x_2+x_5x_3+x_5x_4=-1. \end{cases}$$

求 x_1 的所有可能值．

解　设 $S=x_1+x_2+x_3+x_4+x_5$，则由已知得 x_1, x_2, x_3, x_4, x_5 均满足方程

$$x^2-Sx-1=0.$$

故 $x_1,\ x_2,\ x_3,\ x_4,\ x_5\in\left\{\frac{S+\sqrt{S^2+4}}{2}, \frac{S-\sqrt{S^2+4}}{2}\right\}$．从而

$$S=x_1+x_2+x_3+x_4+x_5=\frac{5S+\varepsilon\sqrt{S^2+4}}{2},$$

其中，$\varepsilon\in\{\pm1, \pm3, \pm5\}$，化简得

$$3S=-\varepsilon\sqrt{S^2+4}. \qquad ①$$

进一步，由于 $|3S|=\left|-\varepsilon\sqrt{S^2+4}\right|>|\varepsilon S|$，故必有 $\varepsilon=\pm1$，代入①解得 $S=\pm\frac{\sqrt{2}}{2}$．

当 $S=\frac{\sqrt{2}}{2}$ 时，有 $x_1^2-\frac{\sqrt{2}}{2}x_1-1=0$，解得 $x_1=\sqrt{2}$ 或 $-\frac{\sqrt{2}}{2}$；当 $S=-\frac{\sqrt{2}}{2}$ 时，同理得 $x_1=-\sqrt{2}$ 或 $\frac{\sqrt{2}}{2}$．

综上知 x_1 的所有可能值为 $\pm\sqrt{2}, \pm\frac{\sqrt{2}}{2}$．

注　题中的方程组具有明显的轮换结构，这启发我们利用其结构特点，

整体地考虑该方程组. 上述解法通过引入辅助量 $S=x_1+x_2+x_3+x_4+x_5$, 以考虑“x_1,x_2,x_3,x_4,x_5 可能取方程 $x^2-Sx-1=0$ 的两根各多少次” (即 ε 可能取哪些值)为突破口, 顺利地解决了问题.

例 4.9 设正整数 $n\geqslant 2$. 在一张 $n\times n$ 的方格表中, 对任意 $i,j\in\{1,2,\cdots,n\}$, 将第 i 行、第 j 列处的单元格标记为 (i,j). 该方格表有两类共计 $4n-2$ 条对角线. 一条第一类对角线是由 $i+j$ 为某个常数的所有单元格 (i,j) 构成, 一条第二类对角线是由 $i-j$ 为某个常数的所有单元格 (i,j) 构成.

现将 $n\times n$ 方格表的每个单元格内填上字母 A,B,C 之一, 满足下列条件:

(1) 在每一行及每一列中, 字母 A,B,C 出现的次数相同;

(2) 如果一条对角线上的单元格个数为 3 的倍数, 则该对角线上字母 A,B,C 出现的次数相同.

证明: n 必为 9 的倍数.

证明 由于方格表的每行中有相同个数的字母 A,B,C, 因此 $3\mid n$.

设 $n=3k(k\in\mathbf{N}^*)$. 将此方格表分为 k^2 个 3×3 的子方格表, 每个子方格表的中心位置的单元格称为“关键格”, 经过关键格的行、列或对角线均称为“关键直线”.

用 Γ 表示满足如下条件的对子 (l,c) 构成的集合: l 是一条关键直线, c 是位于 l 上且填有字母 A 的一个单元格.

用两种方式考察 Γ 的元素个数 $|\Gamma|$.

一方面, 方格表中的关键行线与关键列线各有 k 条, 每条上有 $3k$ 个单元格; 各条第一类关键对角线分别含有 $3,6,\cdots,3k,3k-3,\cdots,3$ 个单元格, 各条第二类关键对角线也是相同情形. 由于在上述每一条关键直线 l 上, 恰有三分之一的单元格填有字母 A, 因此计算得

$$|\Gamma|=\frac{1}{3}\cdot 2k\cdot 3k+2\cdot\frac{1}{3}\cdot(3+6+\cdots+3k+(3k-3)+\cdots+3)=2k^2+2k^2=4k^2. \quad ①$$

另一方面, 填有字母 A 的单元格共有 $3k^2$ 个, 对其中每个单元格 c, 当 c 不是关键格时, c 恰在 1 条关键直线上; 当 c 为关键格时, c 恰在 4 条关键直线上. 注意到 $4\equiv 1(\bmod 3)$, 可知

$$|\Gamma|\equiv 3k^2(\bmod 3). \quad ②$$

由①, ②得 $4k^2\equiv 3k^2(\bmod 3)$, 故 $3\mid k$. 于是 $n=3k$ 必为 9 的倍数.

注 上述证明中, 定义了“关键格”与“关键直线”, 并对所有关键直

线上的信息(这些信息来自题中的条件(1), (2))进行组合. 然而值得注意的是, 条件(1)亦对所有非关键的行线与列线提供了信息, 但在分析问题时并未对它们加以利用. 换言之, 在将局部信息组合为整体时, 有选择性地选取了一些局部而舍弃了另一些局部.

实际上, 在解题中, “考虑整体”并不意味着一定要同时用到所有条件. 在构建已有信息的有效组合时, 一方面不应当孤立地看待每一个局部信息, 但另一方面也不应当一味地同等对待所有的局部信息, 而是需要结合问题的特点与实际情况进行构思与尝试.

4.3　由整体性质推导局部性质

有些问题的结论反映的是局部性质, 但可以从整体出发, 尝试先证明某个适当的整体性质, 再由整体性质推导所需的局部性质. 在一些场合, 所需考察的对象本身是一个整体, 但出于需要, 可将其视为一个更大的整体中的某个局部, 借助这个更大的整体来研究它, 有时会取得意想不到的良好效果.

例 4.10　设 $a\in[0,1], b\in[0,2], c\in[0,3]$. 考虑 abc 与 $(1-a)(2-b)(3-c)$ 这两个数, 证明: 其中必有一个数不超过 $\frac{3}{4}$.

证明　由条件知

$$0\leqslant a(1-a)\leqslant\left(\frac{a+(1-a)}{2}\right)^2=\frac{1}{4}.$$

同理可得 $0\leqslant b(2-b)\leqslant 1$, $0\leqslant c(3-c)\leqslant\frac{9}{4}$. 于是有

$$\begin{aligned}abc\cdot(1-a)(2-b)(3-c)&=a(1-a)\cdot b(2-b)\cdot c(3-c)\\&\leqslant\frac{1}{4}\times 1\times\frac{9}{4}=\left(\frac{3}{4}\right)^2.\end{aligned}\qquad ①$$

因此在 abc 与 $(1-a)(2-b)(3-c)$ 中, 必有一个数不超过 $\frac{3}{4}$.

注　本题需要证明两个数(整体)中存在一个数(局部)满足某种性质, 但我们改从整体出发, 对所需考察的两个数 abc 与 $(1-a)(2-b)(3-c)$ 求积, 再重新组合各因子(参见①式), 这样很容易得到整体的上界. 进而, 两个数中的较小者的上界可由整体上界的几何平均数给出.

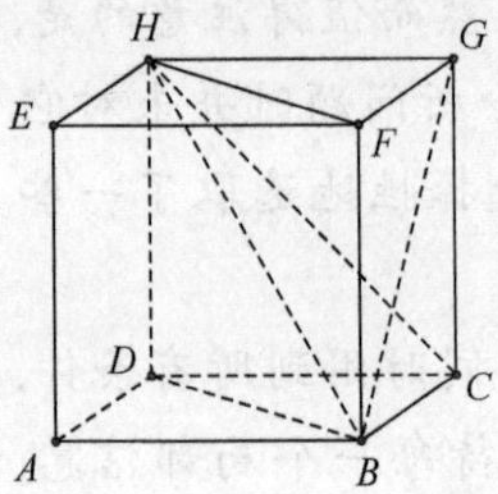

图 4.2

例 4.11 如图 4.2 所示，在正方体 $ABCD\text{-}EFGH$ 中，求二面角 $F\text{-}BH\text{-}G$ 的大小.

解 由正方体的对称性，可知二面角 $\alpha: F\text{-}BH\text{-}G$，$\beta: G\text{-}BH\text{-}C$，$\gamma: C\text{-}BH\text{-}D$ 大小相等，且 $\alpha+\beta+\gamma=180°$ (注意 F, B, D, H 共面，且在该平面中 F, D 位于 BH 的异侧). 因此 $\alpha=60°$，即二面角 $F\text{-}BH\text{-}G$ 的大小为 $60°$.

注 本题中，将二面角 $\alpha: F\text{-}BH\text{-}G$ 与另两个与之全等的二面角 β, γ 组成一个整体，而将 α 本身置于局部的地位. 易知整体的大小为 $180°$，从而其三个全等的组成部分的大小均为 $60°$.

二面角 α 的大小自然可由通法求得. 相比之下,我们可利用正方体的对称性给出上述“巧解”，回避了作平面角与相应的几何计算(或是建坐标系与相应的向量计算)的环节.

例 4.12 设 n 为正整数. 证明：$\dfrac{1\times3\times5\times\cdots\times(2n-1)}{n!}<\dfrac{2^n}{\sqrt{2n+1}}$.

证明 等价于证明 $\dfrac{1}{2}\cdot\dfrac{3}{4}\cdot\dfrac{5}{6}\cdot\cdots\cdot\dfrac{2n-1}{2n}<\dfrac{1}{\sqrt{2n+1}}$.

令 $a=\dfrac{1}{2}\cdot\dfrac{3}{4}\cdot\dfrac{5}{6}\cdot\cdots\cdot\dfrac{2n-1}{2n}=\prod\limits_{k=1}^{n}\dfrac{2k-1}{2k}$，$b=\dfrac{2}{3}\cdot\dfrac{4}{5}\cdot\dfrac{6}{7}\cdot\cdots\cdot\dfrac{2n}{2n+1}=\prod\limits_{k=1}^{n}\dfrac{2k}{2k+1}$.

对任意 $k=1,2,\cdots,n$，有 $0<\dfrac{2k-1}{2k}<\dfrac{2k}{2k+1}$，故 $a<b$. 又

$$ab=\frac{1}{2}\cdot\frac{2}{3}\cdot\frac{3}{4}\cdot\frac{4}{5}\cdot\cdots\cdot\frac{2n-1}{2n}\cdot\frac{2n}{2n+1}=\frac{1}{2n+1}, \quad ①$$

所以 $a<\sqrt{ab}=\dfrac{1}{\sqrt{2n+1}}$. 从而原不等式成立.

注 本题中，将 $a=\prod\limits_{k=1}^{n}\dfrac{2k-1}{2k}$ 与 $b=\prod\limits_{k=1}^{n}\dfrac{2k}{2k+1}$ 相乘后容易化简，且 a 与 b 的大小关系十分明显，因此可将 a, b 的乘积视为整体，得到整体性质①，再由此推出关于其局部 a 的性质.

例 4.13 在 $n\times n\,(n\geqslant2)$ 的实数数表中，设第 i 行 n 个数之和为 s_i，第 j 列 n 个数之和为 t_j. 对 $i, j=1,2,\cdots,n$，记 $a_{ij}=s_i-t_j$. 求 n^2 个数 $a_{ij}\ (i, j=1,2,\cdots,n)$ 中正数个数的最大值.

解 记数表中所有实数之和为 S，显然

$$s_1+s_2+\cdots+s_n=t_1+t_2+\cdots+t_n=S. \qquad ①$$

将 n^2 个数 $a_{ij}\ (i,j=1,2,\cdots,n)$ 分成 n 组，其中对每个 $k=1,2,\cdots,n$，第 k 组包含 n 个数 $a_{1,1+k}, a_{2,2+k},\cdots,a_{n,n+k}$ (约定下标按模 n 的意义理解).

由各 a_{ij} 的定义及①式，可知

$$\sum_{i=1}^{n}a_{i,i+k}=\sum_{i=1}^{n}(s_i-t_{i+k})=\sum_{i=1}^{n}s_i-\sum_{i=1}^{n}t_{i+k}=\sum_{i=1}^{n}s_i-\sum_{i=1}^{n}t_i=0.$$

这表明第 k 组的 n 个数中至多只有 $n-1$ 个正数. 从而 n 个组总共至多有 $n(n-1)$ 个正数.

另一方面，若取如下数表(表 4.1)，其中第 1 行各数为 0,其余各数为 1，则易验证

$$a_{1j}=s_1-t_j=-(n-1),\quad j=1,2,\cdots,n,$$

$$a_{ij}=s_i-t_j=1,\quad i=2,3,\cdots,n,\quad j=1,2,\cdots,n.$$

表 4.1

0	0	⋯	0
1	1	⋯	1
⋮	⋮		⋮
1	1	⋯	1

此时 $a_{ij}\ (i,j=1,2,\cdots,n)$ 中正数的个数为 $n(n-1)$.

综上可知所求最大值为 $n(n-1)$.

注　在本题中，每个数 a_{ij} 可以视为一个局部. 将所有 n^2 个数 a_{ij} 适当地分成 n 组，每组都具有“各数之和为零”这一整体性质，从而对该组中的各个局部有所制约，由此可以推出“每组中至多只有 $n-1$ 个正数”. 同时，每个组又可看作整个数表的一个局部，将这些局部汇总起来，可知“n 个组总共至多有 $n(n-1)$ 个正数”，从而给出了所需的上界估计. 因此，上述解答对“由整体到局部”与“由局部到整体”两方面皆有体现.

例 4.14　平面上五点 O, A_1, A_2, A_3, A_4 中不存在三点共线. 证明：在 $\triangle OA_iA_j$ $(1\leqslant i<j\leqslant 4)$ 这六个三角形中，必有两个三角形的面积之比不小于 $\sqrt{2}$.

证明　不妨设 A_1, A_2, A_3, A_4 在过点 O 的某条直线的同侧(否则用 A_i 关于 O

的对称点 A_i' 代替 A_i，不改变所涉及的每个三角形的面积). 又不妨设射线 OA_1, OA_2, OA_3, OA_4 按逆时针次序排列，将 $\angle A_1OA_2$, $\angle A_2OA_3$, $\angle A_3OA_4$ 分别记为 α, β, γ.

以下证明:

$$S_{\triangle OA_1A_2}\cdot S_{\triangle OA_3A_4}+S_{\triangle OA_1A_4}\cdot S_{\triangle OA_2A_3}=S_{\triangle OA_1A_3}\cdot S_{\triangle OA_2A_4}. \quad ①$$

事实上，将①式的两边同时约去 $\frac{1}{4}\cdot OA_1\cdot OA_2\cdot OA_3\cdot OA_4$，可等价地写为

$$\sin\alpha\sin\gamma+\sin(\alpha+\beta+\gamma)\sin\beta=\sin(\alpha+\beta)\sin(\beta+\gamma),$$

这恰好是一个三角恒等式. 因此①式成立.

回到原问题. 记 $M=\max\limits_{1\leqslant i<j\leqslant 4} S_{\triangle OA_iA_j}$, $m=\min\limits_{1\leqslant i<j\leqslant 4} S_{\triangle OA_iA_j}$，则由①式可知

$$M^2\geqslant S_{\triangle OA_1A_3}\cdot S_{\triangle OA_2A_4}=S_{\triangle OA_1A_2}\cdot S_{\triangle OA_3A_4}+S_{\triangle OA_1A_4}\cdot S_{\triangle OA_2A_3}\geqslant 2m^2,$$

从而 $\frac{M}{m}\geqslant\sqrt{2}$. 结论得证.

注 本题十分困难，关键在于揭示六个三角形 $\triangle OA_iA_j(1\leqslant i<j\leqslant 4)$ 的面积之间的等量关系(在一类有代表性的情形下，该等量关系由①式所给出). 至于此后由这一整体关系推导最大面积 M 与最小面积 m 之间的局部关系，则是轻而易举的.

4.4 不 变 量

有的数学对象，表面上在不断地变化，但蕴含于该对象中的某些量是保持不变的，将这样的量称为“不变量”.

不变量在一定程度上揭示了某个数学对象或数学过程的本质. 在解题中，积极寻找并利用好这样的不变量显得尤其重要. 不变量常常是一组隐蔽的局部信息的有效组合. 因此，为了发掘不变量，常常需要从数学对象的整体出发，而尽可能避免孤立地考察局部的信息.

例 4.15 对于任意三个不共线的质点，可以保持其中两个质点不动，让第三个质点沿平行于前两个质点所连直线的方向移动到另一个位置，称为一次操作. 设一开始三个质点两两之间的距离为 3, 4, 5. 是否可能通过若干次操作，使三个质点两两之间的距离为 4, 5, 6?

解 考虑以三个质点为顶点的三角形的面积 S. 根据操作规则，每次操作不改变 S 的值.

一开始三个质点两两之间的距离为 $3,4,5$，故 $S=6$．但是，以 $4,5,6$ 为三边长的三角形面积不为 6. 所以不可能通过若干次操作，使三个质点两两之间的距离为 $4,5,6$．

注　在本题中，尽管三个质点的位置可以不断变化，但由它们所确定的三角形的面积保持恒定，是一个“不变量”．这个不变量将三个质点整体地联系起来，从而对一种具体状态是否可通过操作达到另一种具体状态，给出了一个必要性的判据.

例 4.16　黑板上一开始写有 100 个数 $1,\frac{1}{2},\cdots,\frac{1}{100}$. 每次操作可选定黑板上当前写有的任意两个数 a,b，将它们擦去，并补写上一个数 $2ab-a-b+1$．这样共操作 99 次后，还剩一个数. 求这个数的所有可能值.

解法 1　注意到，当 $a=\frac{1}{2}$ 或 $b=\frac{1}{2}$ 时，

$$2ab-a-b+1=2\left(a-\frac{1}{2}\right)\left(b-\frac{1}{2}\right)+\frac{1}{2}=\frac{1}{2}.$$

由于黑板上一开始有数 $\frac{1}{2}$，故 $\frac{1}{2}$ 总是不会消失的. 这意味着最后剩下的数必为 $\frac{1}{2}$．

解法 2　对任意正整数 n 及任意 n 个实数 $a_1,a_2,\cdots,a_n$(允许相同)，定义

$$S=S(a_1,a_2,\cdots,a_n)=\prod_{k=1}^{n}(2a_k-1) \quad ①$$

为关于 $a_1,a_2,\cdots,a_n$ 的“特征量”．

设一次操作中擦去 $a_1,a_2,\cdots,a_n$ 中的两个数 a_i,a_j，补写上数 $2a_ia_j-a_i-a_j+1$，用 S' 表示关于这次操作后所剩各数的特征量. 注意到

$$(2a_i-1)(2a_j-1)=2(2a_ia_j-a_i-a_j+1)-1,$$

可知 $S'=S$．这表明在整个操作过程中，关于黑板上各数的特征量恒为一个常数 S．

设黑板上最后剩下的数为 x．由于一开始黑板上各数为 $1,\frac{1}{2},\cdots,\frac{1}{100}$，故有

$$2x-1=S=\prod_{k=1}^{100}\left(\frac{2}{k}-1\right)=0,$$

所以 $x=\frac{1}{2}$.

注 在本题中，每步操作的选择方式特别多，而 99 步的操作过程又很长，这对猜测答案造成不小的困难. 通过考虑操作过程中的不变性，上述两种解法均使问题得到顺利解决. 相比之下，解法 1 利用"$\frac{1}{2}$不随操作而消失"这一不变规律进行求解，更为简单直接，但只适用于"$\frac{1}{2}$存在于初始数据"的特殊情形；解法 2 则受题中"$2ab-a-b+1$"的结构特点的启发，由①式给出了操作过程中的不变量 S，并揭示了"最后剩下的数仅与初始数据有关，而与每步操作的选择无关"的事实.

例 4.17 设直线上一开始从左到右依次写有$1,2,\cdots,10$这 10 个数. 可以对相邻位置的三个数a,b,c进行这样的操作：将(a,b,c)换成(b,c,a). 证明：无论怎样操作，不可能使直线上的数从左到右依次是$10,9,\cdots,1$.

证明 考虑$(1,2,\cdots,10)$的排列$P=(a_1,a_2,\cdots,a_{10})$. 称数对$(a_i,a_j)$是 P 的一个"逆序对"，如果$i<j,\ a_i>a_j$. 将 P 的逆序对的个数称为逆序数，记作$I(P)$.

根据该定义，若在排列 P 中选取相邻三个数a,b,c进行操作，得到另一个排列P'，则必有$I(P')\equiv I(P)(\bmod 2)$. 事实上，对于

$$P=(\cdots,a,b,c,\cdots),\quad P'=(\cdots,b,c,a,\cdots),$$

若数对$(a,b),(a,c)$中有 k 个是 P 的逆序对(这里$0\leqslant k\leqslant 2$)，则数对$(b,a),(c,a)$中有$2-k$个是P'的逆序对. 其余的数对是 P 中的逆序对当且仅当是P'中的逆序对. 因此

$$I(P')-I(P)=k-(2-k)\equiv 0(\bmod 2).$$

对于排列$P_0=(1,2,\cdots,10)$及$P_1=(10,9,\cdots,1)$，分别有

$$I(P_0)=0,\quad I(P_1)=\frac{10\times 9}{2}\equiv 1(\bmod 2),$$

所以不能通过操作使P_0变到P_1. 结论得证.

注 "逆序对"与"逆序数"是排列中的常见概念. 考虑逆序数的变化规律(如单调性、奇偶性、增减量等)常常成为解决排列相关问题的有效途径. 本题中的操作规则使"逆序数的奇偶性"成为不变量，并为我们所利用.

关于逆序数，一个基本且重要的结论是：若 n 个实数$a_1,a_2,\cdots,a_n$两两不

等，则任取其中两个数对换位置后，排列的逆序数的奇偶性改变.

注意到题中“将 (a,b,c) 换成 (b,c,a)”这样的操作恰好可由两个对换 $(a,b)\to(b,a)$ 与 $(a,c)\to(c,a)$ 复合而得，由此可更直接地看出本题中的每次操作恰改变排列的逆序数的奇偶性两次，即不改变奇偶性.

例 4.18　设不超过二次的多项式 $f(x)$ 可以用 $x^2f\left(\dfrac{1}{x}+1\right)$ 或者 $(x-1)^2 f\left(\dfrac{1}{x-1}\right)$ 来替换. 问：能否利用若干次这样的替换，将 x^2+4x+3 变为 $x^2+10x+9$？

解法 1　设 $f(x)=ax^2+bx+c$，考虑其判别式 $\varDelta=b^2-4ac$ (约定当 $a=0$ 时，$\varDelta$ 仍如此定义).

对于第一种替换：$x^2f\left(\dfrac{1}{x}+1\right)=(a+b+c)x^2+(b+2a)x+a$，其判别式为

$$\varDelta_1=(b+2a)^2-4(a+b+c)a=b^2-4ac=\varDelta;$$

对于第二种替换：$(x-1)^2 f\left(\dfrac{1}{x-1}\right)=cx^2+(b-2c)x+(a-b+c)$，其判别式为

$$\varDelta_2=(b-2c)^2-4c(a-b+c)=b^2-4ac=\varDelta.$$

这表明每种替换操作不改变判别式的值.

因为 x^2+4x+3 与 $x^2+10x+9$ 的判别式分别为 $4^2-4\times3=4$ 与 $10^2-4\times9=64$，两者不相等，故不能按题目要求将 x^2+4x+3 变为 $x^2+10x+9$.

解法 2　记 $\lambda=\dfrac{1+\sqrt{5}}{2}$.

当 $x=\lambda$ 时，有 $x=\dfrac{1}{x}+1=\dfrac{1}{x-1}$，且 $x^2=\lambda^2$，$(x-1)^2=\dfrac{1}{\lambda^2}$.

因此，当用 $g(x)=x^2f\left(\dfrac{1}{x}+1\right)$ 或 $h(x)=(x-1)^2f\left(\dfrac{1}{x-1}\right)$ 来替换 $f(x)$ 后，有

$$g(\lambda)=\lambda^2f(\lambda),\quad h(\lambda)=\frac{1}{\lambda^2}f(\lambda).$$

这意味着若 $P(x)$ 可变为 $Q(x)$，则存在一个整数 k 使得 $Q(\lambda)=\lambda^{2k}P(\lambda)$.

由于 $1<\dfrac{\lambda^2+10\lambda+9}{\lambda^2+4\lambda+3}<\lambda^2$，故不可能按题目要求将 x^2+4x+3 变为 $x^2+10x+9$.

注 在解法 1 中，通过整体考虑 $f(x)=ax^2+bx+c$ 的三个系数，发掘出“判别式值”这一不变量. 解法 2 则发掘出“$f\left(\frac{1+\sqrt{5}}{2}\right)$ 的当前值与初始值之比总为 $\left(\frac{1+\sqrt{5}}{2}\right)^2$ 的整数次幂”这一颇为隐蔽的不变规律，尽管不带有“整体考虑”的意味，但亦蕴含不变量的思想. 两种解法均需要解题者具有较强的洞察力，以发现潜藏于复杂表面现象下的不变性. 从某种意义上说，寻找不变量既是一种数学解题策略，也是一项对解题者洞察力和创造力的考验.

顺便指出，若注意到题中两种替换操作的互逆性，则可从 x^2+4x+3（或 $x^2+10x+9$）出发进行复合操作，从中寻找系数的变化规律以解决问题. 相比之前的两种解法，这一解题思路或许更为自然，但解题过程的环节较多.

例 4.19 若干名立场不坚定的人在某一问题上有两种相反的意见. 他们在辩论桌前围坐一圈，按逆时针次序轮流发言表明立场. 如果一个人发现他的朋友中大多数与他意见相反，他就改变立场，转而发言支持相反的意见，否则他就表明原来的立场(“朋友”关系是相互的，且不随时间而改变). 证明：经过若干轮发言之后，这些人均不再改变立场.

证明 考察意见相反的朋友对的数目. 每当一名立场不坚定的人改变立场后，他的意见便与当前大多数朋友的意见相同，因此意见相反的朋友对的数目严格减小. 由于开始时意见相反的朋友对的数目是有限的，所以不可能有某个人无限次改变立场，从而若干轮发言之后，这些人均不再改变立场.

注 在有的问题中，某个量在变化过程中始终保持单调，可将其称为“单调量”或“恒增(减)量”. 鉴于“单调性”也体现了某种不变的规律，故亦可将单调量理解为一种广义的不变量. 本题所考察的“意见相反的朋友对的数目”具有单调性，其单调变化的规律成为解决本题的关键.

例 4.20 正五边形的每个顶点对应一个整数，使得这五个整数的和为正. 若三个相邻顶点对应的整数依次为 x,y,z，而中间的 $y<0$，则可将 x,y,z 分别换成 $x+y,-y,z+y$，称为一次变换. 要是所得的五个整数中仍存在负数，则这种变换就要继续进行. 问：这样的变换进行有限次是否必定终止？

解 答案是肯定的.

将正五边形的五个顶点上的整数依次记为 v,w,x,y,z，其中 z,v 也相邻. 不妨设 $y<0$，经一次变换后，v,w,x,y,z 变为 $v,w,x+y,-y,z+y$.

首先注意到该变换保持五个数之和不变，不妨设五个数之和为常数 $C>0$.

对于上述变换，进一步考虑“五个数的平方和再加上每相邻两数之和的平方”这一整体量，将其记为 S，那么该变换下 S 的增量为

$$\begin{aligned}&(v^2+w^2+(x+y)^2+(-y)^2+(z+y)^2+(v+w)^2+(w+x+y)^2+x^2+z^2+(z+y+v)^2)\\&-(v^2+w^2+x^2+y^2+z^2+(v+w)^2+(w+x)^2+(x+y)^2+(y+z)^2+(z+v)^2)\\&=2y(v+w+x+y+z)=2yC<0,\end{aligned}$$

又 v,w,x,y,z 均为整数，故变换后 S 至少减小 2.

显然 $S\geqslant 0$，因此这样的变换只能进行有限次.

注 1　从局部来看，当一次变换将 x,y,z 分别换成 $x+y,-y,z+y$ (其中 $y<0$)时，尽管负数 y 变成了正数 $-y$，但 y 两侧的数 x,z 变小了，可能会产生新的负数，从而并不能由此看出负数的个数随着变换会最终减少至零.

上述解法的关键在于构造出关于五个数 v,w,x,y,z 的一个整体量 S，其中 S 总是取正整数值，但每次变换后又会严格减小.

注 2　有一种殊途同归的解法如下.

将正五边形的五个顶点上的整数依次记为 u_1,u_2,u_3,u_4,u_5，令

$$\begin{aligned}f=f(u_1,u_2,u_3,u_4,u_5)=&\sum_{i=1}^{5}|u_i|+\sum_{i=1}^{5}|u_i+u_{i+1}|+\sum_{i=1}^{5}|u_i+u_{i+1}+u_{i+2}|\\&+\sum_{i=1}^{5}|u_i+u_{i+1}+u_{i+2}+u_{i+3}|,\end{aligned}$$

其中，下标按模 5 的意义理解. 可证明每次变换后正整数 f 的值严格减小. 这里 f 所起的作用与原解法中 S 的作用相当.

习　题　4

1. 甲、乙两个桶的容积均为 3 升. 一开始甲桶内装满了液体 A，乙桶内装有 2 升的液体 B (这里假定液体 A,B 可按任意比例均匀混合，混合后不发生化学反应，且总体积不变化). 每一轮操作是：先将甲桶内已混合均匀的液体慢慢倒入乙桶，直到乙桶刚好装满为止，然后将乙桶内已混合均匀的液体慢慢倒入甲桶，直到甲桶刚好装满为止. 如此循环往复 10 轮操作后，是甲桶内的液体 B 更多，还是乙桶内的液体 A 更多?

2. 甲、乙跑步的速度均为每小时 10 千米，丙驾驶一辆速度为每小时 40

千米的小汽车，该车只能搭载一名乘客，空载与搭载乘客时的行驶速度相同．甲、乙、丙三人从 A 地同时出发，去往相距 70 千米的 B 地．甲先搭乘丙的车前进，乙跑步前进，过一段时间后丙放下甲(甲继续跑步前进)，空载折返去接乙，接到乙后去追甲，追上甲后又立刻让甲替换乙(即回到一开始甲搭乘车、乙跑步的状态)．如此往复若干轮后，三人同时到达了 B 地．试问此时距出发时刻经过了多久？

3. 对矩阵 $\boldsymbol{A}=\begin{pmatrix}1 & 3 & -6\\ -2 & 2 & 0\end{pmatrix}$ 进行若干次操作，每次操作可同时改变其一行或一列中所有数的符号，其余数保持不变．求经过有限次操作后得到的矩阵中各数和的最大值．

4. 在 $\triangle ABC$ 中，$\sin A=10\sin B\sin C$，$\cos A=10\cos B\cos C$，求 $\tan A$ 的值．

5. 已知 10 个正整数 $a_1, a_2, \cdots, a_{10}$ 的个位数互不相同，又若将 $a_1+1, a_2+2, \cdots, a_9+9$ 的个位数字从小到大排列，则结果为 $1, 2, 2, 5, 6, 6, 6, 9, 9$．求 a_{10} 的个位数字．

6. 已知集合 $A=\left\{\frac{1}{2}, \frac{1}{7}, \frac{1}{11}, \frac{1}{13}, \frac{1}{15}, \frac{1}{32}\right\}$ 的所有非空子集为 $A_1, A_2, \cdots, A_{63}$，记 A_i 中各元素的积为 $p_i(i=1, 2, \cdots, 63)$．求 $p_1+p_2+\cdots+p_{63}$ 的值．

7. 实数 x, y, z, t 满足 $\{x+y+z\}=\{y+z+t\}=\{z+t+x\}=\{t+x+y\}=\frac{1}{4}$ (其中 $\{a\}=a-[a]$)．求 $S=\{x+y+z+t\}$ 的所有可能值．

8. 设 n 为正整数．已知 n 个一元二次方程 $E_i: x^2-a_ix+b_i=0\,(1\leqslant i\leqslant n)$ 满足：$a_1, b_1, \cdots, a_n, b_n$ 是 $2n$ 个互不相同的实数，且每个数都是 $E_1, E_2, \cdots, E_n$ 中某个方程的根．求 n 的所有可能值．

9. 设 $a, b, c, d>0$．证明：在 $a+b+\frac{1}{c}, b+c+\frac{1}{d}, c+d+\frac{1}{a}, d+a+\frac{1}{b}$ 这 4 个数中，至少有一个不小于 $2\sqrt{2}$．

10. 设 m, n 为正整数．记 $a=\frac{m+2}{m+1}\cdot\frac{m+5}{m+4}\cdot\frac{m+8}{m+7}\cdot\cdots\cdot\frac{m+3n-1}{m+3n-2}$．证明：

(1) $a>\sqrt[3]{1+\frac{3n}{m+1}}$；

(2) $a<\sqrt[3]{1+\frac{3n}{m}}$．

11. 在 $n\times n\,(n\geqslant 4)$ 的方格表中，用 (i, j) 表示第 i 行第 j 列处的单元格．一开始方格表中 $(1,1), (2,2), \cdots, (n,n)$ 这些单元格内各有一个“+”，其余每个单

元格内各有一个“-”. 选定方格表的任意一行或任意一列, 将其中所有的正负号同时变号, 称为一次操作. 证明: 经过任意有限次操作后, 方格表中至少有 n 个“+”.

12. 黑板上一开始写有 100 个数 $1,\frac{1}{2},\cdots,\frac{1}{100}$. 每次操作可选定黑板上当前写有的任意两个数 a,b, 将它们擦去, 并补写上一个数 $a+b+ab$. 这样共操作 99 次. 求最后剩下的那个数.

13. 六边形 $A_1A_2A_3A_4A_5A_6$ 的每个顶点一开始都标有整数 0. 现允许进行以下两种操作:

(1) 任选两个相邻的顶点, 将其中一个顶点上的数加 2, 另一个顶点上的数减 3;

(2) 任选一个顶点, 将该顶点上的数乘以 6.

能否通过若干次操作, 使顶点 A_1,A_2,A_3,A_4,A_5,A_6 上的整数恰好分别为 $1,2,3,4,5,6$?

14. 圆周上有 100 个实数. 若其中四个依次相邻的数 a,b,c,d 满足

$$(a-d)(b-c)<0,$$

则可交换 b,c 的位置, 称为一次操作. 证明: 这样的操作只能进行有限次.

15. 对写在黑板上的一些正实数进行如下操作: 选定其中一个数 x, 擦掉该数, 并在黑板上写下两个正实数 y,z (允许相等), 使得 $yz=2x^2$, 称为一次操作. 设正整数 $k\geqslant 2$. 假定一开始黑板上只有一个正实数 r, 在第 k^2-1 次操作完成的时刻, 黑板上有 k^2 个数. 证明: 这 k^2 个数中存在一个数不超过 kr.

方 法 篇

第 5 章　反　证　法

反证法是一种间接证明方法，它以证明与原命题相矛盾的命题为假，来断定原命题为真. 反证法在数学上的使用相当普遍. 德国数学家希尔伯特有一句名言说：“禁止数学家使用反证法，就像禁止拳击家使用拳头.”

反证法的逻辑基础是矛盾律(两个互斥的判断中至少有一个是错误的)与排中律(两个互为否定的判断中必有一个是正确的). 譬如要证明命题“若 A 则 B”，先提出一个与命题结论相反的假设，即假设当 A 发生时 $\overline{B}$(即非 B)也同时发生，然后利用公理、定理、定义等作出一系列正确、严密的逻辑推理，导出两个互斥的判断. 这与矛盾律相违背，从而表明当 A 发生时 $\overline{B}$ 不能发生. 考虑到 B 与 $\overline{B}$ 互为否定，根据排中律，当 A 发生时，必有 B 发生. 于是间接地证明了“若 A 则 B”是正确的.

因此，用反证法证明一个命题的一般步骤是: (1)反设; (2)归谬; (3)结论.

“反设”是指“作出与命题结论相反的假设”，这是反证法的奠基环节. 一旦反设作出，矛盾便已存在，但此时矛盾通常不明显，需要在归谬环节中将矛盾明显地暴露出来.

“归谬”是反证法的关键，一般没有固定的模式，只要通过正确的推理，导致出现与已知条件矛盾，与已知的公理、定义、定理、公式矛盾，与反设矛盾，自相矛盾等任何一种情形，归谬即告完成.

在“结论”这一步，考虑到归谬环节中的推理都是正确的，因此只能将矛盾的表现归咎于错误的前提(即“反设”). 这样原命题就得到了证明.

5.1　三个经典问题

本节介绍三个经典问题的反证法证明，其中有意指明了“反设”、“归谬”与“结论”环节，便于读者参照和理解.

例 5.1　证明：$\sqrt{2}$ 是无理数.

证明　(1) 反设：假设 $\sqrt{2}$ 为有理数.

(2) 归谬: 设 $\sqrt{2}=\frac{q}{p}$, 其中 $\frac{q}{p}$ 为最简分数. 易知 $q^2=2p^2$, 所以 q 为偶数. 设 $q=2q_1$, 则 $2p^2=q^2=4q_1^2$, 即 $p^2=2q_1^2$, 又知 p 为偶数. 这样 p,q 有公因子 2, 与 $\frac{q}{p}$ 为最简分数矛盾.

(3) 结论: 因此假设不成立, 即 $\sqrt{2}$ 是无理数.

例 5.2 证明: 素数有无穷多个.

证明 (1) 反设: 假设素数仅有有限个.

(2) 归谬: 显然素数存在, 设 $p_1, p_2, \cdots, p_n$ 为全部素数.

考虑数 $N=p_1p_2\cdots p_n+1$, 易知 N 不含素因子 $p_1,p_2,\cdots,p_n$, 但 $N>1$, 故 N 必有素因子 $p\notin\{p_1,p_2,\cdots,p_n\}$, 与 $p_1,p_2,\cdots,p_n$ 为全部素数矛盾.

(3) 结论: 因此假设不成立, 从而素数有无穷多个.

例 5.3 证明: 调和级数 $1+\frac{1}{2}+\frac{1}{3}+\cdots+\frac{1}{n}+\cdots$ 是发散的.

证明 (1) 反设: 假设调和级数是收敛的.

(2) 归谬: 设该级数收敛于 r, 则

$$\begin{aligned}r&=1+\frac{1}{2}+\frac{1}{3}+\frac{1}{4}+\frac{1}{5}+\frac{1}{6}+\frac{1}{7}+\frac{1}{8}+\cdots\\&>\frac{1}{2}+\frac{1}{2}+\frac{1}{4}+\frac{1}{4}+\frac{1}{6}+\frac{1}{6}+\frac{1}{8}+\frac{1}{8}+\cdots\\&=1+\frac{1}{2}+\frac{1}{3}+\frac{1}{4}+\cdots=r,\end{aligned}$$

矛盾.

(3) 结论: 因此假设不成立, 从而调和级数是发散的.

5.2 反证法的常用场合

一般而言, 若一个命题的结论不易直接证明, 而结论的反面却容易否定, 则适合采用反证法. 鉴于数学命题的复杂多样性, 很难对适合采用反证法的场合作出确切的描述, 但从命题结论的特征出发, 大致有以下情形:

(1) 结论为否定的命题, 例如, 结论中含有“不是”“不存在”“不等于”“不能”等文字. 需要注意的是, 有些术语表面上为肯定, 但实质上具有否定

的含义，例如，“无理数”即“不能表示为两个整数之商的数”；“互素”即“不存在大于 1 的公因数”；“异面”即“不能在同一平面中”；“发散”即“不收敛”，亦即“部分和序列不存在极限”；等等.

(2) 结论是关于个数的命题，例如，结论中含有“至多”“至少”“有限”“无穷”“存在”“唯一”等文字.

(3) 由题设条件所能推得的结论甚少，或解题方向暂不明朗的一些命题. 事实上，在证明“若 A 则 B”这一命题时，一旦采用反证法，则相当于在已有条件 A 的基础上，增添了一个新的条件 $\overline{B}$，这对分析问题通常是有利的. 尤其是当结论 B 可等价地表述为“B_1 或 B_2 或…或 B_k”的复合形式时，其反面为“$\overline{B_1}$ 且 $\overline{B_2}$ 且…且 $\overline{B_k}$”，相当于多了 k 个条件，更有助于打开局面.

例 5.4 九名数学家在一次国际会议上相遇，其中每名数学家至多会说三种语言，任意三名数学家中至少有两人可用同一种语言交流. 证明：这些数学家中，至少有三人可用同一种语言交流.

证明 反证法. 将九名数学家记为 $A_1, A_2, \cdots, A_9$，假设其中任意三人无法用同一种语言交流，则每种语言至多只有两人会说，于是每个人通过每一种语言至多只能与另一人交流.

由于 A_1 至多会说三种语言，因此至少存在另外五个人，不妨设是 A_2, A_3, A_4, A_5, A_6 不能与 A_1 交流. 又因为 A_2 也至多会说三种语言，因而他与 A_3, A_4, A_5, A_6 中至少一人不能交流，不妨设是 A_3. 于是 A_1, A_2, A_3 三人两两之间都不能交流，这与题设矛盾.

所以，原结论正确.

注 本题结论中“至少三人”的反面是“至多两人”. 为了准确地作出反设，熟练掌握一些常用的互为否定的转换是有必要的，例如，是/不是；存在/不存在；无穷/有限；大于/小于等于；至多有一个/至少有两个；都是/存在一个不是；存在一个……满足……/对任意……都不满足……；等等. 这里的要点是将肯定改为否定，否定改为肯定，全称改为特称，特称改为全称.

例 5.5 设非负整数 a, b, c, d 满足

$$(a+b)^2+3a+b=(c+d)^2+3c+d. \qquad ①$$

证明：$a=c$ 且 $b=d$.

证明 先证明

$$a+b=c+d. \qquad ②$$

反证法. 假设②不成立. 不妨设$a+b>c+d$(由对称性, $a+b<c+d$的情形是类似的). 注意到a,b,c,d为非负整数, 利用整数的离散性得$a+b\geqslant c+d+1>0$, 从而

$$\begin{aligned}(a+b)^2+3a+b &\geqslant (a+b)^2+(a+b)\\ &\geqslant (c+d+1)^2+(c+d+1)\\ &> (c+d)^2+3c+d,\end{aligned}$$

与①矛盾.

因此②成立. 将②代入①得$2a=2c$, 所以$a=c$, 再结合②得$b=d$. 命题得证.

注 1 本题中, 四个未知量a,b,c,d之间仅有一个等量关系①, 要借此一举证明结论中的两个等式, 似乎不容易. 上述证法中, 先由①导出②, 是解决问题的关键. 在这一步中, 直接证明较为困难, 故改从反面入手, 再借助整数的离散性导出矛盾.

注 2 本题并未选择对结论本身采用反证法. 事实上, 结论的反面"$a\neq c$或$b\neq d$"所给的信息并不充足, 不方便加以利用.

例 5.6 今有 5 条线段, 其中任意 3 条均可首尾相接组成一个三角形. 证明: 必存在其中 3 条线段, 它们首尾相接得到的三角形是锐角三角形.

证明 反证法. 假设 5 条线段中任意 3 条首尾相接得到的是钝角或直角三角形, 不妨设这 5 条线段的长度分别为a,b,c,d,e, 其中$0<a\leqslant b\leqslant c\leqslant d\leqslant e$.

由a,b,e为三角形的三边长, 可知$a+b>e$.

由a,b,c为钝角或直角三角形的三边长, 可知$a^2+b^2\leqslant c^2$.

由c,d,e为钝角或直角三角形的三边长, 可知$c^2+d^2\leqslant e^2$.

于是

$$c^2+d^2\leqslant e^2<(a+b)^2\leqslant 2(a^2+b^2)\leqslant 2c^2\leqslant c^2+d^2,$$

矛盾. 故假设不成立, 从而命题得证.

注 本题的条件中可供利用的信息甚少. 上述解法在反证法假设之下, 再辅以对 5 条线段的长度排序, 创设了大量明确的条件, 容易从中大做文章, 直到推出明显的矛盾为止.

例 5.7 设 $a,b,c,d>0$．证明：在以下不等式①，②，③中，至多有两个成立．

$$a+b\geqslant c+d, \quad ①$$

$$\frac{1}{a}+\frac{1}{b}\geqslant\frac{1}{c}+\frac{1}{d}, \quad ②$$

$$2(ab+cd)>(a+b)(c+d). \quad ③$$

证明 反证法．假设不等式①，②，③都成立．

注意到，$a, b, c, d>0$，由①，③，并结合基本不等式，得

$$2(ab+cd)>(a+b)(c+d)\geqslant(c+d)^2\geqslant 4cd,$$

故 $ab>cd$．

对③两边同除以正数 $abcd$，整理得

$$2\left(\frac{1}{cd}+\frac{1}{ab}\right)>\left(\frac{1}{b}+\frac{1}{a}\right)\left(\frac{1}{d}+\frac{1}{c}\right), \quad ④$$

由②，④，并结合基本不等式，得

$$2\cdot\left(\frac{1}{cd}+\frac{1}{ab}\right)>\left(\frac{1}{b}+\frac{1}{a}\right)\left(\frac{1}{d}+\frac{1}{c}\right)\geqslant\left(\frac{1}{c}+\frac{1}{d}\right)^2\geqslant\frac{4}{cd},$$

故 $\frac{1}{ab}>\frac{1}{cd}$，即 $ab<cd$，与 $ab>cd$ 矛盾．

因此，不等式①，②，③中，至多有两个成立．

注 本题中，“三个不等式中至多有两个成立”的反面为“三个不等式都成立”．因此，反证法假设使我们一举获得了三个确定的不等关系，此后可对它们任意地组合与利用．其中将③等价变形为④颇有技巧性．这一步充分挖掘了③的价值，对迅速导出矛盾起到了重要的作用．

例 5.8 证明：在 $\triangle ABC$ 的六条内角三等分线(每个内角各对应两条)中，不存在三线共点．

证明 反证法．假设有三条内角三等分线共点．显然它们分别引自三个顶点 A,B,C，设它们共点于 P，则由正弦定理知

$$\frac{\sin\angle BAP}{\sin\angle ABP}\cdot\frac{\sin\angle CBP}{\sin\angle BCP}\cdot\frac{\sin\angle ACP}{\sin\angle CAP}=\frac{BP}{AP}\cdot\frac{CP}{BP}\cdot\frac{AP}{CP}=1. \quad ①$$

设 $\angle A=3\alpha,\ \angle B=3\beta,\ \angle C=3\gamma$，其中 $\alpha,\beta,\gamma\in\left(0,\frac{\pi}{3}\right),\ \alpha+\beta+\gamma=\frac{\pi}{3}$．

(1) 当$\angle BAP=\alpha, \angle CBP=\beta, \angle ACP=\gamma$均成立时，①改写为

$$\frac{\sin\alpha}{\sin 2\beta}\cdot\frac{\sin\beta}{\sin 2\gamma}\cdot\frac{\sin\gamma}{\sin 2\alpha}=1,$$

化简得$\cos\alpha\cos\beta\cos\gamma=\frac{1}{8}$，但又有$\cos\alpha\cos\beta\cos\gamma>\left(\cos\frac{\pi}{3}\right)^3=\frac{1}{8}$，矛盾.

(2) 当$\angle BAP=\alpha, \angle CBP=\beta, \angle ACP=\gamma$中恰有两个成立时，不妨设$\angle BAP=\alpha$，$\angle CBP=\beta$，$\angle ACP=2\gamma$，则①改写为

$$\frac{\sin\alpha}{\sin 2\beta}\cdot\frac{\sin\beta}{\sin\gamma}\cdot\frac{\sin 2\gamma}{\sin 2\alpha}=1,$$

化简得$\cos\gamma=2\cos\alpha\cos\beta$，但又有

$$\begin{aligned}2\cos\alpha\cos\beta&>2(\cos\alpha\cos\beta-\sin\alpha\sin\beta)\\&=2\cos(\alpha+\beta)>2\cos\frac{\pi}{3}=1>\cos\gamma,\end{aligned}$$

矛盾.

(3) 当$\angle BAP=\alpha, \angle CBP=\beta, \angle ACP=\gamma$中至多只有一个成立时，转而考察$\angle ABP, \angle BCP, \angle CAP$，与(1), (2)类似，可推得矛盾.

综上，假设不成立，即不存在三条内角三等分线共点.

注 本题中，“不存在三线共点”是一种否定判断，作为其反面的肯定判断更为具体、明确，故尝试反证法. 注意本题中结论的反面包含多种情形，此时需要将所有反面情形均排除，方可证明原结论正确. 其中，分类讨论的步骤可借助对称性进行简化，尤其是情形(3)可以整体地化归为情形(1)和(2)，这使得证明过程更为高效.

例 5.9 设实数r满足$2r^3+5r-2=0$. 证明：$0<r<\frac{1}{2}$，并且存在唯一的严格递增正整数数列$\{a_n\}$，使得

$$\frac{2}{5}=r^{a_1}+r^{a_2}+r^{a_3}+\cdots. \qquad ①$$

证明 令$f(x)=2x^3+5x-2$，则$f'(x)=6x^2+5>0$，故$f(x)$在$\mathbf{R}$上严格递增. 又$f(0)=-2<0, f\left(\frac{1}{2}\right)=\frac{3}{4}>0$，这表明$0<r<\frac{1}{2}$.

将$2r^3+5r-2=0$改写为

$$\frac{2}{5}=\frac{r}{1-r^3}=r+r^4+r^7+\cdots, \quad ②$$

由于 $0<r<\frac{1}{2}$，故①, ②的右端均收敛.

当 $a_n=3n-2\,(n\in\mathbf{N}^*)$ 时，②变为①，此时数列 $\{a_n\}$ 显然满足条件. 故存在性得证.

下证唯一性. 反证法. 假设满足条件的数列不唯一，即存在两个不同的严格递增正整数数列 $\{a_n\}$ 与 $\{b_n\}$，满足

$$r^{a_1}+r^{a_2}+r^{a_3}+\cdots=r^{b_1}+r^{b_2}+r^{b_3}+\cdots, \quad ③$$

这里③的两端都等于 $\frac{2}{5}$. 去掉③的两端的相同项，重新写为

$$r^{s_1}+r^{s_2}+r^{s_3}+\cdots=r^{t_1}+r^{t_2}+r^{t_3}+\cdots,$$

其中，正整数 $s_1<s_2<s_3<\cdots$，$t_1<t_2<t_3<\cdots$，且所有的 s_i 与 t_j 都是不同的.

不妨设 $s_1<t_1$，则 $r^{s_1}<r^{s_1}+r^{s_2}+\cdots=r^{t_1}+r^{t_2}+\cdots$，从而

$$1<r^{t_1-s_1}+r^{t_2-s_1}+\cdots\leqslant r+r^2+\cdots=\frac{r}{1-r}<1,$$

矛盾. 故唯一性得证.

综上，结论成立.

注　这是反证法用于唯一性证明的一例. “唯一”即“至多有一个”，其反面是“至少有两个”，基于这一反证法假设，最后导出了矛盾.

例 5.10　是否存在正整数 a,b,c,d,n，满足 $n^2\leqslant a<b<c<d\leqslant(n+1)^2$，且 $ad=bc$？

解　假设存在这样的正整数 a,b,c,d,n.

令 $x=b-a,\ y=c-a$，则 $x,y\in\mathbf{N}^*$，$x<y$. 由条件知

$$d=\frac{bc}{a}=\frac{(a+x)(a+y)}{a}=a+x+y+\frac{xy}{a}.$$

由上式得 $\frac{xy}{a}$ 为整数. 又 $\frac{xy}{a}>0$，故 $\frac{xy}{a}\geqslant1$，于是有

$$x+y>2\sqrt{xy}\geqslant2\sqrt{a}.$$

从而

$$d=a+x+y+\frac{xy}{a}>a+2\sqrt{a}+1,$$

即 $\sqrt{d}>\sqrt{a}+1$. 但由条件知 $\sqrt{d}\leqslant n+1\leqslant\sqrt{a}+1$, 矛盾.

因此不存在满足条件的正整数 a,b,c,d,n.

注 对于此类"存在性"有待确定的问题, 一般可以抱着开放的心态, 在"假设存在"的基础上进行推理, 得到若干必要条件. 这些条件既可能是用于辅助搜索满足条件的例子, 也可能用于推导矛盾. 一旦导出矛盾, 就意味着结论为"不存在", 如此与运用反证法并无二致.

5.3 反证法与若干解题策略的综合运用

在运用反证法证题时, "反设"可以视为题目中的一个新条件. 有时, 这一条件的加入恰好能为我们运用某种解题策略创造有利条件, 进而有助于解题思路的发展.

值得指出的是, 有时候我们运用反证法解题, 待问题真正解决后, 仔细推敲发现其实可以回避反证法不必要的运用, 从而改写出一个更为简洁的直接证明. 但是, 这并不能否定反证法对发展解题思路的帮助. 从这个意义上说, 反证法在解题者的真实思维过程中的运用, 可能要比我们在一些解题书中所看到的更为频繁.

本节着重体现两方面的精神. 其一是将反证法与"考虑极端情形"的策略相结合, 即通过讨论极端对象的性质, 达到暴露矛盾的目的; 其二是将反证法与"考虑整体"的策略相结合, 即设法构筑一个反映整体性质的量, 对其加以研究, 从中导出矛盾.

例 5.11 证明: 方程 $2x^3+3y^3=4z^3$ 不存在正整数解 (x,y,z).

证明 假设原方程有正整数解, 不妨设 (x,y,z) 是其中使 x 最小的一组解.

易知 y 为偶数. 设 $y=2y_1$, 方程化为 $x^3+12y_1^3=2z^3$, 又得到 x 为偶数.

设 $x=2x_1$, 则 $4x_1^3+6y_1^3=z^3$, 又可推出 z 为偶数.

设 $z=2z_1$, 则 $2x_1^3+3y_1^3=4z_1^3$. 故 (x_1,y_1,z_1) 也是原方程的解, 而 $x_1=\frac{x}{2}<x$, 与 x 的最小性矛盾.

因此原方程无正整数解.

注 1 原方程客观上并不存在正整数解，自然更不存在其中使 x 最小的一组解. 因此，需要先通过反证法假设“得到”解，然后对解作出适当的极端性假设，再进行分析. 在本题中，反证法与“考虑极端情形”策略相互配合，达到了暴露矛盾的目的. 请读者将本题与例 5.1 进行比较.

注 2 亦可从“无穷递降”的角度来理解本题的证明：如果从一组被假设存在的解出发能得到一列越来越“小”的解，但这样的无限过程实际上是不能进行的，那么就产生矛盾.

注 3 可进一步证明原方程仅存在唯一的一组有理数解 $(0,0,0)$.

例 5.12 在平面直角坐标系中，证明：不存在整点正 $n(n\geqslant 7)$ 边形.

证明 对正整数 $n(n\geqslant 7)$，假设存在整点正 n 边形，由于整点多边形的面积必为正整数或正整数的一半(请读者思考如何证明)，设面积最小的整点正 n 边形之一为 $A_1A_2\cdots A_n$，其边长为 a，外接圆半径为 R.

因为当 $n\geqslant 7$ 时，$\dfrac{2\pi}{n}<\dfrac{\pi}{3}$，故 $a<R$.

在平面直角坐标系 xOy 中作 $\overrightarrow{A_iA_{i+1}}$ 的位置向量 $\overrightarrow{OB_i}\ (i=1,2,\cdots,n)$，则 $B_1,B_2,\cdots,B_n$ 也是整点，且对不同的 i，$\overrightarrow{OB_i}$ 与 $\overrightarrow{OB_{i+1}}$ 的夹角均相等(下标按模 n 的意义理解)，故 $B_1B_2\cdots B_n$ 也为整点正 n 边形，它的外接圆半径为 a，小于 $A_1A_2\cdots A_n$ 的外接圆半径 R. 从而 $B_1B_2\cdots B_n$ 是面积比 $A_1A_2\cdots A_n$ 更小的整点正 n 边形，矛盾.

所以不存在整点正 $n(n\geqslant 7)$ 边形.

注 在本题中，通过假想存在的整点正 $n(n\geqslant 7)$ 边形，设法构造出一个更小的整点正 n 边形，从而导致矛盾. 这一证明思路与上一例可相类比. 此外，对这一证明适当改造后，亦可证明不存在整点正五边形.

例 5.13 设集合 $M=\{1,2,\cdots,19\}$. 是否存在正整数 $a_1,a_2,a_3,a_4(a_1<a_2<a_3<a_4)$，使得 M 的每个元素均能被表示为 $a_i(1\leqslant i\leqslant 4)$，$2a_i(1\leqslant i\leqslant 4)$ 或 $a_j\pm a_i$ $(1\leqslant i<j\leqslant 4)$ 的形式?

解 假设这样的正整数 $a_1,a_2,a_3,a_4(a_1<a_2<a_3<a_4)$ 存在. 由于 $1,2,\cdots,19$ 被 20 个数

$$a_i(1\leqslant i\leqslant 4),\quad 2a_i(1\leqslant i\leqslant 4),\quad a_j\pm a_i(1\leqslant i<j\leqslant 4) \qquad ①$$

表示出，这些数中 $2a_4$ 最大，故 $2a_4\geqslant 19$，显然 $2a_4$ 为偶数，于是 $2a_4\geqslant 20$. 这表明①中除 $2a_4$ 以外的19个数恰好表示出 M 的元素 $1,2,\cdots,19$ 各一次.

考虑其中最大的 3 个数, 有如下情形:

(1) $a_4+a_3=19,\ a_4+a_2=18,\ a_4+a_1=17$. 此时 $a_3-a_2,\ a_2-a_1$ 重复表示了 1, 矛盾.

(2) $a_4+a_3=19,\ a_4+a_2=18,\ 2a_3=17$. 此时 a_3 不为整数, 矛盾.

(3) $a_4+a_3=19,\ 2a_3=18,\ a_4+a_2=17$. 此时求得 $a_4=10,\ a_3=9,\ a_2=7$, 故 1, 2, 3 已分别由 $a_4-a_3,\ a_3-a_2,\ a_4-a_2$ 表示出, 于是

$$a_1\geqslant 4,\quad 7-a_1=a_2-a_1\geqslant 4,$$

这两个不等式是矛盾的.

综合(1), (2), (3), 可知不存在满足条件的正整数 a_1, a_2, a_3, a_4.

注 1 上述解法基于"正整数 a_1, a_2, a_3, a_4 存在"的假设进行推理, 以考虑①中极端大的几个数为突破口, 成功导出矛盾. 事实上, 先利用 $2a_4$ 最大, 判断出①中除 $2a_4$ 以外的 19 个数恰为 $1,2,\cdots,19$ 的排列, 是一步有效的推进. 此后, 由于这 19 个数中最大的几个数的可能情形相对较少, 故对它们进行分类讨论较为有利.

注 2 当推出①中除 $2a_4$ 以外的 19 个数恰为 $1,2,\cdots,19$ 的排列后, 亦可从整体考虑, 将这 19 个数求和得

$$3a_1+5a_2+7a_3+7a_4=1+2+\cdots+19=190,$$

结合 $a_4+a_3=19$, 得 $3a_1+5a_2=190-7\times 19=57$. 从中可知 $3\mid a_2$, 而 $a_2<a_3\leqslant 9$, 所以 $a_2\leqslant 6$, 但这又导致 $3a_1+5a_2<8a_2<57$, 矛盾.

原解法中的"考虑极端情形"与此处的"考虑整体", 都达到了简化讨论、更快地揭示矛盾的目的.

例 5.14 证明: 在 6×6 矩阵

$$\begin{pmatrix}1&2&3&4&5&6\\2&3&4&5&6&1\\3&4&5&6&1&2\\4&5&6&1&2&3\\5&6&1&2&3&4\\6&1&2&3&4&5\end{pmatrix}$$

中, 不存在两两不同行且两两不同列的 6 个数 $1,2,\cdots,6$.

证明 反证法. 假设存在这样的 6 个数, 并对 $k=1, 2,\cdots,6$, 设 k 在第 a_k 行第 b_k 列.

由于 6 个数两两不同行且两两不同列，故 $a_1, a_2, \cdots, a_6$ 与 $b_1, b_2, \cdots, b_6$ 分别是 $1, 2, \cdots, 6$ 的排列，于是有

$$(a_1 + a_2 + \cdots + a_6) + (b_1 + b_2 + \cdots + b_6) = 2 \times (1 + 2 + \cdots + 6) = 42. \quad ①$$

另一方面，由数表的性质可知

$$a_k + b_k \equiv k + 1 \pmod 6,$$

从而

$$(a_1 + a_2 + \cdots + a_6) + (b_1 + b_2 + \cdots + b_6) \equiv 2 + 3 + \cdots + 7 \equiv 3 \pmod 6,$$

这与①矛盾.

因此无法找出满足条件的 6 个数.

注 对给定的正整数 $n(n \geqslant 2)$，将全体整数按模 n 的余数分成 n 类，每一类数的全体称为模 n 的一个“剩余类”(或称“同余类”). 在模 n 的每个剩余类中各取一个元素，则这 n 个数就组成模 n 的一个“完全剩余系”，简称“完系”. 由模 n 的完系的定义可知，每个剩余类中元素的选取，以及来自不同剩余类的元素之间次序的改变，均不影响完系中各元素之和在模 n 下的余数. 因此，我们常常利用这一点，对完系进行整体考虑，作为分析问题或导出矛盾的出发点.

本题中导出矛盾的关键之处可提炼为：当 n 为偶数时，若 $a_1, a_2, \cdots, a_n$ 与 $b_1, b_2, \cdots, b_n$ 分别组成模 n 的完系，则 $a_1 + b_1, a_2 + b_2, \cdots, a_n + b_n$ 不可能组成模 n 的完系(本题中 $n = 6$). 这是关于完系性质的一个常见推论.

例 5.15 设 n 为大于 1 的奇数，$k_1, k_2, \cdots, k_n$ 为给定的整数. 用 Γ 表示 $1, 2, \cdots, n$ 的 $n!$ 个排列的全体. 对每个排列 $\boldsymbol{a} = (a_1, a_2, \cdots, a_n) \in \Gamma$，记 $S(\boldsymbol{a}) = k_1 a_1 + k_2 a_2 + \cdots + k_n a_n$. 证明：存在两个不同的排列 $\boldsymbol{b}, \boldsymbol{c} \in \Gamma$，使得 $S(\boldsymbol{b}) - S(\boldsymbol{c})$ 能被 $n!$ 整除.

证明 反证法. 假设对任意两个不同的排列 $\boldsymbol{b}, \boldsymbol{c} \in \Gamma$，均有 $S(\boldsymbol{b}) - S(\boldsymbol{c}) \not\equiv 0 \pmod{n!}$，则当 $\boldsymbol{a}$ 取遍 Γ 中的所有排列时，$S(\boldsymbol{a})$ 模 $n!$ 的余数分别取 $0, 1, 2, \cdots, n! - 1$ 各一次. 所以

$$\sum_{\boldsymbol{a} \in \Gamma} S(\boldsymbol{a}) \equiv 0 + 1 + 2 + \cdots + (n! - 1) = \frac{n!}{2}(n! - 1) \equiv \frac{n!}{2} \pmod{n!}, \quad ①$$

其中最后一步是因为 $n > 1$ (故 $\frac{n!}{2}$ 为整数).

另一方面，

$$\sum_{\boldsymbol{a}\in\Gamma}S(\boldsymbol{a})=\sum_{\boldsymbol{a}\in\Gamma}\sum_{i=1}^{n}k_ia_i=\sum_{i=1}^{n}k_i\left(\sum_{\boldsymbol{a}\in\Gamma}a_i\right). \quad ②$$

对每个 $i\in\{1,2,\cdots,n\}$，考虑②中 $\sum_{\boldsymbol{a}\in\Gamma}a_i$ 的值. 当 $\boldsymbol{a}$ 取遍 Γ 中的排列时，使 $a_i=j$ 的排列共有 $(n-1)!$ 个，这里 $j=1,2,\cdots,n$. 因此

$$\sum_{\boldsymbol{a}\in\Gamma}a_i=(n-1)!\cdot\sum_{j=1}^{n}j=\frac{n+1}{2}\cdot n!\equiv 0\ (\mathrm{mod}\ n!),$$

其中最后一步是因为 n 为奇数(故 $\frac{n+1}{2}$ 为整数). 从而由②知

$$\sum_{\boldsymbol{a}\in\Gamma}S(\boldsymbol{a})=\sum_{i=1}^{n}k_i\left(\sum_{\boldsymbol{a}\in\Gamma}a_i\right)\equiv 0\ (\mathrm{mod}\ n!), \quad ③$$

但③与①矛盾.

所以结论得证.

注 本题中，所构筑的量 $\sum_{\boldsymbol{a}\in\Gamma}S(\boldsymbol{a})$ 是对 $1,2,\cdots,n$ 的全部排列的整体性质的反映，其本身具有性质③，而反证法假设又直接导致其具有另一特殊的整体性质①，两相比较即可导出矛盾.

习 题 5

1. 证明：$\sqrt{2}+\sqrt{3}$ 是无理数.

2. 证明下述“抽屉原理”：

设 m,n 为正整数. 如果将 m 件物品放入 n 个抽屉，那么必定存在一个抽屉装有至少 $\left[\frac{m-1}{n}\right]+1$ 件物品.

3. 证明：形如 $4k-1(k\in\mathbf{N}^*)$ 的素数有无穷多个.

4. (1) 设 $f(x)=x^2+ax+b$，其中 a,b 为实数. 证明：$|f(0)|,|f(1)|,|f(2)|$ 中至多有两个数小于 $\frac{1}{2}$；

(2) 设 $f(x)=\frac{9}{x}+ax+b$，其中 a,b 为实数. 证明：$|f(1)|,|f(3)|,|f(9)|$ 中至多有两个数小于 2.

5. 证明：(1)在任意一个三角形中，存在两条边的长度的比值属于

$\left(\dfrac{\sqrt{5}-1}{2}, \dfrac{\sqrt{5}+1}{2}\right)$;

(2) 在任意一个多边形中，存在两条边的长度的比值属于 $\left(\dfrac{1}{2}, 2\right)$.

6. 是否存在一个内接于单位圆的 $\triangle ABC$，其三边长 $a=BC, b=CA, c=AB$ 满足：ab 与 $2c$ 分别为多项式 $P(x)=(x+\sin A)(x+\sin B)(x+\sin C)$ 的一次项系数与二次项系数?

7. 设 A, B, C, D 为直线 l 上顺次排列的四点，满足 $AB=CD$，P 为直线 l 外一点，在线段 PB, PC 上分别取点 K, L，使得 $PK=PL$. 证明：若 $AK=DL$，则 $PB=PC$.

8. 已知平面中的非空点集 Ω 满足：对每个点 $A\in\Omega$，均存在不同于 A 的两点 $B, C\in\Omega$，使得 A 在线段 BC 上. 证明：Ω 为无限集.

9. 方程 $a^2+b^2=3(c^2+d^2)$ 是否存在正整数解 (a, b, c, d)?

10. 设正整数 $n\geqslant 2$，$P_1, P_2, \cdots, P_{2n}$ 为正 $2n$ 边形的顶点的一个排列. 证明：在 $P_1P_2, P_2P_3, \cdots, P_{2n-1}P_{2n}, P_{2n}P_1$ 这 $2n$ 条线段中，至少有一对平行线段.

第 6 章　数学归纳法

在证明与正整数 n 有关的命题时, 常常会用到数学归纳法.

数学归纳法具有如下的基本形式.

(1) 第一数学归纳法:

设 $P(n)$ 是一个关于正整数 n 的命题, n_0 为某个正整数. 如果

(i) $P(n_0)$ 成立;

(ii) 在 $P(k)$ (k 为某个不小于 n_0 的正整数)成立的假设下, 可推出 $P(k+1)$ 成立.

那么由 (i), (ii) 知 $P(n)$ 对任意正整数 $n \geqslant n_0$ 成立.

(2) 第二数学归纳法:

设 $P(n)$ 是一个关于正整数 n 的命题, n_0 为某个正整数. 如果

(i) $P(n_0)$ 成立;

(ii)′ 在 $P(n_0), P(n_0+1), \cdots, P(k)$ 都成立的假设下, 可推出 $P(k+1)$ 成立.

那么由 (i), (ii)′ 知 $P(n)$ 对任意正整数 $n \geqslant n_0$ 成立.

通常将步骤 (i) 称为“归纳奠基”, 将步骤 (ii) 或 (ii)′ 称为“归纳过渡”. 数学归纳法的意义在于通过这两个步骤完成了无穷多个命题 $P(n_0)$, $P(n_0+1), \cdots$ 的证明.

注意到, 将 (ii) 中的假设“ $P(k)$ 成立”改造成 (ii)′ 中的“ $P(n_0), P(n_0+1), \cdots, P(k)$ 都成立”后, 并没有造成逻辑上的漏洞, 反而增强了归纳过渡时的支持条件, 因此第二数学归纳法在解题中的作用更为广泛. 在此意义下, 第二数学归纳法也被称为“强归纳法”.

数学归纳法除了上述基本形式之外, 还有各种变化形式和灵活多样的处理方式. 本章后面会逐步展开.

6.1　数学归纳法的基本形式

运用数学归纳法解题的核心与难点, 多数情况下在于如何实现归纳过渡. 根据题目特点, 有时选择“从 $P(k)$ 前进到 $P(k+1)$ ”(换言之, $P(k+1)$ 成

立是被建立在 $P(k)$ 成立这先一步考虑的基础上的)，有时则选择“从 $P(k+1)$ 退回到 $P(k)$”(换言之，将 $P(k+1)$ 转化为 $P(k)$ 及其他一些简单命题的组合，从而证得 $P(k+1)$，这也是一种“化归”)．这是两种不同的思考方向，其目的均是为了达成归纳过渡，在解决不同的问题时各有千秋．

例 6.1 设 $f(x)=3x+4$．对任意正整数 n，求 $f_n(x)=\underbrace{f(f(\cdots f(x)\cdots))}_{n\text{层括号}}$ 的表达式．

解 逐步计算得

$$
\begin{aligned}
&f_1(x)=f(x)=3x+4,\\
&f_2(x)=3f_1(x)+4=9x+16,\\
&f_3(x)=3f_2(x)+4=27x+52,\\
&f_4(x)=3f_3(x)+4=81x+160,\\
&\cdots\cdots
\end{aligned}
$$

猜测

$$f_n(x)=3^n x+2\cdot 3^n-2. \quad ①$$

假设当 $n=k$ (k 为某个正整数)时①式成立，则

$$f_{k+1}(x)=3f_k(x)+4=3\cdot(3^k x+2\cdot 3^k-2)+4=3^{k+1}x+2\cdot 3^{k+1}-2,$$

故当 $n=k+1$ 时①式也成立．

所以①式对任意正整数 n 均成立，①式即为所求的表达式．

注 关于递推数列或函数迭代的命题，常常可用数学归纳法来证明．本题中，先通过尝试发现规律，提出猜测①式，再对①式加以证明．由于从 k 的情形“前进”到 $k+1$ 的情形仅需一次函数迭代，因此很容易通过数学归纳法来证明①式．

例 6.2 在一项乒乓球赛事中，$n(n\geqslant 2)$ 名选手两两之间各赛一场，每场比赛都分出胜负．证明：可将这 n 名选手适当地排成一列，使得对任意前后相邻的两人，总是前一人胜后一人．

证明 当 $n=2$ 时，结论显然成立．

假设当 $n=k$ (k 为某个不小于 2 的整数)时结论成立．考虑 $n=k+1$ 的情形．

先任选其中 k 名选手，由归纳假设知可给他们适当编上号 $Q_1,Q_2,\cdots,Q_k$，使得 Q_1 胜 Q_2，Q_2 胜 Q_3，$\cdots$，Q_{k-1} 胜 Q_k．记 Q 为剩下的一名选手．

(1) 若 Q 胜了 Q_1，则将 $k+1$ 名选手依次排成 $Q,Q_1,Q_2,\cdots,Q_k$，满足条件．

(2) 若Q负于Q_k，则将$k+1$名选手依次排成$Q_1, Q_2, \cdots, Q_k, Q$，满足条件.

(3) 若Q既负于Q_1，又胜了Q_k，则必存在$i \in \{1, 2, \cdots, k-1\}$，使得$Q$负于$Q_i$但又胜了$Q_{i+1}$，将$k+1$名选手依次排成$Q_1, \cdots, Q_i, Q, Q_{i+1}, \cdots, Q_k$，满足条件.

综合(1), (2), (3), 可知当$n=k+1$时结论也成立. 从而命题得证.

注 1 上述解法中，从k的情形前进到$k+1$的情形时采用的是分类处理的方式. 一般地，只要分类不发生遗漏，且每一类情形都能完成归纳过渡，则整体上就完成了归纳过渡.

注 2 从证明过程不难看出，其实可将这n名选手逐步地安插在一条胜负关系链上，并始终保持“链上任意前后相邻两人中，总是前一人胜后一人”的性质，最后得到一条长为n的链. 数学归纳法的运用，使构造整条链的复杂任务被分解成了若干个简单易行的局部扩充环节(每步归纳过渡相当于一次局部扩充). 一般地，在存在性命题的构造证明中，数学归纳法常常能带来此类简化问题的效果.

例 6.3 已知正实数a, b满足$\dfrac{1}{a}+\dfrac{1}{b}=1$. 证明：对任意正整数$n$，有

$$(a+b)^n - a^n - b^n \geqslant 2^{2n} - 2^{n+1}.$$

证明 由$a, b>0$及$\dfrac{1}{a}+\dfrac{1}{b}=1$，得$ab=a+b \geqslant 2\sqrt{ab}$，所以$ab \geqslant 4$.

当$n=1$时，结论显然成立.

假设当$n=k$(k为某个正整数)时结论成立，即

$$(a+b)^k - a^k - b^k \geqslant 2^{2k} - 2^{k+1},$$

则当$n=k+1$时，有

$$\begin{aligned}(a+b)^{k+1} - a^{k+1} - b^{k+1} &= (a+b)((a+b)^k - a^k - b^k) + a^k b + ab^k \\ &\geqslant (a+b)(2^{2k} - 2^{k+1}) + 2\sqrt{a^k b \cdot ab^k} \\ &= ab(2^{2k} - 2^{k+1}) + 2\sqrt{(ab)^{k+1}} \\ &\geqslant 4(2^{2k} - 2^{k+1}) + 2 \cdot 2^{k+1} = 2^{2(k+1)} - 2^{(k+1)+1}.\end{aligned}$$

从而当$n=k+1$时，结论也成立. 所以命题得证.

注 记$P(n)$: $(a+b)^n - a^n - b^n \geqslant 2^{2n} - 2^{n+1}$. 本题中，从$P(k)$前进到$P(k+1)$的路径较为隐蔽，因此改从$P(k+1)$退回到$P(k)$，即先从$P(k+1)$的形式中分离出$P(k)$的形式，然后援引归纳假设.

例 6.4　将全体素数从小到大依次记为 $p_1, p_2, \cdots$. 证明：对任意正整数 n，有 $p_n < 2^{2^n}$.

证明　当 $n=1$ 时，$p_1 = 2 < 2^{2^1}$，结论成立.

假设当 $n \leqslant k$ (k 为某个正整数)时结论都成立，则由归纳假设得

$$p_1 p_2 \cdots p_k < 2^{2^1} \times 2^{2^2} \times \cdots \times 2^{2^k} = 2^{2^{k+1}-2},$$

故 $p_1 p_2 \cdots p_k + 1 \leqslant 2^{2^{k+1}-2}$.

因 $p_1, p_2, \cdots, p_k$ 都不整除 $p_1 p_2 \cdots p_k + 1$，所以 $p_1 p_2 \cdots p_k + 1$ 的素因子至少是 p_{k+1}. 于是

$$p_{k+1} \leqslant p_1 p_2 \cdots p_k + 1 \leqslant 2^{2^{k+1}-2} < 2^{2^{k+1}},$$

故当 $n = k+1$ 时结论也成立.

因此对任意正整数 n，结论都成立.

注　上述证明采用了第二数学归纳法的归纳假设方式，这使得 $n \leqslant k$ 时的所有不等关系可一并利用，便于作出对素数 p_{k+1} 的上界估计.

例 6.5　实数 α 满足 $\cos\alpha$ 为有理数. 证明：对任意正整数 n，$\cos n\alpha$ 均为有理数.

证明　当 $n = 1, 2$ 时，有 $\cos\alpha \in \mathbf{Q}$, $\cos 2\alpha = 2\cos^2\alpha - 1 \in \mathbf{Q}$，结论成立.

假设当 $n \leqslant k$ (k 为某个不小于 2 的整数)时结论成立，则当 $n = k+1$ 时，利用归纳假设知

$$\cos(k+1)\alpha = 2\cos\alpha \cdot \cos k\alpha - \cos(k-1)\alpha \in \mathbf{Q},$$

故当 $n = k+1$ 时结论也成立.

所以对任意正整数 n，$\cos n\alpha$ 均为有理数.

注　本题是运用第二数学归纳法的又一例. 值得指出的是，$n = k+1$ 时的结论实质上仅依赖于 $n = 1, k-1, k$ 时的结论(而 $n = 1$ 时的结论已被条件“$\cos\alpha$ 为有理数”所蕴含). 因此，如果用假设“当 $n = k-1, k$ 时结论成立”来代替上述证法中的假设“当 $n \leqslant k$ 时结论成立”，整个证明过程亦是有效的.

例 6.6　设正整数 $n \geqslant 3$. 证明：若一个凸 n 边形被其互不相交的对角线划分为一系列等腰三角形，则该凸 n 边形中有两条边长度相等.

证明　当 $n = 3$ 时，结论显然成立.

假设当 $n = 3, 4, \cdots, k$ (k 为某个不小于 3 的整数)时结论成立，考虑 $n = k+1$

的情况.

设凸 $k+1$ 边形 P 被其互不相交的对角线划分为一系列等腰三角形. 任取其中一条对角线 d, 设 d 的两侧分别为凸多边形 P_1 与 P_2.

对 $i=1,2$, 根据归纳假设, P_i 中存在两条相等的边 a_i, b_i.

(1) 若 a_1, b_1 均不是 d, 则 a_1, b_1 是 P 中长度相等的两边.

(2) 若 a_2, b_2 均不是 d, 则 a_2, b_2 是 P 中长度相等的两边.

(3) 若 d 既是 a_1, b_1 之一, 也是 a_2, b_2 之一, 不妨设 a_1, a_2 是 d, 则 b_1, b_2 是 P 中长度相等的两边.

综合(1), (2), (3), 可知当 $n=k+1$ 时结论也成立.

因此对任意正整数 $n\geqslant 3$, 结论都成立.

注 将凸 n 边形的题述性质记为 $P(n)$. 我们运用第二数学归纳法证明 $P(n)$, 在归纳过渡时, 采用"从 $P(k+1)$ 退回到 $P(i)\ (3\leqslant i\leqslant k)$"的思考方式, 较为方便地解决了问题.

6.2 归纳途径的灵活选择

当需要证明一列命题 $P(n_0), P(n_0+1), \cdots$ 时, 从目标而言, 这些命题的证明孰先孰后是无关紧要的. 因此, 可以结合问题的特点对归纳途径进行变通, 包括灵活选择归纳起点和归纳跨度等.

此外, 在某些场合, 还可以运用"反向数学归纳法"和"双参数数学归纳法"等形式.

反向数学归纳法, 又称"倒推数学归纳法", 是法国著名数学家柯西首先使用的. 柯西利用反向数学归纳法证明了 n 元平均值不等式——n 个正数的算术平均不小于它们的几何平均(见例 6.9). 反向数学归纳法的一般形式如下.

设 $P(n)$ 是一个关于正整数 n 的命题, n_0 为某个正整数. 如果

(1) $P(n)$ 对无穷多个正整数 n 成立(本质上这一步蕴含了"存在任意大的正整数 N, 使 $P(N)$ 成立");

(2) 在 $P(k)$ (k 为某个大于 n_0 的正整数)成立的假设下, 可推出 $P(k-1)$ 成立,

那么由(1), (2)知 $P(n)$ 对任意正整数 $n\geqslant n_0$ 成立.

双参数数学归纳法的一般形式如下.

设 $P(m,n)$ 是一个关于正整数 m,n 的命题. 如果

(1) $P(m,1)$ 对任意正整数 m 成立，且 $P(1,n)$ 对任意正整数 n 成立；

(2) 在 $P(m,n-1)$, $P(m-1,n)$ 都成立的假设下，可推出 $P(m,n)$ 成立，

那么由(1), (2)知 $P(m,n)$ 对任意正整数 m,n 成立.

例 6.7　证明：对任意正整数 n，存在正整数 x,y,z,t 满足 $x^3+y^3+z^3=t^n$.

证明　当 $n=1$ 时，有 $1^3+1^3+1^3=3^1$.

当 $n=2$ 时，有 $1^3+2^3+3^3=6^2$.

当 $n=3$ 时，有 $3^3+4^3+5^3=6^3$.

因此当 $n=1,2,3$ 时结论成立.

假设当 $n=k$ (k 为某个正整数)时结论成立，即存在正整数 x_1,y_1,z_1,t_1 满足

$$x_1^3+y_1^3+z_1^3=t_1^k, \quad ①$$

则当 $n=k+3$ 时，将①式两边同乘以 t_1^3，整理得

$$(t_1x_1)^3+(t_1y_1)^3+(t_1z_1)^3=t_1^{k+3},$$

即正整数 $x=t_1x_1$, $y=t_1y_1$, $z=t_1z_1$, $t=t_1$ 满足条件，故当 $n=k+3$ 时结论也成立.

所以对任意正整数 n，均存在满足条件的正整数 x,y,z,t.

注　本题中，从 k 过渡到 $k+1$ 较为困难，但过渡到 $k+3$ 却很方便. 因此将归纳途径的跨度定为 3，注意此时要验证的起点也应变为 3 个.

例 6.8　求定义在 $[0,+\infty)$ 上的函数 $f(x)$，使得 $f(0)=0$，且对任意 $x\geqslant y\geqslant 0$，有

$$|f(x)-f(y)|\leqslant (x-y)f(x). \quad ①$$

解　对每个正整数 n，记命题 $P(n)$ 为：对任意 $x\in\left[\frac{n-1}{2},\frac{n}{2}\right)$，有 $f(x)=0$.

当 $n=1$ 时，在①式中取 $x\in\left[0,\frac{1}{2}\right)$, $y=0$，注意到 $f(0)=0$，得

$$|f(x)|\leqslant xf(x)\leqslant x|f(x)|\leqslant \frac{1}{2}|f(x)|,$$

故 $|f(x)|=0$，即 $P(1)$ 成立.

假设对某个正整数 k，$P(k)$ 成立. 在①式中取 $x\in\left[\frac{k}{2},\frac{k+1}{2}\right)$, $y=x-\frac{1}{2}$，此时 $y\in\left[\frac{k-1}{2},\frac{k}{2}\right)$，由归纳假设知 $f(y)=0$，代入①式得

$$|f(x)| \leqslant (x-y)f(x) = \frac{1}{2}f(x),$$

于是 $f(x)=0$．因此 $P(k+1)$ 成立．

所以对任意正整数 n，$P(n)$ 成立．由 $\bigcup_{n=1}^{\infty}\left[\frac{n-1}{2}, \frac{n}{2}\right) = [0,+\infty)$ 知 $f(x)$ 恒等于 0 (显然这样的 $f(x)$ 满足条件)．

注 这是在实数情形下使用数学归纳法的一个例子．与证明关于正整数的命题不同，由于正实数集不具有可数性(换言之，不存在一个数列取遍一切正实数值)，故需要对无穷个起点进行验证．本题中的处理方式是将 $[0,+\infty)$ 拆成可数个区间 $\left[\frac{n-1}{2}, \frac{n}{2}\right)(n\in \mathbf{N}^*)$，通过对第一个区间的讨论，统一完成无穷个起点的验证过程，再设置跨度为 $\frac{1}{2}$ 进行证明．

例 6.9 用数学归纳法证明平均值不等式．

设正整数 $n\geqslant 2$．证明：对任意 $a_1, a_2, \cdots, a_n > 0$，均有

$$\frac{a_1+a_2+\cdots+a_n}{n} \geqslant (a_1a_2\cdots a_n)^{\frac{1}{n}}.$$

证明 先证明当 $n=2^m(m\in\mathbf{N}^*)$ 时结论成立．

当 $n=2$ 时，$\frac{a_1+a_2}{2}\geqslant\sqrt{a_1a_2} \Leftrightarrow \frac{1}{2}(\sqrt{a_1}-\sqrt{a_2})^2 \geqslant 0$，显然成立．

假设当 $n=2^k$ (k 为某个正整数)时结论成立，则当 $n=2^{k+1}$ 时，由归纳假设，并利用 $n=2$ 时的结论知

$$\begin{aligned}
\frac{a_1+a_2+\cdots+a_{2^{k+1}}}{2^{k+1}} &= \frac{1}{2}\cdot\left(\frac{a_1+a_2+\cdots+a_{2^k}}{2^k} + \frac{a_{2^k+1}+a_{2^k+2}+\cdots+a_{2^{k+1}}}{2^k}\right) \\
&\geqslant \frac{\left(a_1a_2\cdots a_{2^k}\right)^{\frac{1}{2^k}} + \left(a_{2^k+1}a_{2^k+2}\cdots a_{2^{k+1}}\right)^{\frac{1}{2^k}}}{2} \\
&\geqslant \sqrt{\left(a_1a_2\cdots a_{2^k}\right)^{\frac{1}{2^k}}\left(a_{2^k+1}a_{2^k+2}\cdots a_{2^{k+1}}\right)^{\frac{1}{2^k}}} \\
&= \left(a_1a_2\cdots a_{2^{k+1}}\right)^{\frac{1}{2^{k+1}}},
\end{aligned}$$

故当 $n=2^{k+1}$ 时结论也成立．从而当 $n=2^m(m\in\mathbf{N}^*)$ 时结论都成立．

以下证明：对任意正整数 $k>2$，若当 $n=k$ 时结论成立，则当 $n=k-1$ 时

结论也成立.

事实上, 在

$$\frac{a_1+a_2+\cdots+a_k}{k}\geqslant\left(a_1a_2\cdots a_k\right)^{\frac{1}{k}}$$

中令 $a_k=\left(a_1a_2\cdots a_{k-1}\right)^{\frac{1}{k-1}}$, 得

$$\frac{a_1+a_2+\cdots+a_{k-1}+\left(a_1a_2\cdots a_{k-1}\right)^{\frac{1}{k-1}}}{k}\geqslant\left(a_1a_2\cdots a_{k-1}\left(a_1a_2\cdots a_{k-1}\right)^{\frac{1}{k-1}}\right)^{\frac{1}{k}}$$

$$=\left(a_1a_2\cdots a_{k-1}\right)^{\frac{1}{k-1}},$$

整理得

$$\frac{a_1+a_2+\cdots+a_{k-1}}{k-1}\geqslant\left(a_1a_2\cdots a_{k-1}\right)^{\frac{1}{k-1}},$$

即当 $n=k-1$ 时结论也成立.

综上可知结论对任意正整数 $n\geqslant 2$ 均成立.

注 本题是反向数学归纳法的一个经典应用. 将题述结论记为 $P(n)$. 由于从 $P(k)$ (或 $P(1),P(2),\cdots,P(k)$)不易过渡到 $P(k+1)$, 故需要变通归纳途径.

上述证明分两步. 第一步, 因 $P(2)$ 显然成立, 且从 $P(k)$ 容易过渡到 $P(2k)$, 故可证明所有 $P(2^m)\,(m\in\mathbf{N}^*)$ 成立. 第二步, 在 k 元平均值不等式中, 将一个自由变量限制为另外 $k-1$ 个变量的几何平均(亦可限制为算术平均, 请读者自行验证), 经整理后恰好得到 $k-1$ 元平均值不等式, 这意味着从 $P(k)$ 可以过渡到 $P(k-1)$ (这里 $P(k)$ "前进" 到 $P(k-1)$).

以上两步保证了每个 $P(n)$ 均能通过至少一种已"探明"的途径得到证明(例如要证明 $P(30)$, 可按 $P(2)\to P(4)\to P(8)\to P(16)\to P(32)\to P(31)\to P(30)$ 的途径进行).

例 6.10 设 $f(m,n)$ 满足 $f(1,n)=f(m,1)=1\ (m,n\in\mathbf{N}^*)$, 且对任意整数 $m,n\geqslant 2$, 有

$$f(m,n)\leqslant f(m,n-1)+f(m-1,n). \qquad ①$$

证明: 对任意正整数 m,n, 有 $f(m,n)\leqslant \mathrm{C}_{m+n-2}^{m-1}$.

证明 将命题 $f(m,n)\leqslant \mathrm{C}_{m+n-2}^{m-1}$ 记作 $P(m,n)$.

对任意 $m,n\in\mathbf{N}^*$, 有 $f(1,n)=1=\mathrm{C}_{1+n-2}^{1-1}$, $f(m,1)=1=\mathrm{C}_{m+1-2}^{m-1}$, 故 $P(1,n)$ 与

$P(m,1)$ 成立.

当 $m,n\geqslant 2$ 时, 假设 $P(m,n-1)$ 与 $P(m-1,n)$ 成立, 即

$$f(m,n-1)\leqslant \mathrm{C}_{m+n-3}^{m-1},\quad f(m-1,n)\leqslant \mathrm{C}_{m+n-3}^{m-2}, \tag{②}$$

则由①, ②得

$$f(m,n)\leqslant f(m,n-1)+f(m-1,n)\leqslant \mathrm{C}_{m+n-3}^{m-1}+\mathrm{C}_{m+n-3}^{m-2}=\mathrm{C}_{m+n-2}^{m-1},$$

故 $P(m,n)$ 成立.

所以 $P(m,n)$ 对任意正整数 m,n 成立.

注 本例所展现的是双参数数学归纳法的典型证明模式. 一般地, 对于一个双参数形式的命题 $P(m,n)$, 需要设计适当的归纳途径"到达"每个正整数对 (m,n). 双参数数学归纳法是达成这一目标的一种自然方式.

6.3 归纳证明更强或更一般的命题

在第 1 章中已有过这样的例子: 当一个问题变换为更强或更一般的问题后, 有时反而易于处理. 这一点在数学归纳法中亦有充分的体现. 例如, 原来的命题 $P(1),P(2),P(3),\cdots$ 没有包含足够的信息以使我们完成归纳过渡, 这时可以考虑将命题 $P(n)$ 加强为 $Q(n)$ (即对每个 n, $Q(n)$ 成立蕴含 $P(n)$ 成立), 再对 $Q(1),Q(2),Q(3),\cdots$ 寻找归纳过渡的办法. 这样所带来的有利因素是归纳假设变强了, 不利因素则是归纳过渡中要证的结论也变强了(注意, 在归纳过渡时应从 $Q(k)$ 出发推出 $Q(k+1)$, 使加强的性质得以继承下去, 而不能仅推出 $P(k+1)$).

例 6.11 设 $a_n=1+\frac{1}{2}+\cdots+\frac{1}{n}\,(n\in\mathbf{N}^*)$. 证明: 对任意正整数 $n\geqslant 2$, 有

$$a_n^2>2\left(\frac{a_2}{2}+\frac{a_3}{3}+\cdots+\frac{a_n}{n}\right). \tag{①}$$

证明 证明更强的命题: 把①式加强为

$$a_n^2>2\left(\frac{a_2}{2}+\frac{a_3}{3}+\cdots+\frac{a_n}{n}\right)+\frac{1}{n}. \tag{②}$$

当 $n=2$ 时, $a_2^2=\frac{9}{4}>2=2\cdot\frac{a_2}{2}+\frac{1}{2}$, ②式成立.

假设当 $n=k$ (k 为某个不小于 2 的整数)时②式成立，即

$$a_k^2>2\left(\frac{a_2}{2}+\frac{a_3}{3}+\cdots+\frac{a_k}{k}\right)+\frac{1}{k},$$

则当 $n=k+1$ 时，有

$$\begin{aligned}a_{k+1}^2&=\left(a_k+\frac{1}{k+1}\right)^2=a_k^2+\frac{2}{k+1}\cdot a_k+\frac{1}{(k+1)^2}\\&>2\left(\frac{a_2}{2}+\cdots+\frac{a_k}{k}\right)+\frac{1}{k}+\frac{2}{k+1}\cdot\left(a_{k+1}-\frac{1}{k+1}\right)+\frac{1}{(k+1)^2}\\&=2\left(\frac{a_2}{2}+\cdots+\frac{a_k}{k}+\frac{a_{k+1}}{k+1}\right)+\frac{1}{k}-\frac{1}{(k+1)^2}\\&>2\left(\frac{a_2}{2}+\cdots+\frac{a_k}{k}+\frac{a_{k+1}}{k+1}\right)+\frac{1}{k+1},\end{aligned}$$

故当 $n=k+1$ 时②式也成立.

所以加强的命题得证，从而原命题得证.

注　在本题中，若直接对①式实施归纳证明，会发现从归纳假设中获得的信息不够强，无法完成从 k 到 $k+1$ 的归纳过渡，因此考虑在①式的右端添加适当形式的正项 $f(n)$，将①式改造成一个更强的不等式，再施行归纳证明. 如何选取具体的 $f(n)$ 是一个难点. 事实上，为了使 $n=2$ 的奠基情形成立，应有 $f(2)<\frac{3}{4}$，又为了使每步归纳过渡都得以保证，需有

$$f(k)-\frac{1}{(k+1)^2}\geqslant f(k+1)\ (k=2,3,\cdots).$$

特别地，当 $f(n)$ 取为 $\frac{1}{n}$ 时，上述意图能够达成. 当然这里 $f(n)$ 的可行取法不止一种.

例 6.12　证明：对任意正整数 $n\geqslant3$，可将一个正三角形分割成 n 个等腰三角形.

证法 1　当 $n=3,4$ 时，分割方式如图 6.1 所示.

当 $n\geqslant5$ 时，证明加强的命题：可将一个正三角形分割成 n 个等腰三角形，其中至少有一个是等腰直角三角形.

当 $n=5$ 时，可按图 6.2 进行分割，结论成立.

假设当 $n=k$ (k 为某个不小于 5 的整数)时结论成立，即存在一种方式将

正三角形分割成k个等腰三角形，且其中有一个等腰直角三角形T. 连接T的直角顶点和斜边中点，将T分成两个等腰直角三角形，这样得到$n=k+1$时的一种可行的分割方式.

因此加强后的命题得证. 从而原命题得证.

证法 2 证明加强的命题：当$n\geqslant 3$时，可将一个正三角形分割成n个等腰三角形，其中至少有一个等腰三角形的顶角为120°.

当$n=3, 4$时，分割方式如图 6.3 所示.

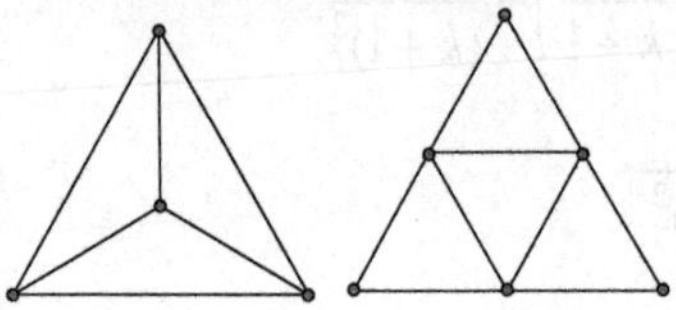
(a) (b)

图 6.1

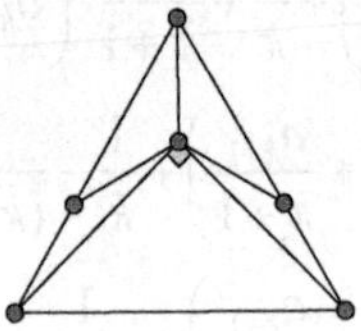

图 6.2

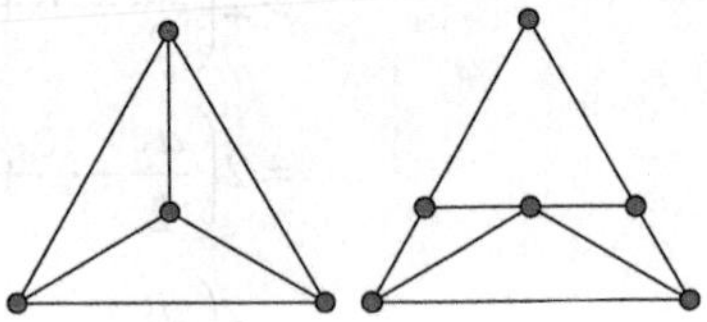
(a) (b)

图 6.3

假设当$n=k$(k为某个不小于 3 的整数)时结论成立，即存在一种方式将正三角形分割成k个等腰三角形，且其中有一个等腰三角形M的顶角为120°. 将M的顶角的顶点分别和底边的两个三等分点连接起来，将M分成三个等腰三角形，且其中仍有顶角为120°的等腰三角形. 这样得到$n=k+2$时的一种可行的分割方式.

因此加强后的命题得证. 从而原命题得证.

注 以上是本题的两种典型的证法，都采用了加强命题的方式，且同时体现了归纳途径的灵活选择. 在证法 1 中，为了使k到$k+1$的过渡顺利进行，我们主动加强命题，创造了"等腰直角三角形"的条件，但考虑到$n=3, 4$时的分割中并未含有等腰直角三角形，归纳起点应选择为$n=5$. 在证法 2 中，我们并不强求k到$k+1$的过渡，而是利用顶角为120°的等腰三角形的特殊性，设计了一种跨度为 2 的归纳过渡方式.

例 6.13 设$2n\,(n\geqslant 3)$个实数$a_1, a_2, \cdots, a_n$; $b_1, b_2, \cdots, b_n$满足条件:

(1) $a_1+a_2+\cdots+a_n=b_1+b_2+\cdots+b_n$;

(2) $0<a_1=a_2,\ a_i+a_{i+1}=a_{i+2}\ (i=1, 2, \cdots, n-2)$;

(3) $0<b_1\leqslant b_2,\ b_i+b_{i+1}\leqslant b_{i+2}\ (i=1, 2, \cdots, n-2)$.

证明：$a_{n-1}+a_n\leqslant b_{n-1}+b_n$.

证明 将条件(1)放宽为(1)′: $a_1+a_2+\cdots+a_n\leqslant b_1+b_2+\cdots+b_n$，并从$n=1$开

始对 n 进行归纳.

约定 $a_0=b_0=0$. 当 $n=1,2$ 时, 结论显然成立.

假设当 $n=k-1,k$ (k 为某个不小于 2 的整数)时结论成立, 考虑 $n=k+1$ 的情形.

若 $a_1+a_2+\cdots+a_{k-1}>b_1+b_2+\cdots+b_{k-1}$, 注意到(1)′, 则有 $a_k+a_{k+1}<b_k+b_{k+1}$.

若 $a_1+a_2+\cdots+a_{k-1}\leqslant b_1+b_2+\cdots+b_{k-1}$, 由于 $a_1,\cdots,a_{k-1};b_1,\cdots,b_{k-1}$ 满足 $n=k-1$ 情形下的(1)′, (2), (3), 由归纳假设可知 $a_{k-2}+a_{k-1}\leqslant b_{k-2}+b_{k-1}$, 从而

$$a_k=a_{k-2}+a_{k-1}\leqslant b_{k-2}+b_{k-1}\leqslant b_k.$$

又此时 $a_1+a_2+\cdots+a_k\leqslant b_1+b_2+\cdots+b_k$, 再注意 $a_1,\cdots,a_k;b_1,\cdots,b_k$ 满足 $n=k$ 情形下的(1)′, (2), (3), 故由归纳假设可知 $a_{k-1}+a_k\leqslant b_{k-1}+b_k$, 从而

$$a_{k+1}=a_{k-1}+a_k\leqslant b_{k-1}+b_k\leqslant b_{k+1}.$$

因此亦有 $a_k+a_{k+1}\leqslant b_k+b_{k+1}$.

综上可知当 $n=k+1$ 时结论也成立. 因此结论对一般的正整数 n 均成立.

注　上述证法中, 将条件(1)削弱为(1)′后, 归纳过渡更易于进行. 在数学归纳法证明命题时, "削弱条件"与"加强结论"的效果异曲同工.

苏联数学家辛钦曾指出: "在数学归纳法的证明中, 假设命题当 $n-1$ 时成立, 再来证明它当 n 时也成立, 因此, 命题越强, 在 $n-1$ 的情况下所给的条件也越多, 而对于数 n, 要证明的东西也越多, 但是在许多问题中, 条件较多显得更为重要." 上述三例从不同侧面体现了这一点. 将一个命题的结论加强, 不能仅看到困难的增加, 同时也要看到归纳过渡时可借之力的加强.

例 6.14　设 $a,b,c,d\geqslant 1$. 证明: $8(abcd+1)\geqslant(a+1)(b+1)(c+1)(d+1)$.

证明　将原命题一般化为: 对任意正整数 $n\geqslant 2$, 当 $a_1,a_2,\cdots,a_n\geqslant 1$ 时, 有

$$2^{n-1}(a_1a_2\cdots a_n+1)\geqslant(a_1+1)(a_2+1)\cdots(a_n+1).$$

将这一命题记为 $P(n)$.

当 $n=2$ 时, 因为

$$2(a_1a_2+1)\geqslant(a_1+1)(a_2+1)\Leftrightarrow(a_1-1)(a_2-1)\geqslant 0,$$

故 $P(2)$ 成立.

假设 $P(k)$ (k 为某个不小于 2 的整数)成立, 则当 $n=k+1$ 时, 利用归纳假设及 $P(2)$ 得

$$(a_1+1)\cdots(a_k+1)(a_{k+1}+1)\leqslant 2^{k-1}(a_1a_2\cdots a_k+1)(a_{k+1}+1)$$
$$\leqslant 2^k(a_1\cdots a_k a_{k+1}+1),$$

故 $P(k+1)$ 也成立.

所以对任意正整数 $n\geqslant 2$，$P(n)$ 均成立. 特别地，$P(4)$ 成立，即原题得证.

注 有时一个命题 P 表面上是孤立的，但实际上可视为一系列命题 $P(1),P(2),\cdots$ 中的某个特殊命题 $P(m)$，此时可以将命题 $P=P(m)$ 纳入数学归纳法的证明过程中.

例 6.15 用 $f(n)$ 表示正整数 n 所含的素因子 2 的次数(例如，$f(12)=2$，$f(5)=0$)，已知数列 $\{a_n\}$ 满足

$$a_1=1,\quad a_{n+1}=\frac{1}{1+2f(n+1)-a_n}\ (n\in\mathbf{N}^*).$$

证明：对任意正整数 m，均有 $a_{2^m-1}=m$.

证明 利用递推关系计算得 $\{a_n\}$ 的前若干项如下：

$$1,\frac{1}{2},2,\frac{1}{3},\frac{3}{2},\frac{2}{3},3,\frac{1}{4},\frac{4}{3},\frac{3}{5},\frac{5}{2},\frac{2}{5},\frac{5}{3},\frac{3}{4},4,\frac{1}{5},\cdots.$$

以下证明对任意正整数 n，有

$$a_{2n+1}=a_n+1.\qquad ①$$

当 $n=1$ 时，$a_3=2=a_1+1$，显然成立.

假设当 $n=k$ 时①式成立. 由 $f(n)$ 的定义知 $f(2k+2)=f(k+1)+1$，结合 $\{a_n\}$ 的递推关系及归纳假设，得

$$\frac{1}{a_{2k+2}}=1+2f(2k+2)-a_{2k+1}=1+2(f(k+1)+1)-(a_k+1)$$
$$=(1+2f(k+1)-a_k)+1=\frac{1}{a_{k+1}}+1,$$

进而又有

$$a_{2k+3}=\frac{1}{1+2f(2k+3)-a_{2k+2}}=\frac{1}{1-a_{2k+2}}=\frac{1}{1-\dfrac{a_{k+1}}{a_{k+1}+1}}=a_{k+1}+1.$$

因此当 $n=k+1$ 时①式也成立.

所以①式对任意正整数 n 成立. 特别地，对任意正整数 m，有

$$a_{2^m-1}=a_{2^{m-1}-1}+1=a_{2^{m-2}-1}+2=\cdots=a_1+(m-1)=m.$$

注 1　本题中，我们归纳证明更一般的性质 $a_{2n+1}=a_n+1$，它既蕴含本题的结论，又使归纳过渡可以进行(相比之下，若直接对原结论中的 m 作归纳，则难以实现归纳过渡).

注 2　若记命题 $P(n)$: $a_{2n+1}=a_n+1$，$Q(n)$: $\frac{1}{a_{2n+2}}=\frac{1}{a_{n+1}}+1$，则上述证明过程表现为

$$P(1)\to Q(1)\to P(2)\to Q(2)\to P(3)\to Q(3)\to\cdots$$

这种“螺旋归纳”的形式，而螺旋归纳又可以看作“联合归纳”

$$\begin{cases}P(1),\\Q(1)\end{cases}\to\begin{cases}P(2),\\Q(2)\end{cases}\to\begin{cases}P(3),\\Q(3)\end{cases}\to\cdots$$

的一种特殊情形.

联合归纳常用于对两个或多个关于正整数 n 的命题同时进行证明的场合. 此外，联合归纳亦可作为“加强命题”的一种方式：在证明某个命题 $P(n)$ 时，如果归纳过渡的过程较为复杂(甚至难以实现)，那么可以尝试引入一个或多个辅助命题，对这些命题进行联合归纳证明，以使 $P(k)\to P(k+1)$ 在归纳过渡中的困难得到分散或易化.

注 3　本题中的数列 $\{a_n\}$ 是全体正有理数的一个排列(即每个正有理数在 $\{a_n\}$ 中恰好出现一次). 有兴趣的读者可尝试证明这一结论.

习　题　6

1. (1) 证明：对任意正整数 n，有 $1^3+2^3+\cdots+n^3=\frac{n^2(n+1)^2}{4}$.

(2) 数列 $\{a_n\}$ 的各项均为正数，且对任意正整数 n，均有 $\sum_{i=1}^{n}a_i^3=\left(\sum_{i=1}^{n}a_i\right)^2$. 证明：$a_n=n$.

2. 证明：每个正整数 $n(n\geqslant 8)$ 均可表示为 $3u+5v$ 的形式，其中 u,v 为非负整数.

3. 用 $f(n)$ 表示正整数 n 的最大奇约数(例如，$f(4)=1$, $f(15)=15$). 证明：对任意正整数 n，均有 $f(n+1)+f(n+2)+\cdots+f(2n)=n^2$.

4. 设 p,q 为整数，z_1,z_2 为一元二次方程 $z^2+pz+q=0$ 的两根. 证明：对任意正整数 n，均有 $z_1^n+z_2^n$ 为整数.

5. 将 2×2 方格表中的任意一个小方格挖去，剩下的部分称为一个“角形”. 证明：对任意正整数 n，在 $2^n\times 2^n$ 方格表 Ω_n 上任意挖去一个小方格后，剩下的部分总可以被 $\dfrac{2^{2n}-1}{3}$ 个角形无重叠地覆盖.

6. 证明：对任意正整数 n，均有 $2^n+2>n^2$.

7. 用反向数学归纳法证明：对任意正整数 $n\geqslant 2$，若 $\alpha_1,\alpha_2,\cdots,\alpha_n\in(0,\pi)$，则

$$\frac{\sin\alpha_1+\sin\alpha_2+\cdots+\sin\alpha_n}{n}\leqslant\sin\frac{\alpha_1+\alpha_2+\cdots+\alpha_n}{n}.$$

8. 设实数 $a\in(0,1)$. 数列 $\{x_n\}$ 满足 $x_0=1$，且对任意正整数 n，均有 $x_n=\dfrac{1}{x_{n-1}}+a$. 证明：对任意正整数 n，有 $x_n>1$.

9. 数列 $\{a_n\},\{b_n\}$ 满足

$$a_1=3,\ a_{n+1}=3^{a_n}\ (n\in\mathbf{N}^*);\quad b_1=8,\ b_{n+1}=8^{b_n}\ (n\in\mathbf{N}^*).$$

对每个正整数 n，记命题 $P(n)$: $a_{n+1}>b_n$.

试选取一个适当的常数 $\lambda>1$，将命题 $P(n)$ 加强为 $Q(n)$: $a_{n+1}>\lambda b_n$，并用数学归纳法证明：对任意正整数 n，均有 $Q(n)$ 成立(进而 $P(n)$ 成立).

10. 对每个正整数 n，记 A_n 是满足 $a_1=1,\ a_{i+1}\leqslant a_i+1\,(i=1,2,\cdots,n)$ 的 n 元有序正整数组 $(a_1,a_2,\cdots,a_n)$ 的全体. 证明：对任意正整数 n，均有

$$\sum_{(a_1,\cdots,a_n)\in A_n}a_1a_2\cdots a_n=(2n-1)!!,$$

这里 $N!!$ 表示不超过正整数 N 且与 N 奇偶性相同的所有正整数之积.

第 7 章　初等代数解题方法选讲

初等代数是中学数学课程中所占权重最大的一部分内容，其知识的系统性强，覆盖面较广．在数学竞赛问题中，初等代数所涉及的知识更为广泛，在解题方法与技巧上的要求也有进一步提高．

本章选择变量代换、局部调整、放缩法这三个主题进行介绍．

变量代换是一种转化问题的常用手段，在初等代数中的运用尤为普遍，而在数学竞赛问题中，随着方法与能力要求的拓展，其表现形式更为灵活多样，7.1 节通过一些典型例子进行展示．

局部调整，简而言之是一种“对局部进行调整，以达到整体目标”的处理问题的思想方法，在数学的各个领域中有广泛的体现．限于主题和篇幅，7.2 节仅介绍其在初等代数中的应用，主要涉及最值和不等式方面的问题．

放缩法是证明不等关系的一种常用方法，主要通过一个或多个中间量的过渡，来达到比较两个数的大小的目的．中间量的合理选择常常是解题的关键，有时表现出很强的技巧性，7.3 节选择一些代表性的例子进行介绍．

7.1　变量代换

变量代换是一种常用的转化问题的方法．在初等代数中，变量代换的应用广泛地体现在方程、不等式、函数、数列等各类问题中．变量代换的形式多种多样．合理的代换往往可以简化题目中的信息，沟通量与量之间的关系，或是促进问题的转化，将某一系统中的问题对应到另一个更熟悉的系统中去解决，这些对优化解题过程有着重要的作用．

例 7.1　设正实数 a, b, c 均不为 1，且满足

$$\begin{cases}\log_a(bc)+\log_b c=5,\\ \log_b a+\log_c b=3.\end{cases}$$

求 $\log_c a$ 的值．

解　作代换 $\log_a b=x,\ \log_b c=y$，则由对数运算性质可知

$$\log_b a=\frac{1}{x},\quad \log_c b=\frac{1}{y},\quad \log_a(bc)=\log_a b+\log_a b\cdot\log_b c=x+xy,$$

从而题中条件可简化为

$$\begin{cases}x+xy+y=5,\\ \dfrac{1}{x}+\dfrac{1}{y}=3.\end{cases}$$

后一式等价于 $x+y=3xy$，代入前一式得 $4xy=5$. 因此

$$\log_c a=\log_c b\cdot\log_b a=\frac{1}{xy}=\frac{4}{5}.$$

注 题目中出现了多达 5 个不同的对数式，但熟悉对数运算法则的话，容易看出它们都是关于 $\lg a, \lg b, \lg c$ 的零次齐次式，故仅需引入两个基本量便可描述整个问题. 这启发我们引入变量代换 $\log_a b=x, \log_b c=y$ 来处理问题.

例 7.2 设 $x, y, z>0$，且 $xyz+x+y=z$，求 $S=\dfrac{1}{x^2+1}+\dfrac{1}{y^2+1}-\dfrac{1}{\sqrt{z^2+1}}$ 的最大值.

解 由条件得 $(1-xy)z=x+y\,(\neq 0)$，所以 $z=\dfrac{x+y}{1-xy}$.

由于 $x, y>0$，可作代换 $x=\tan\alpha$, $y=\tan\beta$，其中 α, β 为锐角，则

$$z=\frac{\tan\alpha+\tan\beta}{1-\tan\alpha\tan\beta}=\tan(\alpha+\beta),$$

由 $z>0$ 知 $\alpha+\beta$ 为锐角. 因此

$$\begin{aligned}S&=\frac{1}{\tan^2\alpha+1}+\frac{1}{\tan^2\beta+1}-\frac{1}{\sqrt{\tan^2(\alpha+\beta)+1}}\\&=\cos^2\alpha+\cos^2\beta-\cos(\alpha+\beta)\\&=\frac{1+\cos 2\alpha}{2}+\frac{1+\cos 2\beta}{2}-\cos(\alpha+\beta)\\&=1+\cos(\alpha+\beta)\cos(\alpha-\beta)-\cos(\alpha+\beta)\\&=1-\cos(\alpha+\beta)\cdot(1-\cos(\alpha-\beta))\leqslant 1,\end{aligned}$$

其中当 $\alpha=\beta\in\left(0,\dfrac{\pi}{4}\right)$ 时 (相应地有 $x=y\in(0,1)$, $z=\dfrac{2x}{1-x^2}$)，等号成立.

因此 S 的最大值为 1.

注　本题中，代数式 $xyz+x+y=z$ 与两角和的正切公式结构相似，结合 S 的表达式中 $\frac{1}{x^2+1}$，$\frac{1}{y^2+1}$，$\frac{1}{\sqrt{z^2+1}}$ 的结构特征，考虑正切代换，将代数系统中的问题转化到三角系统中去解决.

例 7.3　设 a 为给定实数. 数列 $\{a_n\}$ 满足 $a_1=a$，且对任意正整数 n，有 $a_{n+1}=a_n^2-2$.

(1) 当 $|a|\geqslant 2$ 时，求 $\{a_n\}$ 的通项公式；

(2) 当 $|a|<2$ 时，求 $\{a_n\}$ 的通项公式.

解　(1) 注意到 $|a|\geqslant 2$，可取一个实数 t 满足 $a=t+\frac{1}{t}$，例如，$t=\frac{a+\sqrt{a^2-4}}{2}$. 以下证明对任意正整数 n，有

$$a_n=t^{2^{n-1}}+\frac{1}{t^{2^{n-1}}}. \qquad ①$$

当 $n=1$ 时，$a_1=a=t+\frac{1}{t}$，①式成立.

假设对某个正整数 k，已有 $a_k=t^{2^{k-1}}+\frac{1}{t^{2^{k-1}}}$，那么由递推关系知

$$a_{k+1}=\left(t^{2^{k-1}}+\frac{1}{t^{2^{k-1}}}\right)^2-2=t^{2^k}+\frac{1}{t^{2^k}}.$$

由数学归纳法知①式对任意正整数 n 都成立.

当 $t=\frac{a+\sqrt{a^2-4}}{2}$ 时，$\frac{1}{t}=\frac{a-\sqrt{a^2-4}}{2}$，所以 $\{a_n\}$ 的通项公式为

$$a_n=\left(\frac{a+\sqrt{a^2-4}}{2}\right)^{2^{n-1}}+\left(\frac{a-\sqrt{a^2-4}}{2}\right)^{2^{n-1}}.$$

(2) 注意到 $|a|<2$，可取一个虚数 t 满足 $a=t+\frac{1}{t}$，例如，$t=\frac{a+\sqrt{4-a^2}\cdot \mathrm{i}}{2}$，仿照(1)的推导可知 $\{a_n\}$ 的通项公式为

$$a_n=t^{2^{n-1}}+\frac{1}{t^{2^{n-1}}}=\left(\frac{a}{2}+\frac{\sqrt{4-a^2}}{2}\cdot \mathrm{i}\right)^{2^{n-1}}+\left(\frac{a}{2}-\frac{\sqrt{4-a^2}}{2}\cdot \mathrm{i}\right)^{2^{n-1}}. \qquad ②$$

注 1　本题中，由递推式的结构特征可联想到 $x^2+\frac{1}{x^2}=\left(x+\frac{1}{x}\right)^2-2$ 这一

恒等式. 因此引入变量代换 $a=t+\dfrac{1}{t}$，使递推关系得到更简单的刻画.

注 2 在第(2)题中，通项公式②含有虚数，但其计算结果为实数. 这里关于第(2)题的求解再作一些说明. 实际上，解答中所取的 $t=\dfrac{a+\sqrt{4-a^2}\cdot\mathrm{i}}{2}$ 的模为 1，故可表示成三角形式 $t=\cos\theta+\mathrm{i}\sin\theta$，其中 $\theta=\arccos\dfrac{a}{2}$，由复数乘方的运算法则知 $t^k=\cos k\theta+\mathrm{i}\sin k\theta\,(k\in\mathbf{Z})$，从而亦可将②式转换为实数形式

$$\begin{aligned}a_n&=(\cos(2^{n-1}\theta)+\mathrm{i}\sin(2^{n-1}\theta))+(\cos(-2^{n-1}\theta)+\mathrm{i}\sin(-2^{n-1}\theta))\\&=2\cos(2^{n-1}\theta)=2\cos\left(2^{n-1}\arccos\frac{a}{2}\right).\end{aligned} \quad ③$$

当然，在实际求解中，也可以由递推式的结构特征直接联想到三角代换 $a=2\cos\theta$，进而发现通项公式③.

例 7.4 设 a,b,c 中任意两数之和大于第三个数. 证明:

$$2(a^2b+b^2c+c^2a)\geqslant ab^2+bc^2+ca^2+3abc.$$

证明 令 $x=\dfrac{b+c-a}{2}, y=\dfrac{c+a-b}{2}, z=\dfrac{a+b-c}{2}$，由条件知 $x,y,z>0$，且易验证

$$a=y+z,\quad b=z+x,\quad c=x+y. \quad ①$$

分别用 L 和 R 表示原不等式的左边和右边. 将①代入原不等式，并化简得

$$L=2(x^3+y^3+z^3)+4(x^2y+y^2z+z^2x)+6(xy^2+yz^2+zx^2)+12xyz,$$

$$R=(x^3+y^3+z^3)+6(x^2y+y^2z+z^2x)+5(xy^2+yz^2+zx^2)+12xyz.$$

因此有

$$\begin{aligned}L-R&=(x^3+y^3+z^3)+(xy^2+yz^2+zx^2)-2(x^2y+y^2z+z^2x)\\&=(x^3-2x^2y+xy^2)+(y^3-2y^2z+yz^2)+(z^3-2z^2x+zx^2)\\&=x(x-y)^2+y(y-z)^2+z(z-x)^2\geqslant 0,\end{aligned}$$

从而原不等式得证.

注 本题中，a,b,c 之间的约束条件较为复杂，不易直接看出如何运用. 但受约束条件结构的启发，可以引入变量代换①，将条件简化为 $x,y,z>0$，且同时并未造成不等式结构的复杂化，这样有利于问题的解决. 需要指出，

在证明三角形三边 a,b,c 之间的不等关系时，①式是一种常用的代换.

例 7.5 设复数 u, v 满足

$$|u+v|=|uv+1|, \quad |uv+5u+5v+1|\leqslant 3\cdot|u+1|\cdot|v+1|.$$

证明：u, v 中必有一个数等于 1.

证明 作代换 $u+v=s, uv+1=t$，则

$$uv+5u+5v+1=5s+t, \quad (u+1)(v+1)=s+t,$$

又 $|u+1|\cdot|v+1|=|(u+1)(v+1)|$，故条件可改写为

$$|s|=|t|, \tag{①}$$

$$|5s+t|\leqslant 3\cdot|s+t|. \tag{②}$$

而结论等价于 $(u-1)(v-1)=0$，即 $s=t$.

至此原问题已转化为：设复数 s, t 满足①和②，证明 $s=t$.

根据①式，记 $A=|s|^2=|t|^2$，并记 $B=\dfrac{1}{2}(s\overline{t}+\overline{s}t)$.

将②式两边平方可知

$$25A+10B+A=|5s+t|^2\leqslant 9\cdot|s+t|^2=9(A+2B+A),$$

化简得 $A\leqslant B$. 于是

$$|s-t|^2=A-2B+A=2(A-B)\leqslant 0,$$

故只能是 $s=t$. 结论得证.

注 本题中，引入代换 $u+v=s, uv+1=t$ 的出发点是简化约束条件的描述，凸显其基本结构(原条件被简化为上述证明中的①和②)，与此同时，发现结论的形式也得到了简化，总体而言问题就化难为易了.

7.2 局部调整

所谓局部调整，是指这样一种处理问题的思想方法：暂时固定问题中的一些可变因素，研究另一些可变因素对问题的影响(包括操作这些可变因素)，使问题的解决取得局部的进展，再通过局部成果的累积和扩大，一步一步向目标靠近，最终使整个问题得以解决.

在初等代数中，局部调整是求最值和证明不等式的一种典型方法，其主

要精神是对一般的情形进行逐步优化, 并归结为讨论少数几类特殊的、规则的情形, 使问题便于解决.

例 7.6 设 A,B,C 是任意三角形的三个内角, 求 $S=\sin A+\sin B\cdot\sin C$ 的最大值.

解 第 1 步: 暂时固定 A, 考虑 B,C 变化时 S 的最大值 $S(A)$.

注意到

$$\sin B\sin C=\frac{\cos(B-C)-\cos(B+C)}{2}\leqslant\frac{1-\cos(B+C)}{2}=\frac{1+\cos A}{2},$$

当 $B=C=\frac{\pi-A}{2}$ 时等号成立. 因此当固定 A 时, S 的最大值为

$$S(A)=\sin A+\frac{1+\cos A}{2}.$$

第 2 步: 考虑 A 变化时 $S(A)$ 的最大值.

事实上,

$$S(A)=\frac{\sqrt{5}}{2}\left(\frac{2}{\sqrt{5}}\sin A+\frac{1}{\sqrt{5}}\cos A\right)+\frac{1}{2}=\frac{\sqrt{5}}{2}\sin(A+\varphi)+\frac{1}{2},$$

其中 $\varphi=\arctan\frac{1}{2}$. 当 $\sin(A+\varphi)=1$, 即 $A=\arctan 2$ 时, $S(A)$ 取到最大值 $\frac{\sqrt{5}}{2}+\frac{1}{2}$.

综合上述两步, 可知当 $A=\arctan 2, B=C=\frac{\pi-A}{2}$ 时, S 取到最大值 $\frac{\sqrt{5}}{2}+\frac{1}{2}$.

注 如果将一般形状的 $\triangle ABC$ 的全体记为 P_0, 满足 $B=C$ 的 $\triangle ABC$ 的全体记为 P_1, P_1 中进一步满足 $A=\arctan 2$ 的 $\triangle ABC$ 的全体记为 P_2, 那么本题的调整过程可以从几何上描述为: 将 P_0 中的状态先调整到 P_1 中的状态, 再调整到 P_2 中的状态. 对任意 $\triangle ABC$ 而言, 两步调整都保持函数值 S 不变小(即作了优化), 而调整的"终点"(即 P_2 中的状态)所对应的 S 值容易求得为 $\frac{\sqrt{5}}{2}+\frac{1}{2}$. 于是, 通过这一调整优化的过程, 既证明了 $\frac{\sqrt{5}}{2}+\frac{1}{2}$ 是一般情形下 S 的上界, 也同时实现了这一上界值.

例 7.7 设 $a,b,c\in[-1,2]$, 求 $S=a+b+c-abc$ 的最大值与最小值.

解 暂时固定 b,c, 将 S 看成 a 的函数

$$\varphi(a)=(1-bc)a+b+c.$$

注意到 $\varphi(a)$ 为一次函数或常值函数, 故当 $a\in[-1,2]$ 时, $\varphi(a)$ 的最大值与

最小值必会在 $\varphi(-1), \varphi(2)$ 中产生. 换言之, 在考虑 S 的最值时, 可将 a 调整到边界值 -1 或 2 而不影响结果.

类似地, 可逐步将 b, c 也调整到边界值 -1 或 2.

从而仅需考察 $a, b, c \in \{-1, 2\}$ 的情形.

当 a, b, c 都取 -1 时, $S=-2$;

当 a, b, c 中两个取 -1、一个取 2 时, $S=-2$;

当 a, b, c 中一个取 -1、两个取 2 时, $S=7$;

当 a, b, c 都取 2 时, $S=-2$.

综上, S 的最大值为 7, 最小值为 -2.

注　本题中, 利用 S 的表达式关于每个变量 a, b, c 的线性结构, 通过局部调整, 可将无穷多种 (a, b, c) 的取值情形归结为少数几个取边界值的特殊情形, 再分别计算这些情形下的 S 值, 从中选出最大的与最小的即可.

例 7.8　设正整数 $n \geqslant 3$. 若正实数 $a_1, a_2, \cdots, a_n$ 满足 $a_1+a_2+\cdots+a_n=n$, 求 $S=a_1a_2\cdots a_n$ 的最大值, 并确定 S 取最大值时 $a_1, a_2, \cdots, a_n$ 所满足的充要条件.

解　若 $a_1, a_2, \cdots, a_n$ 全为 1, 则 $S=1$.

以下设 $a_1, a_2, \cdots, a_n$ 不全为 1, 要证明必有 $S<1$.

事实上, 此时必存在 $i, j \in \{1, 2, \cdots, n\}$, 使得 $a_i<1<a_j$.

将 a_i, a_j 分别调整为 $a_i'=a_i+a_j-1, a_j'=1$, 其他 $n-2$ 个 $a_k (k \neq i, j)$ 暂时固定, 即对任意 $k \in \{1, 2, \cdots, n\}, k \neq i, j$, 令 $a_k'=a_k$.

调整后 $a_1', a_2', \cdots, a_n'$ 之和仍为 n, 且 $a_1', a_2', \cdots, a_n'$ 中含有至少一个 1. 由于

$$a_i'a_j'-a_ia_j=a_i+a_j-1-a_ia_j=(1-a_i)(a_j-1)>0,$$

即 $a_i'a_j'>a_ia_j$, 故

$$S'=a_1'a_2'\cdots a_n'>a_1a_2\cdots a_n=S.$$

若 $a_1', a_2', \cdots, a_n'$ 不全为 1, 则仿照上面的调整方式, 继续选择一个小于 1 的数 a_s' 与一个大于 1 的数 a_t', 将它们调整为 $a_s'+a_t'-1$ 与 1, 得到一组和为 n 的数 $a_1'', a_2'', \cdots, a_n''$, 其中含有至少两个 1, 并且 $S''=a_1''a_2''\cdots a_n''>S'>S$.

以此类推, 这样的调整过程至多重复 $n-1$ 次, 可使 n 个数全为 1, 而每一次调整后, n 个数的乘积变大. 由于调整的终止时刻 n 个数的乘积为 1, 所以初始时刻 $a_1, a_2, \cdots, a_n$ 的乘积 $S<1$.

综上可知, 当且仅当 $a_1=a_2=\cdots=a_n=1$ 时, S 取到最大值 1.

注 本题的结论是n元平均值不等式的一种代表性的情形. 采用局部调整来求解本题, 实际上也是在展示n元平均值不等式的一种证明方法.

容易预料到, 使$a_1a_2\cdots a_n$取最大值的唯一情形是$a_1=a_2=\cdots=a_n=1$, 故将此情形作为调整的目标状态, 试图对一般情形进行逐步优化并达到这一目标状态. 上述调整操作的特点是: 在保持n个数的乘积值单调增加的情况下, 每次调整使n个数中“1”的个数增加, 即整个调整过程使得当前状态与目标状态的差异在不断缩小. 因此, 这种调整操作的方式也被形象地称为“磨光变换”.

例 7.9 设a,b,c是任意 3 个互不相同的非负实数, 满足

$$\frac{1}{(a-b)^2}+\frac{1}{(b-c)^2}+\frac{1}{(c-a)^2}=1.$$

求$S=ab+bc+ca$的最小值.

解 由对称性, 不妨设$a>b>c$.

若$c>0$, 则保持a,b,c两两之间的差不变, 将a, b, c分别减小为

$$a'=a-c,\quad b'=b-c,\quad c'=c-c=0,$$

则

$$\frac{1}{(a'-b')^2}+\frac{1}{(b'-c')^2}+\frac{1}{(c'-a')^2}=\frac{1}{(a-b)^2}+\frac{1}{(b-c)^2}+\frac{1}{(c-a)^2}=1,$$

并且

$$S'=a'b'+b'c'+c'a'<ab+bc+ca<S.$$

因此, 为求S的最小值, 仅需考虑$a>b>c=0$的情形. 此时

$$S=ab=ab\cdot\left(\frac{1}{(a-b)^2}+\frac{1}{b^2}+\frac{1}{(-a)^2}\right)=\frac{1}{\frac{a}{b}+\frac{b}{a}-2}+\frac{a}{b}+\frac{b}{a}. \qquad ①$$

令$t=\frac{a}{b}+\frac{b}{a}-2$, 由$a>b>0$知$t>0$, 于是由①得

$$S=\frac{1}{t}+t+2\geqslant 4.$$

当$t=1$时上述不等式取等号, 此时$\frac{a}{b}=\frac{3+\sqrt{5}}{2}$, 结合$\frac{1}{(a-b)^2}+\frac{1}{b^2}+\frac{1}{(-a)^2}=1$, 可得到$a=\sqrt{5}+1,\ b=\sqrt{5}-1$. 这表明$S$可以取到 4.

综上所述, S的最小值为 4.

注　本题中，通过调整使 a,b,c 中有一个数变为 0，第一时间内降低了求解的复杂度. 如果不进行这样的调整，很难想到如何简单有效地处理问题.

例 7.10　给定正整数 n. 设 $a_1,a_2,\cdots,a_n>0$，满足：对任意 $k=1,2,\cdots,n$，有

$$a_1+a_2+\cdots+a_k\leqslant k^2. \quad ①$$

记 $S=\dfrac{1}{a_1}+\dfrac{1}{a_2}+\cdots+\dfrac{1}{a_n}$. 证明：$S\geqslant 1+\dfrac{1}{3}+\cdots+\dfrac{1}{2n-1}$.

证明　设一组正数 $(a_1,a_2,\cdots,a_n)$ 满足条件. 定义

$$A=\{i\,|\,1\leqslant i\leqslant n, a_i<2i-1\},\quad B=\{j\,|\,1\leqslant j\leqslant n, a_j>2j-1\}.$$

当 $B=\varnothing$ 时，结论显然成立.

当 $B\neq\varnothing$ 时，对这组数进行调整. 设 j 为 B 的最小元素. 由于

$$\sum_{i=1}^{j}(a_i-(2i-1))=\left(\sum_{i=1}^{j}a_i\right)-j^2\leqslant 0,$$

而 $a_j-(2j-1)>0$，故 $j\geqslant 2$，且 $A\cap\{1,2,\cdots,j-1\}\neq\varnothing$. 取 $i(i<j)$ 为 A 的最小元素.

令 $d=\min\{2i-1-a_i, a_j-2j+1\}>0$，现将 a_i,a_j 分别调整为 $a_i'=a_i+d, a_j'=a_j-d$，则有

$$\frac{1}{a_i'}+\frac{1}{a_j'}-\left(\frac{1}{a_i}+\frac{1}{a_j}\right)=\left(\frac{1}{a_j-d}-\frac{1}{a_j}\right)-\left(\frac{1}{a_i}-\frac{1}{a_i+d}\right)$$

$$=d\left(\frac{1}{(a_j-d)a_j}-\frac{1}{a_i(a_i+d)}\right)<0, \quad ②$$

最后一步是因为 $0<a_i<a_i+d\leqslant 2i-1<2j-1\leqslant a_j-d<a_j$.

为方便叙述，将 a_i',a_j' 仍称为 a_i,a_j (区别于该步调整之前的 a_i,a_j). 由②式可知调整后 $S=\dfrac{1}{a_1}+\dfrac{1}{a_2}+\cdots+\dfrac{1}{a_n}$ 的值变小. 这表明调整过程中，S 的值单调递减.

调整后，由于仍保持 $a_i\leqslant 2i-1(1\leqslant i<j)$，故对任意 $k<j$，①式成立；而对任意 $k\geqslant j$，①式左边不变，从而①式仍成立. 这表明调整时约束条件总是得以保持.

调整后，或是 a_i 变成 $2i-1$ (从而使 A 的最小元素变大，或 A 变为空集)，或是 a_j 变成 $2j-1$ (从而使 B 的最小元素变大，或 B 变为空集)，因此这样的调整会在有限步内结束，结束时必有 $B=\varnothing$.

综上可知结论成立.

注　本题中，可行的局部调整方式并不唯一，但无论采用何种方式，均

需要对以下几点有所保证:

(1) 每一步调整均可明确地实行;

(2) 每一步调整后的状态仍满足问题的约束条件;

(3) 调整过程中, 目标量(本题中为 S)具有所需的单调性;

(4) 调整过程可以在有限步内完成.

这些也是局部调整法求解最优化问题时一般的注意要点(读者不妨回顾并体会一下前面的几例如何保证上述几点). 当然, 能否成功解决一个问题, 还依赖于调整完成后的状态是否易于求得最优值, 因此局部调整法并非在任何情况下都有效.

7.3 放 缩 法

放缩法是证明不等关系的一种常用方法. 可以通过展示“把 A 放大到 B”或“把 B 缩小到 A”的过程, 来证明一个不等式 $A\leqslant B$.

具体证明时, 常常可以借助中间量来进行, 例如, 先将 A 放大到 A', 再对 A' 与 B 进行比较. 此时, 若能证明 $A'\leqslant B$, 则通过中间量 A' 的传递, 可知 $A\leqslant A'\leqslant B$, 从而结论得证. 在实际的思考过程中, 将 A 放大到 A' 这一步常常依赖于两个基本动机: 其一, 从代数式的结构上看, A' 比 A 更为简单或更易于同 B 进行比较; 其二, 从数值变化上看, 从 A 放大到 A' 的幅度相对小, 因此加强后的不等式 $A'\leqslant B$ 仍是有望得到证明的. 这里, 中间量 A' 的选择通常需要综合考虑放缩的精度和结构的简化, 选择的方式往往不是唯一的.

在更一般的模式下, 可以对 A 进行不止一次放大, 或对 B 进行不止一次缩小, 即

$$A=A_0\leqslant A_1\leqslant A_2\leqslant\cdots,$$
$$B=B_0\geqslant B_1\geqslant B_2\geqslant\cdots,$$

只要任何一个不等式 $A_i\leqslant B_j$ 得到证明, 就有

$$A\leqslant\cdots\leqslant A_i\leqslant B_j\leqslant\cdots\leqslant B.$$

例 7.11 设 $0\leqslant a\leqslant 1$. 证明: $2a+\sqrt{1-a^2}\geqslant 2\sqrt{a}$.

证明 由 $0\leqslant a\leqslant 1$ 知 $\sqrt{1-a^2}\geqslant 1-a^2\geqslant 1-a$, 从而

$$2a+\sqrt{1-a^2}\geqslant 2a+(1-a)=a+1\geqslant 2\sqrt{a}.$$

注 在无理不等式的证明中, 常规的思路是先通过等价变形简化不等式.

相比之下，放缩法没有固定的套路，更难把握一些，但如果运用得当，会产生意想不到的效果. 在上述证法中，$a+1$ 是一个合适的中间量. 事实上，将原不等式两边分别与 $a+1$ 进行比较(左边缩小到 $a+1$，右边放大到 $a+1$)，比直接证明原不等式更容易处理.

例 7.12　设 $S_n=\frac{1}{\sqrt{1}}+\frac{1}{\sqrt{2}}+\cdots+\frac{1}{\sqrt{n}}(n\in\mathbf{N}^*)$. 证明：对任意整数 $n\geqslant 2$，有

$$2\left(\sqrt{n+1}-1\right)<S_n<2\sqrt{n}-1.$$

证明　对任意正整数 k，有 $\frac{\sqrt{k}+\sqrt{k-1}}{2}<\sqrt{k}<\frac{\sqrt{k+1}+\sqrt{k}}{2}$. 所以

$$S_n>\sum_{k=1}^{n}\frac{2}{\sqrt{k+1}+\sqrt{k}}=\sum_{k=1}^{n}2\left(\sqrt{k+1}-\sqrt{k}\right)=2\left(\sqrt{n+1}-1\right),$$

且当 $n\geqslant 2$ 时，

$$S_n<1+\sum_{k=2}^{n}\frac{2}{\sqrt{k}+\sqrt{k-1}}=1+\sum_{k=2}^{n}2\left(\sqrt{k}-\sqrt{k-1}\right)=2\sqrt{n}-1.$$

注 1　本题中，分别用 $\frac{2}{\sqrt{k+1}+\sqrt{k}}$ 与 $\frac{2}{\sqrt{k}+\sqrt{k-1}}$ 作为 S_n 中每一项 $\frac{1}{\sqrt{k}}$ 的下界与上界，其目的是便于对 k 求和. 但在证明右侧不等式时，发现若将 $\frac{1}{\sqrt{1}}$ 放大到 $\frac{2}{\sqrt{1}+\sqrt{0}}$，会因为放得过大而使结论无法证明，因此保留第 1 项不变，改为从第 2 项起开始放缩，以提高放缩的精度.

注 2　还可以借助定积分工具给出证明. 以左侧不等式为例，由于对任意正整数 k，当 $x\in(k,k+1)$ 时恒有 $\frac{1}{\sqrt{k}}>\frac{1}{\sqrt{x}}$，故由定积分的性质得

$$S_n=\sum_{k=1}^{n}\int_k^{k+1}\frac{1}{\sqrt{k}}\mathrm{d}x>\sum_{k=1}^{n}\int_k^{k+1}\frac{1}{\sqrt{x}}\mathrm{d}x=\int_1^{n+1}\frac{1}{\sqrt{x}}\mathrm{d}x=2\sqrt{x}\Big|_1^{n+1}=2\left(\sqrt{n+1}-1\right).$$

类似可证明右侧不等式. 在这一解法中，对被积函数进行了放缩，这是比较定积分大小的一种典型手段，是放缩法在高等数学中的体现.

例 7.13　设 $a,b,c\in[0,1]$，证明：

$$\frac{a}{1+b+c}+\frac{b}{1+c+a}+\frac{c}{1+a+b}+(1-a)(1-b)(1-c)\leqslant 1.$$

证明　由对称性，不妨设 $0\leqslant a\leqslant b\leqslant c\leqslant 1$，则

$$\frac{a}{1+b+c}+\frac{b}{1+c+a}+\frac{c}{1+a+b}\leqslant\frac{a+b+c}{1+a+b}=1-\frac{1-c}{1+a+b}. \quad ①$$

仅需再证明

$$(1-a)(1-b)(1-c)\leqslant\frac{1-c}{1+a+b}, \quad ②$$

则由①，②两式相加可知原不等式成立.

事实上，

$$\begin{aligned}(1-a)(1-b)(1+a+b)&\leqslant(1-a)(1-b)(1+a+b+ab)\\&=(1-a^2)(1-b^2)\leqslant1,\end{aligned}$$

两边乘以非负实数 $\frac{1-c}{1+a+b}$，可知②式成立. 从而原不等式得证.

注 本题中，如果对原不等式左边进行通分，会使问题复杂化. 现将三个分式的分母都取为其中最小的一个(即按①的方式进行放大)，这样有利于求和，将目标转化为证明一个稍强的不等式②. 对②的证明亦采用放缩法，其中有两处作了适当的放大.

例 7.14 实数 a,b,c 满足 $a+b+c=a^2+b^2+c^2$. 证明:

$$\sqrt{1+a^4}+\sqrt{1+b^4}+\sqrt{1+c^4}\leqslant3\sqrt{2}.$$

证明 首先证明

$$\sqrt{1+a^4}\leqslant\sqrt{2}(a^2-a+1). \quad ①$$

事实上，

$$2(a^2-a+1)^2-(1+a^4)=a^4-4a^3+6a^2-4a+1=(a-1)^4\geqslant0,$$

所以 $1+a^4\leqslant2(a^2-a+1)^2$，又 $a^2-a+1>0$，所以①成立.

类似可知

$$\sqrt{1+b^4}\leqslant\sqrt{2}(b^2-b+1), \quad ②$$

$$\sqrt{1+c^4}\leqslant\sqrt{2}(c^2-c+1). \quad ③$$

将①，②，③式相加，得原不等式成立.

注 为了运用题目中的条件 $a+b+c=a^2+b^2+c^2$，可以尝试选取一个常数 λ，使得有如下的放缩结果:

$$\sqrt{1+x^4}\leqslant\sqrt{2}+\lambda(x^2-x). \quad ④$$

只要该式成立，将 x 分别取为 a,b,c 再相加，即证得原不等式.

考虑不等式④两边关于 x 的函数 $\sqrt{1+x^4}$ 与 $\sqrt{2}+\lambda(x^2-x)$，不难注意到它们的图像有公共点 $(1,\sqrt{2})$. 因此，为了使④式恒成立，两个函数的图像必须在点 $(1,\sqrt{2})$ 处相切，即有

$$\left(\sqrt{1+x^4}\right)'\Big|_{x=1}=\left(\sqrt{2}+\lambda(x^2-x)\right)'\Big|_{x=1},$$

解得 $\lambda=\sqrt{2}$. 由此启发我们去证明不等式①.

例 7.15 给定正整数 $n\geqslant 2$. 已知 n 个正数 $a_1,a_2,\cdots,a_n$ 的和为 1. 对任意正整数 k，用 λ_k 表示 $a_1,a_2,\cdots,a_n$ 中取值于 $\left[\frac{1}{2^k},\frac{1}{2^{k-1}}\right)$ 的项数，并记 $S=\sum\limits_{k=1}^{\infty}\sqrt{\frac{\lambda_k}{2^k}}$. 证明：$S<\sqrt{\log_2 n}+\sqrt{2}$.

证明 由条件知 $a_1,a_2,\cdots,a_n\in(0,1)=\bigcup\limits_{k=1}^{\infty}\left[\frac{1}{2^k},\frac{1}{2^{k-1}}\right)$，结合 $\lambda_k(k\in\mathbf{N}^*)$ 的定义知

$$\sum_{k=1}^{\infty}\lambda_k=n. \tag{①}$$

对每个正整数 k，设 $a_1,a_2,\cdots,a_n$ 中取值于 $\left[\frac{1}{2^k},\frac{1}{2^{k-1}}\right)$ 的各项之和为 s_k，则 $s_k\geqslant\frac{\lambda_k}{2^k}$，故

$$\sum_{k=1}^{\infty}\frac{\lambda_k}{2^k}\leqslant\sum_{k=1}^{\infty}s_k=\sum_{i=1}^{n}a_i=1. \tag{②}$$

将和式 $S=\sum\limits_{k=1}^{\infty}\sqrt{\frac{\lambda_k}{2^k}}$ 分为两段：

$$S_N=\sum_{k=1}^{N}\sqrt{\frac{\lambda_k}{2^k}},\quad T_N=\sum_{k=N+1}^{\infty}\sqrt{\frac{\lambda_k}{2^k}},$$

其中 N 为待定正整数.

由柯西不等式，并注意②式，可得

$$S_N^2=\left(\sum_{k=1}^{N}\sqrt{\frac{\lambda_k}{2^k}}\right)^2\leqslant\left(\sum_{k=1}^{N}1\right)\cdot\left(\sum_{k=1}^{N}\frac{\lambda_k}{2^k}\right)\leqslant N\cdot\sum_{k=1}^{\infty}\frac{\lambda_k}{2^k}\leqslant N. \tag{③}$$

由柯西不等式，并注意①式，可得

$$T_N^2=\left(\sum_{k=N+1}^{\infty}\sqrt{\frac{\lambda_k}{2^k}}\right)^2\leqslant\left(\sum_{k=N+1}^{\infty}\frac{1}{2^k}\right)\cdot\left(\sum_{k=N+1}^{\infty}\lambda_k\right)\leqslant\frac{1}{2^N}\cdot\sum_{k=1}^{\infty}\lambda_k=\frac{n}{2^N}. \quad ④$$

由③，④可知

$$S=S_N+T_N\leqslant\sqrt{N}+\sqrt{\frac{n}{2^N}}. \quad ⑤$$

特别地，在⑤式中取 $N=[\log_2 n]$，注意到 $\log_2 n-1<N\leqslant\log_2 n$，有

$$S\leqslant\sqrt{[\log_2 n]}+\sqrt{\frac{n}{2^{[\log_2 n]}}}<\sqrt{\log_2 n}+\sqrt{\frac{n}{2^{(\log_2 n)-1}}}=\sqrt{\log_2 n}+\sqrt{2}.$$

注 本题有相当难度. 不难注意到各 $\lambda_k(k\in\mathbf{N}^*)$ 之间具有等式关系①和不等式关系②，因此，对于和式 $S=\sum_{k=1}^{\infty}\sqrt{\frac{\lambda_k}{2^k}}$ 中的 $\frac{\lambda_k}{2^k}$，既可将其写成 $\frac{1}{2^k}$ 与 λ_k 之积，也可将其写成1与 $\frac{\lambda_k}{2^k}$ 之积，两种写法下均有相应的柯西不等式可用于 S 的上界估计. 本题的困难在于，单独运用这两种放缩手段都只能得到 $\sqrt{n}$ 量级的上界(读者不妨自行尝试)，无法达到目的. 上述证明中，将 S 分成两段 S_N, T_N，每段采用一种放缩手段，使两种手段的优势互补，得到了含参数 N 的上界形式⑤. 这里 N 的每种选取方式都对应于 S 的一个上界，因此综合考虑放缩精度和表达式的结构特点后，选取上界 $\sqrt{[\log_2 n]}+\sqrt{\frac{n}{2^{[\log_2 n]}}}$ 作为中间量，实现放缩证明.

上述证明至少可以给我们带来两方面的启发：一是在证明不等式时，需要注意不同放缩手段的"合作使用"；二是在不明确分段放缩的分界点如何选择时，可以先在待定参数的形式下进行推证，最后再选定适当的参数.

习 题 7

1. 设实数 x, y 满足 $x^2+y^2=1$，证明：$x^2+\sqrt{5}\geqslant y^2+4xy$.

2. 求方程 $\left(2^{x+2}-1\right)x^2+\left(2^{x^2-2}-1\right)x=2^{x+3}-2^{x^2-1}$ 的所有实数解.

3. 设数列 $\{a_n\}$ 满足 $a_1=1$，且对任意正整数 n，有

$$a_{n+1}=\frac{1}{16}\left(1+4a_n+\sqrt{1+24a_n}\right).$$

求 $\{a_n\}$ 的通项公式.

4. 给定正整数 n. 若非负实数 $x_1, x_2, \cdots, x_n$ 满足 $x_1+x_2+\cdots+x_n \leqslant \frac{1}{2}$, 求

$$f(x_1, x_2, \cdots, x_n)=(1-x_1)(1-x_2)\cdots(1-x_n)$$

的最小值.

5. 设正整数 $x_1, x_2, \cdots, x_{10}$ 之和为 49, 求 $S=x_1^2+x_2^2+\cdots+x_{10}^2$ 的最大值与最小值.

6. 设 $a, b, c>0$, $abc=1$. 证明: $\frac{1}{a}+\frac{1}{b}+\frac{1}{c}+\frac{8}{a+b+c} \geqslant \frac{17}{3}$.

7. 求 $S=\frac{1}{2^1+1}+\frac{3}{2^2+1}+\frac{5}{2^3+1}+\cdots+\frac{99}{2^{50}+1}$ 的整数部分 $[S]$.

8. 设 $\triangle ABC$ 为锐角三角形. 证明: $\cos A+\cos^2 B+\sqrt{\cos C}>1$.

9. 设正整数 $n \geqslant 2$, $x_1, x_2, \cdots, x_n>0$. 证明:

(1) $\frac{x_1}{(1+x_1)^2}+\frac{x_2}{(1+x_1+x_2)^2}+\cdots+\frac{x_n}{(1+x_1+x_2+\cdots+x_n)^2}<1$;

(2) $\frac{x_1}{1+x_1^2}+\frac{x_2}{1+x_1^2+x_2^2}+\cdots+\frac{x_n}{1+x_1^2+x_2^2+\cdots+x_n^2}<\sqrt{n}$.

10. 设 $\boldsymbol{a}_1, \boldsymbol{a}_2, \cdots, \boldsymbol{a}_n$ 是模不小于 1 的 n 个平面向量, 且 $\boldsymbol{a}_1+\boldsymbol{a}_2+\cdots+\boldsymbol{a}_n=\boldsymbol{0}$. 证明: 对任意一个平面向量 $\boldsymbol{b}$, 有 $|\boldsymbol{a}_1-\boldsymbol{b}|+|\boldsymbol{a}_2-\boldsymbol{b}|+\cdots+|\boldsymbol{a}_n-\boldsymbol{b}| \geqslant n$.

第 8 章　平面几何解题方法选讲

平面几何主要研究平面图形的几何结构和度量性质. 在国内外各类中学数学竞赛中, 平面几何问题常常因其精巧的构思、优美的图形结构和多样化的解法而受到特别青睐.

相对于中学数学课程的内容, 竞赛中的平面几何问题所涉及的概念、定理和方法有大幅的扩展. 全面系统地呈现平面几何的知识与方法势必需要庞大的篇幅, 因此本章仅选择几种有特色的解题方法进行介绍.

8.1 节介绍面积法, 试图展现如何以面积这一基本概念为线索沟通几何元素. 8.2 节介绍复数法, 这是几何解题中颇有特色的一种计算类方法, 如今已为较多高水平解题者所熟悉, 在竞赛中的运用日益广泛. 8.3 节介绍同一法, 这是一种重要的间接证明方法, 在中学数学中主要出现于几何证明的场合. 以上三种方法在几何解题中具有一定的代表性.

8.1　面　积　法

面积是一个重要的几何概念. 在求解问题时, 以考虑面积作为计算或论证的出发点、寻求几何对象之间关系的方法, 称为面积法.

面积法常常可以用来解决与面积不明显相关的几何问题. 例如, 勾股定理, 其许多证法都采用了"以不同方式计算同一图形的面积"的思路.

作为平面几何中的基本图形——三角形, 其面积具有多种表示形式. 由这些公式既可以推导其他图形的面积公式, 也可以得到一些与面积有关的性质定理.

为方便起见, 通常用记号 S_Γ 表示平面简单封闭图形 Γ 的面积. 以下是两个常用结论.

结论 1　设直线 PQ 交直线 AB 于点 X, 其中 X 不同于点 A,B, 则

$$\frac{S_{\triangle APQ}}{S_{\triangle BPQ}}=\frac{AX}{BX}.$$

结论 2　设直线 l_1,l_2 交于点 P, 点 A_1,B_1 位于 l_1 上且不同于 P, 点 A_2,B_2 位

于 l_2 上且不同于 P，则 $\dfrac{S_{\triangle PA_1A_2}}{S_{\triangle PB_1B_2}}=\dfrac{PA_1\cdot PA_2}{PB_1\cdot PB_2}$.

借助这两个结论，可使线段比与面积比相互转化，在解题中具有相当的实用性.

例 8.1　如图 8.1 所示，在 $\triangle ABC$ 中，点 M,N 分别在边 AB,AC 上，P 为 BN,CM 的交点，射线 AP,MN 分别与射线 BC 交于点 X,Y. 证明：

(1) $\dfrac{AM}{MB}\cdot\dfrac{BX}{XC}\cdot\dfrac{CN}{NA}=1$；

(2) $\dfrac{AM}{MB}\cdot\dfrac{BY}{YC}\cdot\dfrac{CN}{NA}=1$.

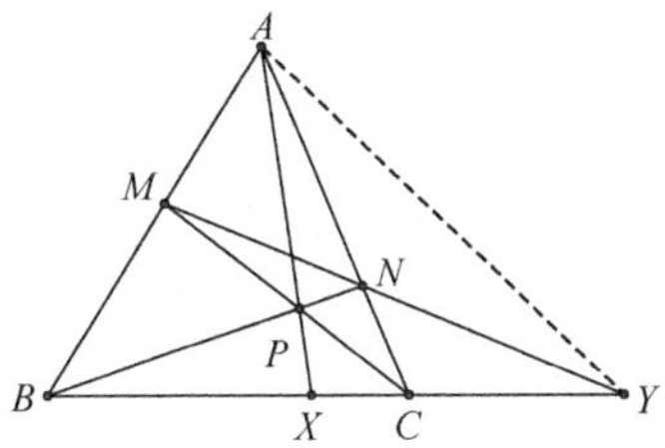

图 8.1

证明　(1) 由于 $\dfrac{AM}{MB}=\dfrac{S_{\triangle PAC}}{S_{\triangle PBC}},\dfrac{BX}{XC}=\dfrac{S_{\triangle PAB}}{S_{\triangle PAC}},\dfrac{CN}{NA}=\dfrac{S_{\triangle PBC}}{S_{\triangle PAB}}$，三式相乘得结论成立.

(2) 连接 AY. 由于 $\dfrac{AM}{MB}=\dfrac{S_{\triangle NAY}}{S_{\triangle NBY}},\dfrac{BY}{YC}=\dfrac{S_{\triangle NBY}}{S_{\triangle NCY}},\dfrac{CN}{NA}=\dfrac{S_{\triangle NCY}}{S_{\triangle NAY}}$，三式相乘得结论成立.

注　本例的第(1)、第(2)题分别是塞瓦(Ceva)定理和梅涅劳斯(Menelaus)定理的代表性情形. 上述证明演示了如何利用面积比例关系推导线段比例式.

如果引入有向线段(并辅以有向面积来推导)，可在更一般的点线位置关系下(例如允许 M,N 在直线 AB,AC 上)导出如下结论：

$$\frac{\overline{AM}}{\overline{MB}}\cdot\frac{\overline{BX}}{\overline{XC}}\cdot\frac{\overline{CN}}{\overline{NA}}=1,\quad \frac{\overline{AM}}{\overline{MB}}\cdot\frac{\overline{BY}}{\overline{YC}}\cdot\frac{\overline{CN}}{\overline{NA}}=-1.$$

例 8.2　设 A,B,C,D 依次在一条直线上，直线外一点 P 满足 $\angle APB=\angle CPD$. 证明：$\dfrac{PA}{PD}=\sqrt{\dfrac{AB\cdot AC}{BD\cdot CD}}$.

证明　注意到 $\angle APB=\angle CPD$，有 $\dfrac{S_{\triangle PAB}}{S_{\triangle PCD}}=\dfrac{PA\cdot PB}{PC\cdot PD}$.

另一方面，$\dfrac{S_{\triangle PAB}}{S_{\triangle PCD}}=\dfrac{AB}{CD}$，从而有

$$\frac{PA\cdot PB}{PC\cdot PD}=\frac{S_{\triangle PAB}}{S_{\triangle PCD}}=\frac{AB}{CD}. \qquad ①$$

由于 $\angle APC = \angle APB + \angle BPC = \angle CPD + \angle BPC = \angle BPD$，考虑 $\dfrac{S_{\triangle PAC}}{S_{\triangle PBD}}$，类似可知

$$\frac{PA \cdot PC}{PB \cdot PD} = \frac{S_{\triangle PAC}}{S_{\triangle PBD}} = \frac{AC}{BD}. \qquad ②$$

由①，②相乘并化简得 $\dfrac{PA^2}{PD^2} = \dfrac{AB}{CD} \cdot \dfrac{AC}{BD}$，开方可知结论成立.

注 上述证明中的①，②都是以不同方式计算同一图形的面积得到等量关系的. 这种通过面积进行“算两次”的手段，在解题中十分普遍.

例 8.3 在 $\triangle ABC$ 中，设顶点 A, B, C 的对边长分别为 a, b, c，内心 I 到顶点 A, B, C 的距离分别为 l, m, n. 证明：$al^2 + bm^2 + cn^2 = abc$.

证明 设 $\triangle ABC$ 的内切圆(圆心为 I)与边 BC, CA, AB 分别相切于点 D, E, F. 如图 8.2 所示.

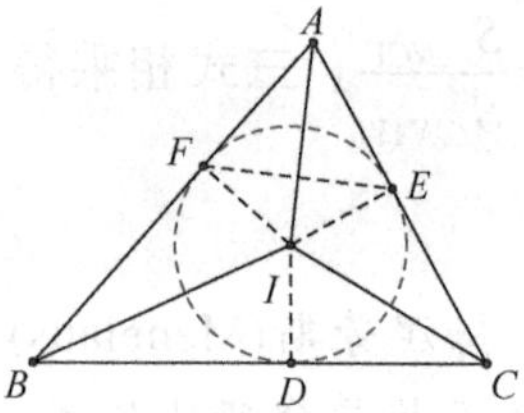

图 8.2

由于 $\angle AFI = \angle AEI = 90^\circ$，故四边形 $AEIF$ 内接于圆，且 AI 为该圆的直径. 又显然有 $AI \perp EF$，故

$$S_{AEIF} = \frac{1}{2} AI \cdot EF = \frac{1}{2} AI \cdot AI \sin A = \frac{1}{2} l^2 \cdot \frac{a}{2R} = \frac{al^2}{4R},$$

其中第 2、第 3 处等号分别是对 $\triangle AEF$ 与 $\triangle ABC$ 用了正弦定理，R 为 $\triangle ABC$ 的外接圆半径.

同理可得 $S_{BFID} = \dfrac{bm^2}{4R}$，$S_{CDIE} = \dfrac{cn^2}{4R}$. 所以

$$S_{\triangle ABC} = S_{AEIF} + S_{BFID} + S_{CDIE} = \frac{al^2 + bm^2 + cn^2}{4R}. \qquad ①$$

又 $S_{\triangle ABC} = \dfrac{1}{2} ab \sin C = \dfrac{abc}{4R}$，与①式比较可得 $al^2 + bm^2 + cn^2 = abc$.

注 三角形的面积公式揭示了边、角等基本元素之间的关系，且常常涉及内切圆半径、外接圆半径等相关量，这是运用面积法解题时值得注意的. 例如，本题的上述证明中引入了 $\triangle ABC$ 的外接圆半径 R 进行过渡，给证明带来了方便. 就本题的图形而言，还有一个形式简洁的结论：$\dfrac{S_{\triangle ABC}}{S_{\triangle DEF}} = \dfrac{2R}{r}$，其中 D, E, F 的定义同上述证明过程，R, r 分别为 $\triangle ABC$ 的外接圆半径和内切圆半径. 读者不妨尝试证明此结论，作为练习.

例 8.4　在凸四边形 $ABCD$ 的边 AB, BC 上分别取点 E, F，使得线段 DE, DF 分对角线 AC 为三等份. 已知 $S_{\triangle ADE}=S_{\triangle CDF}=\frac{1}{4}S_{ABCD}$. 证明：$ABCD$ 是平行四边形.

证明　设 DB, DE, DF 分别与 AC 交于点 M, P, Q. 如图 8.3 所示.

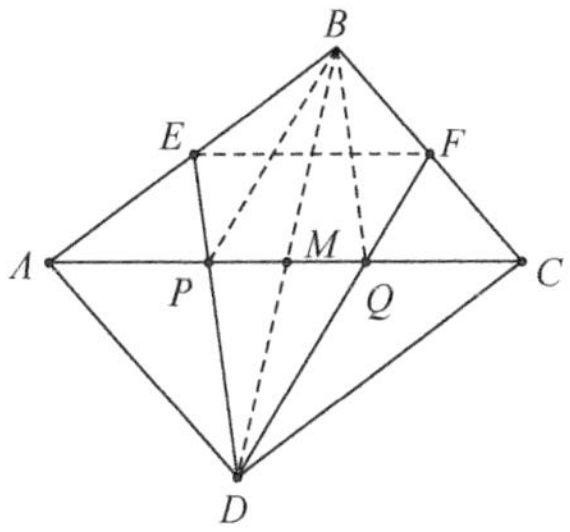

图 8.3

由 $AP=QC$ 得 $S_{\triangle ADP}=S_{\triangle CDQ}$，又已知 $S_{\triangle ADE}=S_{\triangle CDF}$，故 $S_{\triangle AEP}=S_{\triangle CFQ}$. 这表明 E, F 到直线 AC 的距离相等，即 $EF \parallel AC$.

设 $\frac{AB}{AE}=\frac{CB}{CF}=\lambda$，则 $\frac{S_{\triangle ADB}}{S_{\triangle ADE}}=\frac{AB}{AE}=\lambda$, $\frac{S_{\triangle CDB}}{S_{\triangle CDF}}=\frac{CB}{CF}=\lambda$，所以

$$S_{ABCD}=S_{\triangle ADB}+S_{\triangle CDB}=\lambda\cdot(S_{\triangle ADE}+S_{\triangle CDF})=\frac{\lambda}{2}S_{ABCD},$$

即 $\lambda=2$. 因而 $\frac{AQ}{AP}=\frac{AB}{AE}=2$，所以 $BQ \parallel EP$.

同理有 $BP \parallel FQ$. 因此 $BPDQ$ 为平行四边形，故 $BM=MD, PM=MQ$. 结合 $AP=QC$，可知 $AM=MC$，于是 AC, BD 相互平分，故 $ABCD$ 是平行四边形.

注　本题中，一些重要的平行关系都是通过面积导出的. 从本题及前几例可以看到，以面积为线索常常能够方便地沟通几何元素，降低添置辅助线的技巧要求，减少分析问题的困难.

例 8.5　在凸六边形 $ABCDEF$ 中，U, V, W, X, Y, Z 分别是边 AB, BC, CD, DE, EF, FA 的中点. 若 UX, VY, WZ 都平分凸六边形 $ABCDEF$ 的面积，证明：UX, VY, WZ 三线共点.

证明　设 VY, WZ 交于点 P. 原命题等价于 U, P, X 三点共线.

连接 P 与 A, B, C, D, E, F, U, X 各点. 如图 8.4 所示.

由已知得 $S_{ABVYF}=\frac{1}{2}S_{ABCDEF}=S_{ABCWZ}$，同减 S_{ABVPZ}，得 $S_{PYFZ}=S_{PVCW}$. 又

$$S_{PAFE}=S_{\triangle PAF}+S_{\triangle PFE}=2S_{\triangle PZF}+2S_{\triangle PFY}=2S_{PZFY},$$

同理得 $S_{PBCD}=2S_{PVCW}$，所以

$$S_{PAFE}=S_{PBCD}.$$

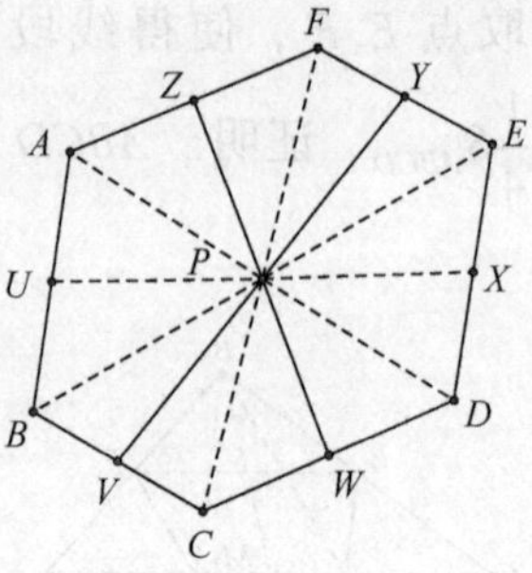

图 8.4

结合 $S_{\triangle PAU}=S_{\triangle PBU}$, $S_{\triangle PEX}=S_{\triangle PDX}$，可知

$$\begin{aligned}S_{AUPXEF}&=S_{\triangle PAU}+S_{PAFE}+S_{\triangle PEX}\\&=S_{\triangle PBU}+S_{PBCD}+S_{\triangle PDX}=S_{BUPXDC},\end{aligned} \quad ①$$

即由线段 UP, PX 连成的折线段平分 $ABCDEF$ 的面积.

又根据条件, 有

$$S_{AUXEF}=S_{BUXDC}=\frac{1}{2}S_{ABCDEF}. \quad ②$$

比较①, ②得 $S_{\triangle UPX}=0$，故 U, P, X 三点共线. 换言之, UX, VY, WZ 三线共点于 P.

注 上述证明的主要目标是导出 U, P, X 三点共线(其中 P 是 VY 与 WZ 的交点), 这里采用了面积法, 即通过证明三点所组成的三角形面积为零(此时三角形为退化的), 导出三点共线.

8.2 复 数 法

复数的四则运算、共轭运算、模运算等, 均有鲜明的几何意义. 特别是在解决与角度、旋转有关的几何问题时, 复数乘除法的几何意义可以很好地用来描述条件和转化命题, 使得复数法与解析、三角、向量等其他计算类方法相比, 有其独特的效果.

这里对复数的三角形式及指数形式作一些说明.

对于一个由代数形式表示的复数 $z=a+b\mathrm{i}(a,b\in\mathbf{R})$，将其在复平面中对应的点 (a,b) 记为 P，并设复平面的原点为 O. 那么可将 z 表示成

$$z=r(\cos\theta+\mathrm{i}\sin\theta), \quad ①$$

其中 $r=|z|=\sqrt{a^2+b^2}$，θ 为实轴正半轴逆时针旋转至射线 OP 所扫过的角度.

将①称为复数 z 的三角形式, 并将 θ 称为 z 的“辐角”，其值在模 2π 的意义下理解(当 $z=0$ 时, θ 可任意指定). 若选取 $\theta\in[0,2\pi)$, 则 θ 称为 z 的“辐角主值”，记作 $\theta=\arg z$.

进一步引入记号 $\mathrm{e}^{\mathrm{i}\theta}=\cos\theta+\mathrm{i}\sin\theta$, 则①可简单地表示成 $z=r\mathrm{e}^{\mathrm{i}\theta}$，称为复数 z 的指数形式. 注意记号 $\mathrm{e}^{\mathrm{i}\theta}$ 具有指数函数的基本性质 $\mathrm{e}^{\mathrm{i}\theta}\cdot\mathrm{e}^{\mathrm{i}\varphi}=\mathrm{e}^{\mathrm{i}(\theta+\varphi)}$. 事实上, 可将其转换成三角形式来验证.

为方便起见，对本节中的记号再作如下约定：

(1) 有向角记号 $\measuredangle AOB$ 表示将射线 OA 逆时针旋转至射线 OB 所扫过的角度. 有向角的值及加减运算均在模 2π 的意义下理解.

(2) 在不至于引起混淆的前提下，几何图形中用字母标记的点，其字母也表示复平面中该点所对应的复数. 例如，线段 AB 的端点在复平面中对应于复数 A,B，$|A-B|$ 即为线段 AB 的长度.

例 8.6　在复平面中，O 为原点，非零复数 p,q 分别对应于点 P,Q. 记 $\theta=\measuredangle POQ$. 证明：

$$\frac{q}{p}=\frac{|OQ|}{|OP|}\cdot(\cos\theta+\mathrm{i}\cdot\sin\theta). \tag{①}$$

证明　将复数 p,q 表示成三角形式

$$p=|OP|(\cos\alpha+\mathrm{i}\cdot\sin\alpha),\quad q=|OQ|(\cos\beta+\mathrm{i}\cdot\sin\beta),$$

其中 α,β 分别为 p,q 的辐角，则 $\theta=\measuredangle POQ$ 与 $\beta-\alpha$ 相差 2π 的整数倍. 因此有

$$\begin{aligned}\frac{p}{|OP|}\cdot(\cos\theta+\mathrm{i}\cdot\sin\theta)&=(\cos\alpha+\mathrm{i}\cdot\sin\alpha)(\cos\theta+\mathrm{i}\cdot\sin\theta)\\&=\cos\alpha\cos\theta-\sin\alpha\sin\theta+\mathrm{i}\cdot(\cos\alpha\sin\theta+\sin\alpha\cos\theta)\\&=\cos(\alpha+\theta)+\mathrm{i}\cdot\sin(\alpha+\theta)\\&=\cos\beta+\mathrm{i}\cdot\sin\beta=\frac{q}{|OQ|},\end{aligned}$$

于是①得证.

注　本题是复数除法运算的基本性质. 注意到①是复数 $\frac{q}{p}$ 的三角形式，$\frac{q}{p}$ 的辐角 θ 等于 q 的辐角 β 与 p 的辐角 α 之差. 因此，复数除法的几何意义可以简单地用“模相除，辐角相减”来概括. 容易将此性质推广到更一般的情形：设 A,B,C 为复平面中的任意三个点，则 $\measuredangle BAC$ 等于复数 $\dfrac{C-A}{B-A}$ 的辐角. 由此可将平面几何中的角度用复数运算来刻画.

例 8.7　在四边形 $ABCD$ 中，以边 AB,BC,CD,DA 为斜边，分别向四边形外侧作等腰直角三角形 $\triangle ABE,\triangle BCF,\triangle CDG,\triangle DAH$. 证明：$EG$ 与 FH 垂

直且相等.

证明 在复平面中考虑问题. 不妨设 A,B,C,D 依逆时针次序排列. 此时, 注意到 $\measuredangle BAE=-\frac{\pi}{4}$, $\measuredangle CDG=\frac{\pi}{4}$, 有

$$\begin{aligned}G-E&=(G-D)+(D-A)+(A-E)\\&=\frac{\sqrt{2}}{2}\mathrm{e}^{\frac{\pi\mathrm{i}}{4}}(C-D)+(D-A)+\frac{\sqrt{2}}{2}\mathrm{e}^{-\frac{\pi\mathrm{i}}{4}}(A-B)\\&=\frac{1+\mathrm{i}}{2}(C-D)+(D-A)+\frac{1-\mathrm{i}}{2}(A-B)\\&=\frac{-A-B+C+D}{2}+\frac{-A+B+C-D}{2}\cdot\mathrm{i}.\end{aligned}\qquad ①$$

同理可求得

$$H-F=\frac{-B-C+D+A}{2}+\frac{-B+C+D-A}{2}\cdot\mathrm{i}.\qquad ②$$

比较①, ②, 得 $H-F=(G-E)\cdot\mathrm{i}$, 所以 EG 与 FH 垂直且相等.

注 首先注意到本题图形中含有较多的等腰直角三角形, 没有其他复杂的图形结构关系, 考虑选用计算类证明方法. 倘若采用解析法, 则需分别考虑横、纵坐标, 相应的斜率和距离的表达式会比较烦琐. 相比之下, 上述复数证法直接让每个点作为一个复数参与运算(而且并不需要将每个复数分离为实部与虚部再进行计算), 对书面表达有明显的简化.

例 8.8 设正 n 边形 $A_1A_2\cdots A_n$ 内接于单位圆 Ω. 在圆 Ω 上取一点 P, 对 $k=1,2,\cdots,n$, 用 d_k 表示点 P 到 A_k 的距离. 求 $d_1^2,d_2^2,\cdots,d_n^2$ 的算术平均值.

解 在复平面中考虑问题. 由于 $A_1A_2\cdots A_n$ 是单位圆 Ω 的内接正 n 边形, 可不妨设 Ω 的方程为 $|z|=1$, 且 $A_1,A_2,\cdots,A_n$ 是方程 $z^n-1=0$ 的所有根. 因此, 对任意复数 z, 有

$$(z-A_1)(z-A_2)\cdots(z-A_n)=z^n-1.\qquad ①$$

比较①式两边 z 的一次项系数知

$$A_1+A_2+\cdots+A_n=0,\qquad ②$$

对②式取共轭又得

$$\overline{A_1}+\overline{A_2}+\cdots+\overline{A_n}=0.\qquad ③$$

注意到$|P|=|A_1|=|A_2|=\cdots=|A_n|=1$，并利用②，③，得

$$\begin{aligned}\sum_{k=1}^{n}d_k^2&=\sum_{k=1}^{n}|P-A_k|^2=\sum_{k=1}^{n}(P-A_k)(\overline{P}-\overline{A_k})\\&=\sum_{k=1}^{n}(|P|^2-P\overline{A_k}-\overline{P}A_k+|A_k|^2)\\&=\sum_{k=1}^{n}(2-P\overline{A_k}-\overline{P}A_k)\\&=2n-P\cdot\sum_{k=1}^{n}\overline{A_k}-\overline{P}\cdot\sum_{k=1}^{n}A_k\\&=2n.\end{aligned}$$

因此，$d_1^2,d_2^2,\cdots,d_n^2$的算术平均值为 2.

注　本题是一个经典问题，有三角、向量等各种解法. 在上述复数解法中，将正n边形$A_1A_2\cdots A_n$的顶点视为方程$z^n-1=0$的根，即“n次单位根”$e^{\frac{2k\pi}{n}i}(k=1,2,\cdots,n)$，并利用根与系数的关系简化计算. 一般地，若复平面中圆Ω的方程为$|z-z_0|=r$（r为Ω的半径），则Ω的内接正n边形$B_1B_2\cdots B_n$各顶点的复数可表示为

$$B_k=z_0+\lambda\cdot e^{\frac{2k\pi}{n}i}\ (k=1,2,\cdots,n),$$

其中λ是一个模为r的复数. 因此，关于正多边形的几何问题，常常可以转化为与单位根相关的复数问题.

例 8.9　平面中五个点A,B,C,P,Q满足：$\triangle APQ$, $\triangle QBP$, $\triangle PQC$的顶点定向相同(均为顺时针或均为逆时针)，且$\triangle APQ\backsim\triangle QBP\backsim\triangle PQC$. 证明：$\triangle ABC\backsim\triangle APQ$，且$\triangle ABC$与$\triangle APQ$的顶点定向相同.

证明　在复平面中，条件可等价表述为

$$\frac{Q-A}{P-A}=\frac{P-Q}{B-Q}=\frac{C-P}{Q-P}.$$

利用比例性质得

$$\frac{Q-A}{P-A}=\frac{(Q-A)+(P-Q)+(C-P)}{(P-A)+(B-Q)+(Q-P)}=\frac{C-A}{B-A},$$

因此$\triangle APQ\backsim\triangle ABC$，且$\triangle ABC$与$\triangle APQ$的顶点定向相同.

注 对复平面中的$\triangle UVW$与$\triangle XYZ$，根据复数除法的几何意义，"$\triangle UVW$与$\triangle XYZ$相似且顶点定向相同"等价于$\dfrac{W-U}{V-U}=\dfrac{Z-X}{Y-X}$，"$\triangle UVW$与$\triangle XYZ$相似且顶点定向相反"等价于$\dfrac{W-U}{V-U}=\overline{\left(\dfrac{Z-X}{Y-X}\right)}$，可见复数对三角形相似关系的刻画具有特殊的优势. 对于本题，条件与结论中的三角形相似关系均可由此转化为复数式，再借助比例运算的技巧，便可得到上述简洁的证明. 相比之下，若采用综合几何的方法来证明本题结论，步骤会烦琐许多.

例 8.10 如图 8.5 所示，设AA', BB', CC'是锐角$\triangle ABC$的外接圆Ω的三条直径，P是$\triangle ABC$内一点(P不为Ω的圆心)，D, E, F分别是点P在BC, CA, AB上的射影. 设A'关于D的对称点为X，B'关于E的对称点为Y，C'关于F的对称点为Z. 证明：$\triangle XYZ\backsim\triangle ABC$.

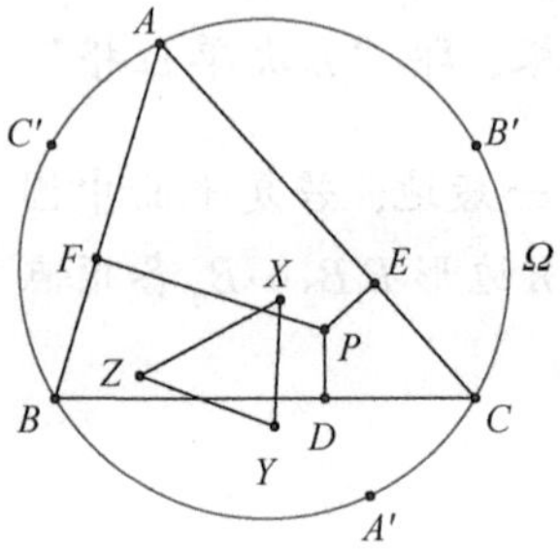

图 8.5

证明 不妨设圆Ω的方程为$|z|=1$，则$|A|=|B|=|C|=1$，即有

$$\overline{A}=\frac{1}{A},\quad \overline{B}=\frac{1}{B},\quad \overline{C}=\frac{1}{C}.$$

设P_a为P关于BC的对称点(图中未标出P_a)，则由BP_a, BP关于BC对称以及复数除法的几何意义，可知$\dfrac{P_a-B}{C-B}=\overline{\left(\dfrac{P-B}{C-B}\right)}$，因此

$$P_a=B+\frac{C-B}{\overline{C}-\overline{B}}\cdot(\overline{P}-\overline{B})=B+\frac{C-B}{\dfrac{1}{C}-\dfrac{1}{B}}\cdot\left(\overline{P}-\frac{1}{B}\right)=B+C-BC\overline{P}. \qquad ①$$

由于X, A'关于点D对称，故$X+A'=2D=P+P_a$. 又由AA'为Ω的直径得$A'=-A$，故结合①可知

$$X=P+P_a+A=P+A+B+C-BC\overline{P}.$$

同理得$Y=P+A+B+C-CA\overline{P}$. 所以$X-Y=C\overline{P}(A-B)$，从而有

$$\frac{|X-Y|}{|A-B|}=|C\overline{P}|=|P|.$$

由对称性，得

$$\frac{|X-Y|}{|A-B|}=\frac{|Y-Z|}{|B-C|}=\frac{|Z-X|}{|C-A|}=|P|.$$

这意味着 $\triangle XYZ$ 与 $\triangle ABC$ 的对应边的长度之比为 $|P|$ (由 P 不为 Ω 的圆心可知 $|P|>0$), 从而 $\triangle XYZ\backsim\triangle ABC$.

注　本题是一个较为困难的问题, 采用复数解法时也需注意适当的计算技巧. 例如, 上述证明中设圆 Ω 是以复平面原点为圆心的单位圆, 则 Ω 上任何一点作为复数参与运算时, 取共轭等同于取倒数. 又如, 在求 P 关于 BC 的对称点 P_a 的复数表示时, 习惯性的想法可能是先求 P 在 BC 上的射影 D 的复数表示, 再通过 $P_a=2D-P$ 确定 P_a, 而上述证明中则是利用 $\dfrac{P_a-B}{C-B}=\overline{\left(\dfrac{P-B}{C-B}\right)}$ 绕开了对 D 的处理, 简化了计算步骤.

8.3　同　一　法

同一法是一种典型的间接证明方法. 在一个命题中, 当满足题设的对象 α 具有唯一性, 而又不易证明 α 满足结论时, 可以先引入一个满足结论的对象 α', 然后尝试证明 α' 也满足题设, 从而由唯一性知 α' 与 α 是同一对象. 这样就间接证明了 α 满足结论.

例 8.11　设 P 为正方形 $ABCD$ 内一点, 满足 $\angle PAB=\angle PBA=15°$. 证明: $\triangle PCD$ 为正三角形.

证明　以 CD 为一边, 在正方形 $ABCD$ 所在的一侧作正三角形, 设其为 $\triangle P'CD$, 显然 P' 位于正方形 $ABCD$ 内. 如图 8.6 所示.

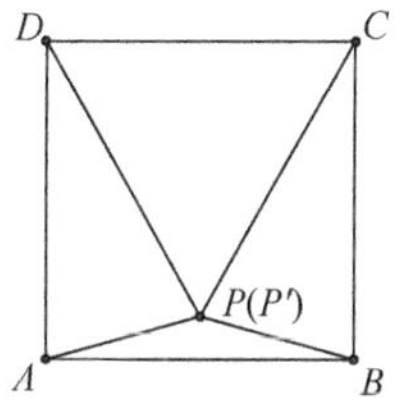

图 8.6

易知 $\angle ADP'=90°-\angle P'DC=30°$. 又 $DP'=DC=DA$, 故

$$\angle DAP'=90°-\frac{1}{2}\angle ADP'=75°,$$

从而 $\angle P'AB=90°-\angle DAP'=15°=\angle PAB$. 又 P' 与 P 位于 AB 同侧, 故 P' 在射线 AP 上.

同理可知 $\angle P'BA=15°=\angle PBA$, 故 P' 也在射线 BP 上. 这样 $P'=P$, 从而 $\triangle PCD$ 为正三角形.

注　本题中, 在限制 P 位于正方形 $ABCD$ 内的前提下, 条件"$\angle PAB=\angle PBA=15°$"与结论"$\triangle PCD$ 为正三角形"均蕴含了 P 的唯一性, 因而将上述条件与结论对换后，所得的逆命题与原命题等价. 此时，注意到逆命题比原命题更易证明，就不妨转而证明逆命题.

例 8.12 设 $\triangle ABC$ 为锐角三角形，点 P 满足 $AP\perp BC$，且

$$\angle BAC+\angle BPC=180^\circ.$$

(1) 若点 P 位于 $\triangle ABC$ 内，证明：P 为 $\triangle ABC$ 的垂心；

(2) 若点 P 位于 $\triangle ABC$ 所在平面内，P 是否一定为 $\triangle ABC$ 的垂心？

解 (1) 记 H 为锐角 $\triangle ABC$ 的垂心，显然 H 在 $\triangle ABC$ 内部，$AH\perp BC$，且

$$\begin{aligned}\angle BAC+\angle BHC&=\angle BAC+180^\circ-\angle HBC-\angle HCB\\&=\angle BAC+180^\circ-(90^\circ-\angle ACB)-(90^\circ-\angle ABC)=180^\circ.\end{aligned}$$

记 D 为 AH 与 BC 的交点. 如图 8.7 所示. 视 P 为线段 AD 上的动点，当 P 从 A 向 D 移动时，$\angle BPC$ 严格递增，故使 $\angle BAC+\angle BPC=180^\circ$ 成立的点 P 具有唯一性. 因此 P 为 $\triangle ABC$ 的垂心 H.

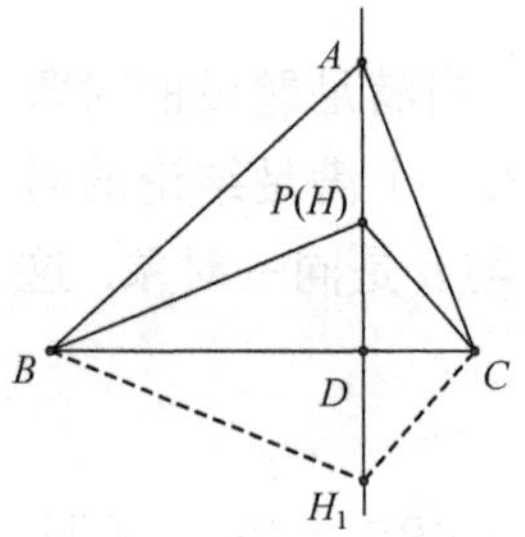

图 8.7

(2) 不一定. 取 H 关于 BC 的对称点 H_1，则 $AH_1\perp BC$，且

$$\angle BAC+\angle BH_1C=\angle BAC+\angle BHC=180^\circ,$$

所以当 $P=H_1$ 时，条件也成立，但此时 P 不为 $\triangle ABC$ 的垂心.

注 当 P 为 $\triangle ABC$ 的垂心 H 时，所有条件均符合，故仅需证明 P 的取法是唯一的，便可知 P 重合于 H. 第(1)题中，当 P 从 A 向 D 移动时，$\angle BPC$ 的单调性保证了 P 的唯一性，因此可以采用同一法来证明. 反之，第(2)题中满足条件的 P 的位置不止一个，此时不能误用同一法.

例 8.13 设锐角 $\triangle ABC$ 的外心为 O，P 为 OA 延长线上一点，作 PB 关于 AB 的对称直线 l_1，作 PC 关于 AC 的对称直线 l_2，设 l_1 与 l_2 交于点 Q. 证明：点 Q 在线段 OA 上.

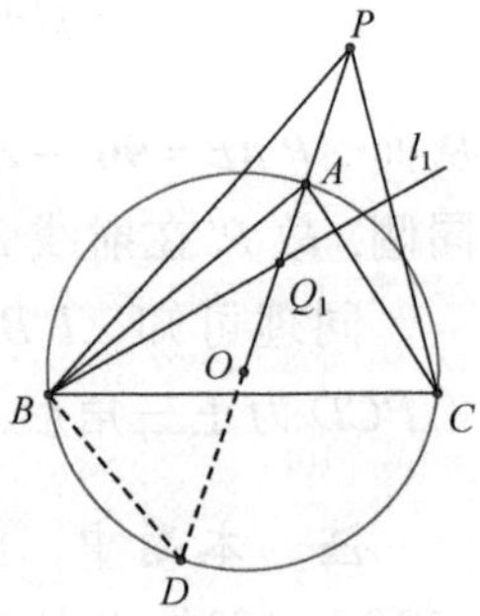

图 8.8

证明 如图 8.8 所示，设 l_1 与直线 OA 交于点 Q_1. 取 A 关于圆心 O 的对称点 D，则 $\angle ABD=90^\circ$. 根据条件，BA 是 $\angle PBQ_1$ 的内角平分线，故 BD 是 $\angle PBQ_1$ 的外角平分线. 由内、外角平分线定理可知

$$\frac{PA}{AQ_1}=\frac{PB}{BQ_1}=\frac{PD}{DQ_1},$$

于是 $\frac{AQ_1}{DQ_1}=\frac{PA}{PD}$. 显然 Q_1 在射线 AD 上，且 $\frac{PA}{PD}<1$，所以 Q_1 在线段 OA 上.

设 l_2 与直线 OA 分别交于点 Q_2，同理可知 $\frac{AQ_2}{DQ_2}=\frac{PA}{PD}$，且 Q_2 在线段 OA 上. 所以

$$\frac{AQ_1}{DQ_1}=\frac{AQ_2}{DQ_2}.$$

由于当一个点 X 在 OA 上从 O 向 A 移动时，$\frac{AX}{DX}$ 严格递减，故由上式知 Q_1,Q_2 重合. 这表明 Q_1 与 Q_2 都重合于 l_1,l_2 的交点 Q，从而 Q 在线段 OA 上.

注　本题中，满足结论"点 Q 在线段 OA 上"的对象 Q 不是唯一的，故再结合一个条件(例如"点 Q 在 l_1 上")，使其具有唯一性. 这提示我们研究 l_1 与直线 OA 的交点 Q_1，试图证明 $Q_1=Q$ (并补证 Q_1 在线段 OA 上). 在分析过程中，发现若取 Q_2 为 l_2 与 OA 的交点，则容易证明 $Q_1=Q_2$，从而有 $Q=Q_1=Q_2$.

例 8.14　如图 8.9 所示，在锐角 $\triangle ABC$ 中，$AB<AC$，P 是 $\angle BAC$ 的平分线与 BC 的中垂线的交点. 过 P 作 AB 的平行线，与 AB 的中垂线交于点 K. 设 M 为 AC 的中点. 证明:

(1) A,B,P,C 四点共圆;

(2) $MK /\!/ AP$.

证明　(1) 取 P' 为 $\angle BAC$ 的平分线与 $\triangle ABC$ 的外接圆弧 $\overset{\frown}{BC}$ (不含 A)的交点，则劣弧 $\overset{\frown}{BP'}=\overset{\frown}{P'C}$，从而弦长 $BP'=P'C$，故 P' 也在 BC 的中垂线上(图 8.10). 显然 $\angle BAC$ 的平分线与 BC 的中垂线仅有一个交点，所以 $P'=P$，从而 A,B,P,C 四点共圆.

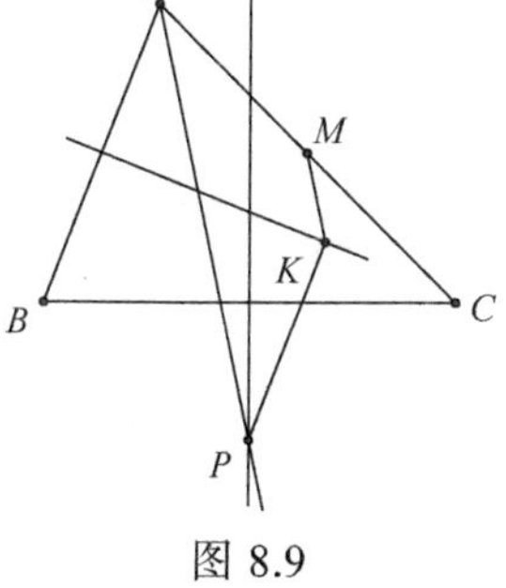

图 8.9

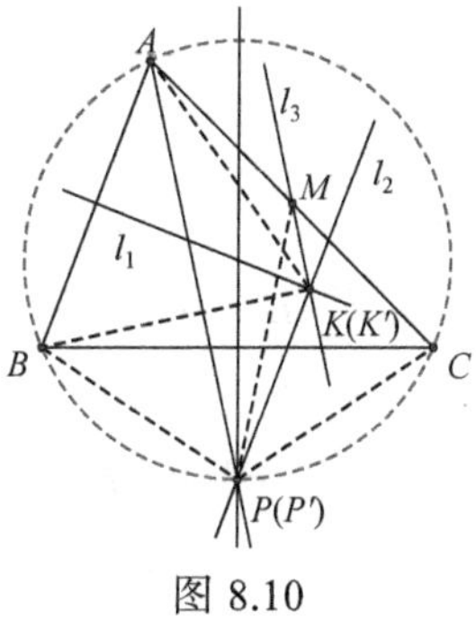

图 8.10

(2) 记 l_1 为 AB 的中垂线，l_2 为过 P 所作的 AB 的平行线，l_3 为过 M 所作的 AP 的平行线(图 8.10). 要证明的是 l_1, l_2 的交点 K 在 l_3 上.

显然 l_2, l_3 相交. 考虑 l_2, l_3 的交点 K'.

由 $K'P \parallel AB$ 知 $\angle K'PA = \angle PAB = \angle PAC$，结合 $MK' \parallel AP$，得 $APK'M$ 为等腰梯形，故

$$MA = K'P, \quad K'A = MP.$$

注意到 A, B, P, C 四点共圆，有 $\angle MCP = 180^\circ - \angle ABP = \angle K'PB$. 由 M 为 AC 的中点可知 $MC = MA = K'P$. 又 $CP = PB$，所以 $\triangle MCP \cong \triangle K'PB$.

因此 $K'B = MP = K'A$，故 K' 在 l_1 上. 于是 K' 为 l_1, l_2, l_3 的公共点，这样 K' 与 K 都是 l_1, l_2 的交点，故 $K' = K$. 从而 K 在 l_3 上.

注 在用同一法解题时，对几何对象选择适当的刻画方式十分重要. 第(1)题是个基本结论，实际上 P 是 $\angle BAC$ 的平分线、BC 的中垂线、$\triangle ABC$ 的外接圆弧 $\overset{\frown}{BC}$ (不含 A)的公共点，且上述三条轨迹两两的交点存在且唯一，故可选用其中任意两条轨迹来定义 P. 上述证法以角平分线与弧的交点来刻画 P (暂记为 P'，最后证明 $P' = P$)，这要比直接证明原结论更为简便一些. 类似地，第(2)题中的 K 实际上是 l_1, l_2, l_3 的公共点，且 l_1, l_2, l_3 两两相交，故可选用其中任意两条直线来定义 K. 上述证法以 l_2, l_3 的交点来刻画 K (暂记为 K'，最后证明 $K' = K$)，与 K 原来的刻画方式相比，损失了 $KA = KB$ 这一信息，但可借助 $APKM$ 为等腰梯形，得到 $MA = KP, KA = MP$ 这两条信息，整体而言更为有利.

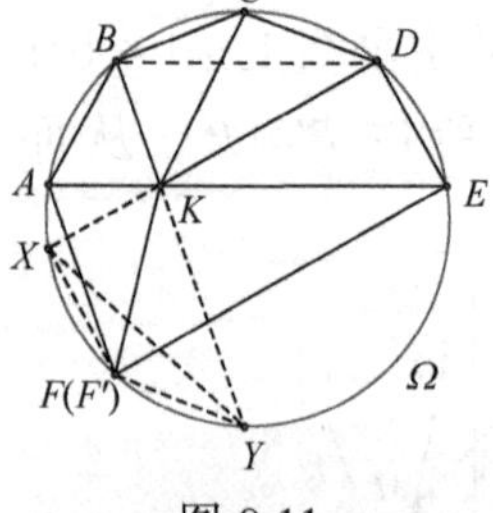

图 8.11

例 8.15 设凸六边形 $ABCDEF$ 内接于圆，$AB = BC = CD = DE$. 若线段 AE 内一点 K 满足 $\angle BKC = \angle KFE, \angle CKD = \angle KFA$，证明: $KC = KF$.

证明 如图 8.11 所示，过点 A, E 分别作 BK, DK 的平行线，交于点 F'，以下证明 $F' = F$.

结合条件知

$$\angle AF'E = \angle BKD = \angle BKC + \angle CKD = \angle KFE + \angle KFA = \angle AFE.$$

注意 F' 与 F 在直线 AE 的同侧，故 F' 在六边形 $ABCDEF$ 的外接圆 Ω 上.

设 DK, BK 的延长线分别交 Ω 于点 X, Y.

由 $DX \parallel EF', BY \parallel AF'$ 及条件，可知 $XF' = DE = AB = F'Y$，进而有

$$\overset{\frown}{XF'Y} = \overset{\frown}{AB} + \overset{\frown}{DE} = \overset{\frown}{BC} + \overset{\frown}{CD} = \overset{\frown}{BCD},$$

故 $XY=BD$. 又 $\angle KXY=\angle KBD, \angle KYX=\angle KDB$，于是 $\triangle KXY\cong\triangle KBD$. 因此 $KX=KB$.

又 $XF'=DE=BC$，并且

$$\angle KXF'=\angle KXY+\angle YXF'=\angle KBD+\angle DBC=\angle KBC,$$

从而 $\triangle KXF'\cong\triangle KBC$. 因此 $KF'=KC$，且 $\angle XKF'=\angle BKC$，从而

$$\angle KF'E=\angle XKF'=\angle BKC=\angle KFE,$$

故 F' 位于 $\triangle KFE$ 的外接圆 Ω' 上. 这表明 F' 是 Ω 与 Ω' 的交点. 显然 $F'\neq E$，故 $F'=F$.

从而 $KC=KF'=KF$.

注　本题有较高的难度. 上述证明依赖于一个敏锐的观察：$BK\parallel AF$, $DK\parallel EF$. 若按此方式刻画 F 并暂时记为 F'，则首先易知 F' 也在 Ω 上，然后可借助两组平行，在圆 Ω 内揭示若干等量关系，从中得到 $\angle BKC=\angle KF'E$, $\angle CKD=\angle KF'A$，即逆命题成立. 因此可以尝试先证明该逆命题，再补上唯一性的前提，以同一法的形式来证明原命题.

习　题　8

1. 在 $\triangle ABC$ 中，D 为边 BC 内一点. 记 $\alpha=\angle BAD, \beta=\angle CAD$. 证明：

(1) $AB\cdot CD\cdot\sin\alpha=AC\cdot BD\cdot\sin\beta$；

(2) $\dfrac{\sin(\alpha+\beta)}{AD}=\dfrac{\sin\alpha}{AC}+\dfrac{\sin\beta}{AB}$.

2. 若一条直线 l 同时平分 $\triangle ABC$ 的面积和周长，证明：l 一定经过 $\triangle ABC$ 的内心 I.

3. 在凸四边形 $ABCD$ 中，$S_{\triangle ABC}:S_{\triangle ABD}:S_{\triangle BCD}=1:3:4$，点 M,N 分别在线段 AC,CD 上，满足 $\dfrac{AM}{AC}=\dfrac{CN}{CD}$，并且 B,M,N 三点共线. 证明：M,N 分别是 AC,CD 的中点.

4. 在锐角 $\triangle ABC$ 外分别作 $\triangle ABD$ 与 $\triangle ACE$，使得 $\angle ABD=\angle ACE$，且 $\angle DAB$ 与 $\angle EAC$ 均为直角. 过点 D,E 分别作 $DU\parallel AC, EV\parallel AB$，其中 U,V 位于直线 BC 上. 证明：$BV=CU$.

5. 如图 8.12 所示，$ABCDE$ 为凸五边形，$\triangle ABC$ 和 $\triangle ADE$ 均为正三角形，且它们的中心分别为 P 和 Q，M 为 CD 的中点. 证明：

(1) $MB \perp MQ$;

(2) $\triangle MBP$ 与 $\triangle MEQ$ 面积相等.

6. 给定正整数 $n \geqslant 3$. 设正 n 边形 $A_1A_2\cdots A_n$ 内接于单位圆 Ω, P 为 Ω 上的一个动点. 求 $f(P)=PA_1\cdot PA_2\cdot\cdots\cdot PA_n$ 的最大值.

7. 设 Ω 为锐角 $\triangle ABC$ 的外接圆, M 为 AB 的中点, 过 A, B 分别作圆 Ω 的切线, 设两条切线的交点为 D. 证明: $\angle ACM=\angle BCD$.

8. 在凸四边形 $ABCD$ 中, $\angle ABD=\angle ADB=15°$, $\angle CBD=45°$, $\angle BDC=30°$. 证明: $\triangle ABC$ 为正三角形.

9. 在凸五边形 $ABCDE$ 中, 已知 $\angle ABC+\angle AED=180°$, $\angle BCD=\angle CDE$, $BC=DE$. 边 CD 内一点 F 满足 $\dfrac{CF}{DF}=\dfrac{AB}{AE}$. 证明: AF, BC, ED 三线共点.

10. 如图 8.13 所示, 点 A, B, C, D, E 在一条直线上顺次排列, 满足 $BC=CD=\sqrt{AB\cdot DE}$, 点 P 在该直线外, 满足 $PB=PD$. 点 K, L 分别在线段 PB, PD 上, 满足 KC 平分 $\angle BKE$, LC 平分 $\angle ALD$. 证明: A, K, L, E 四点共圆.

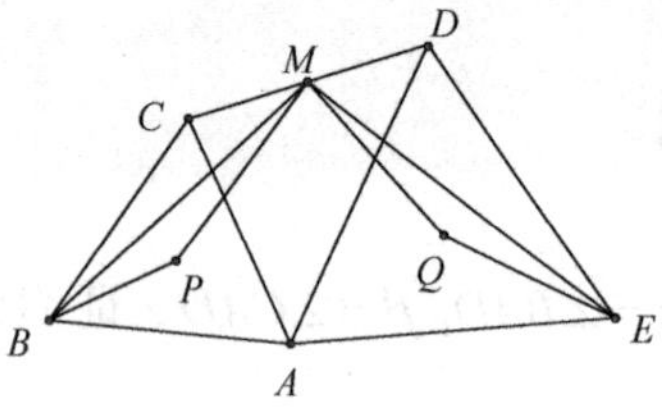

图 8.12

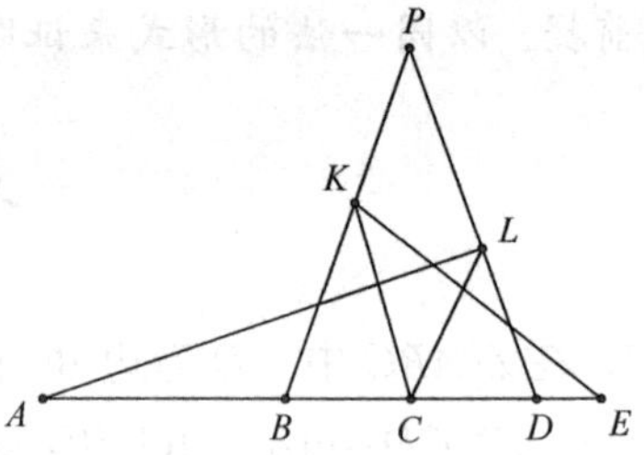

图 8.13

第 9 章　初等数论解题方法选讲

数论是一个古老而又富有生命力的数学分支，它主要研究整数的性质，一般包括初等数论、解析数论、代数数论等. 其中，初等数论的主要内容有整数的整除理论、同余理论、连分数理论和某些特殊不定方程等.

在中学数学竞赛中，初等数论是经典的内容. 它所涉及的基础知识较为简单，但所蕴含的内在结构深刻，处理问题的方法技巧性很强. 例如，在不同的问题中，需要适当选择整数的表示形式，才能达到扬长避短的目的，9.1 节即对整数的一些典型表示形式的应用进行介绍. 9.2 节与 9.3 节分别介绍两种典型的初等数论的分析方法——余数分析和素因子次数分析.

9.1　选择整数的适当表示

整数具有各种表示形式，包括按余数分类、各种进位制、标准分解等. 在解题时，根据问题的特点选用适当的表示形式，可以使思路变得明朗，有时也更便于书面表达.

例 9.1　设 n 为非负整数. 证明:

(1) 若 $2n+1$ 是完全平方数，则 $n+1$ 是两个相邻的完全平方数之和;

(2) 若 $3n+1$ 是完全平方数，则 $n+1$ 是三个完全平方数之和.

证明　(1) 注意到 $2n+1$ 是奇完全平方数，故可表示为

$$2n+1=(2k+1)^2 \quad (k\in \mathbf{N}),$$

化简得 $n=2k^2+2k$，从而 $n+1=k^2+(k+1)^2$ 是两个相邻的完全平方数之和.

(2) 设 $3n+1=a^2(a\in \mathbf{N}^*)$，显然 a 不是 3 的倍数，故可设 $a=3k\pm 1\,(k\in \mathbf{Z})$，则

$$3n+1=(3k\pm 1)^2.$$

化简得 $n=3k^2\pm 2k$，从而 $n+1=k^2+k^2+(k\pm 1)^2$ 是三个完全平方数之和.

注　在(1)的证明中，将一个奇数的平方直接表示为 $(2k+1)^2$ 的形式；在

(2)的证明中，通过分析之后，将平方数 $3n+1$ 表示为 $(3k\pm1)^2$ 的形式. 在这样的表示下，仅需再作简单的代数变形便可证明结论.

例 9.2 设正整数 $n\geqslant 2$. 试从 $0,1,2,\cdots,\dfrac{3^n-1}{2}$ 中选出 2^n 个数，使得其中任意三个数不能构成等差数列.

解 在三进制下考虑问题. 注意 $\dfrac{3^n-1}{2}=3^{n-1}+3^{n-2}+\cdots+1=(\underbrace{11\cdots1}_{n\text{个}1})_3$，取出所有仅含数码 0 或 1 的不超过 n 位的三进制非负整数，这些数共有 2^n 个，且都在 0 到 $\dfrac{3^n-1}{2}$ 之间.

以下证明这 2^n 个数满足条件.

反证法. 假设其中有三个数 x,y,z 满足 $x+z=2y$. 将 x,y,z 都写成 n 位三进制数的形式(若位数不足，则在最高位之前补数码 0，不影响数值)，即

$$x=(\overline{a_{n-1}a_{n-2}\cdots a_0})_3,\quad y=(\overline{b_{n-1}b_{n-2}\cdots b_0})_3,\quad z=(\overline{c_{n-1}c_{n-2}\cdots c_0})_3.$$

由于 x,y,z 的每一位数都是 0 或 1，故在计算 $x+z$ 与 $2y$ 时均不发生进位，从而对一切 $k=0,1,\cdots,n-1$，均有 $x+z$ 与 $2y$ 在第 k 位上的数相等，即

$$a_k+c_k=2b_k.$$

若 $b_k=0$，显然 $a_k=c_k=0$；若 $b_k=1$，由 $a_k+c_k=2$ 及 $a_k,c_k\leqslant 1$，可知 $a_k=c_k=1$. 因此总有 $a_k=b_k=c_k$. 这意味着 $x=y=z$，矛盾.

因此所选出的 2^n 个数满足条件.

注 十进制是通常所采用的记数方法，但应当注意，十进制并非数的固有属性. 在本题中，改用三进制表示整数，这样更便于描述和分析问题.

例 9.3 对给定实数 x，求表达式 $S(x)=\sum\limits_{n=1}^{\infty}\dfrac{(-1)^{[2^nx]}}{2^n}$ 的值.

解 将 x 表示为二进制的形式

$$x=(\overline{a_ka_{k-1}\cdots a_0.b_1b_2\cdots})_2,$$

即其中 $a_k,a_{k-1},\cdots,a_0,b_1,b_2,\cdots$ 均为 0 或 1，并约定：当 x 为整数或有限小数时，$b_1,b_2,\cdots$ 从某一项起全为零.

对任意正整数 n，注意到

$$[2^nx]=(\overline{a_ka_{k-1}\cdots a_0b_1b_2\cdots b_n})_2\equiv b_n\pmod 2,$$

故 $(-1)^{[2^n x]}=(-1)^{b_n}$. 又当 $b_n=0,1$ 时，$(-1)^{b_n}=1-2b_n$ 都成立，所以

$$(-1)^{[2^n x]}=(-1)^{b_n}=1-2b_n.$$

从而

$$\begin{aligned}S(x)&=\sum_{n=1}^{\infty}\frac{1-2b_n}{2^n}=\sum_{n=1}^{\infty}\frac{1}{2^n}-2\times\sum_{n=1}^{\infty}\frac{b_n}{2^n}=1-2\times(\overline{0.b_1b_2\cdots})_2\\&=1-2(x-[x])=1+2[x]-2x.\end{aligned}$$

注　本题中，对实数 x 采用二进制表示，这样有利于刻画每个整数 $[2^n x]$ 的奇偶性，对求出 $S(x)$ 有直接的帮助. 从本题可以看到，选择适当的进制，不但可以解决关于整数的问题，也可以加以迁移，解决关于实数的问题.

例 9.4　对每个正整数 n，记 $\sigma(n)$ 为 n 的正约数之和，$\varphi(n)$ 为 $1, 2,\cdots,n$ 中与 n 互素的数的个数. 若 n 是 $\sigma(n)$ 与 $\varphi(n)$ 的等比中项，求 n 的所有可能值.

解　显然 $\sigma(1)=\varphi(1)=1$，故 $n=1$ 满足条件.

以下设 $n\geqslant 2$，$n=p_1^{\alpha_1}\cdots p_k^{\alpha_k}$ 为标准分解，则

$$\sigma(n)=\prod_{i=1}^{k}(1+p_i+\cdots+p_i^{\alpha_i}), \qquad ①$$

$$\varphi(n)=\prod_{i=1}^{k}(p_i-1)p_i^{\alpha_i-1}. \qquad ②$$

所以

$$\begin{aligned}\frac{\varphi(n)\sigma(n)}{n^2}&=\prod_{i=1}^{k}\frac{(1+p_i+\cdots+p_i^{\alpha_i})(p_i-1)p_i^{\alpha_i-1}}{p_i^{2\alpha_i}}\\&=\prod_{i=1}^{k}\left(1+\frac{1}{p_i}+\cdots+\frac{1}{p_i^{\alpha_i}}\right)\left(1-\frac{1}{p_i}\right)=\prod_{i=1}^{k}\left(1-\frac{1}{p_i^{\alpha_i+1}}\right)<1,\end{aligned}$$

故 $\sigma(n)\cdot\varphi(n)<n^2$，从而 n 不为 $\sigma(n)$ 与 $\varphi(n)$ 的等比中项.

综上所述，n 的所有可能值为 1.

注　本题中，①，②是基于正整数的标准分解的两个基本公式.

一般地，一个大于 1 的正整数 n 有唯一的素因数分解(标准分解) $n=p_1^{\alpha_1}p_2^{\alpha_2}\cdots p_k^{\alpha_k}$，其中 $p_1<p_2<\cdots<p_k$ 为不同的素数，$\alpha_1,\alpha_2,\cdots,\alpha_k\in\mathbf{N}^*$. 出于考虑问题的方便，通常不限制素因子 $p_1,p_2,\cdots,p_k$ 的大小次序，有时允许 $\alpha_1,\alpha_2,\cdots,\alpha_k$ 取 0，有时也允许 $k=0$，以涵盖 $n=1$ 的情形.

对标准分解形式下的正整数$n=p_1^{\alpha_1}p_2^{\alpha_2}\cdots p_k^{\alpha_k}$，除了①，②之外，下述结果也是基本的.

记$\tau(n)$为n的正约数个数，则$\tau(n)=\prod_{i=1}^{k}(\alpha_i+1)$，特别地，$n$为完全平方数等价于$\tau(n)$为奇数.

借助正整数的标准分解，可以研究整除、互素、约数、方幂等各类问题.

例 9.5 对每个正整数$n\geqslant 2$，考虑分数$\frac{1}{n},\frac{2}{n},\cdots,\frac{n-1}{n}$的最简形式，将这些最简分式的分子之和定义为$f(n)$. 证明：对任意正整数$n\geqslant 2$，均有$f(n)+f(3n)$为奇数.

证明 令正整数$n=2^k\cdot(2l+1)\,(k,l\in\mathbf{N})$，考虑分数$\frac{m}{n}$的最简形式中分子的奇偶性，当且仅当$m$为$2^{k+1}$的倍数时，最简形式的分子为偶数. 注意到$1,2,\cdots,n-1$中$2^{k+1}$的倍数的个数为$\left[\frac{n-1}{2^{k+1}}\right]=\left[\frac{2^k\cdot(2l+1)-1}{2^{k+1}}\right]=l$，所以$f(n)$是$l$个偶数与$n-1-l$个奇数之和，即

$$f(n)\equiv n-1-l\,(\mathrm{mod}\,2). \qquad ①$$

类似地，对$3n=2^k\cdot(2l_1+1)\,(k,l_1\in\mathbf{N})$，有

$$f(3n)\equiv 3n-1-l_1\,(\mathrm{mod}\,2). \qquad ②$$

又其中$2l_1+1=3(2l+1)$，即$l_1=3l+1$，故结合①，②可知

$$f(n)+f(3n)\equiv(n-1-l)+(3n-1-l_1)=4n-4l-3\equiv 1\,(\mathrm{mod}\,2),$$

即$f(n)+f(3n)$为奇数.

注 当我们仅需关注正整数n所含素因子 2 的次数的情况时，相比于标准分解形式，往往可以选择更简单的分解形式$n=2^k\cdot(2l+1)(k,l\in\mathbf{N})$，即忽略$n$的奇素因子的构成细节. 对于本题中所定义的$f(n)$，其奇偶性恰好可以借助这一分解形式来刻画，余下的问题就变得容易处理了.

9.2 余数分析

在求解一些关于整数的问题时，直接考察整数本身不易取得进展，但通过适当的余数分析(例如分析奇偶性、模 4 的余数、模素数p的余数等)获取有

效的信息，反而能使我们抓住关键，成功解决问题.

在余数分析中，“同余”是重要的概念.

如果两个整数 a,b 的差 $a-b$ 被一个正整数 n 整除，就称 a,b 关于模 n 同余，记作

$$a \equiv b \pmod{n}.$$

根据定义，同余式与整除式可以相互转化. 同余式有很多与等式类似的性质，它们均可通过转化为整除式而得到证明.

“同余”也是一种方便的工具性语言. 在解题中，相比“整除”，同余的各项性质通常更有利于我们进行流畅的思考和书面表达.

例 9.6　设 $f(x)=a_nx^n+a_{n-1}x^{n-1}+\cdots+a_1x+a_0$ 为整系数多项式，且 $a_na_0f(1)$ 为奇数. 证明: 方程 $f(x)=0$ 没有有理根.

证明　由条件知 a_n, a_0, $f(1)$ 均为奇数.

对任意有理数，将其表示为最简分数形式 $\frac{q}{p}$，考虑二元表达式

$$\varphi(p,q)=p^nf\left(\frac{q}{p}\right)=a_nq^n+a_{n-1}pq^{n-1}+\cdots+a_1p^{n-1}q+a_0p^n,$$

注意其中 $a_n,a_{n-1},\cdots,a_0$ p,q 均为整数.

若 p 为奇数，q 为偶数，则 $\varphi(p,q)\equiv a_0\equiv 1 \pmod 2$.

若 p 为偶数，q 为奇数，则 $\varphi(p,q)\equiv a_n\equiv 1 \pmod 2$.

若 p,q 均为奇数，则 $\varphi(p,q)\equiv a_n+a_{n-1}+\cdots+a_1+a_0=f(1)\equiv 1 \pmod 2$.

综上可知 $\varphi(p,q)\neq 0$，故 $f\left(\frac{q}{p}\right)\neq 0$.

这表明方程 $f(x)=0$ 没有有理根.

注　奇偶性是整数的一项基本的二分类属性，在数学上有特殊重要的地位. 本题中，通过奇偶性分析来证明结论，这可以看成模 2 意义下的余数分析. 关于奇偶性，有许多基本性质需要我们在解题中自觉加以利用. 例如，上述证明中的第一步即用到了“若干个整数之积为奇数，当且仅当这些整数都是奇数”这一性质.

例 9.7　设 a,b,c 为正整数. 证明: 在三个数 $a^2bc+2, b^2ca+2, c^2ab+2$ 中，必存在一个数不是完全平方数.

证明 熟知偶数的平方模 4 余 0，奇数的平方模 4 余 1.

当 a,b,c 中存在偶数时，不妨设 a 为偶数，则 $a^2bc+2\equiv 2\pmod 4$，故 a^2bc+2 不是完全平方数.

当 a,b,c 均为奇数时，由抽屉原理，必存在其中两个数模 4 的余数同为 1 或同为 -1，不妨设为 a,b，则 $ab\equiv 1\pmod 4$，从而 $c^2ab+2\equiv c^2+2\equiv 3\pmod 4$，故 c^2ab+2 不是完全平方数.

综上所述，结论得证.

注 对一些特殊的正整数 n，熟悉完全平方数模 n 的余数(即“模 n 的平方剩余”)的一些基本结论，常常有助于我们处理完全平方数的有关问题.

例 9.8 数列 $\{a_n\}$ 满足 $a_1=1, a_2=2$，且

$$a_{n+2}=\begin{cases}5a_{n+1}-3a_n, & 2\mid a_na_{n+1},\\ a_{n+1}-a_n, & 2\nmid a_na_{n+1}.\end{cases}$$

证明：对任意正整数 n，均有 $a_n\neq 0$.

证明 用数学归纳法证明对任意正整数 m，有

$$a_{m+1}\equiv -a_m\pmod 3. \qquad ①$$

当 $m=1$ 时，由 $a_1=1, a_2=2$ 知①式显然成立.

假设当 $m=k$ 时①式成立. 若 $2\mid a_ka_{k+1}$，则由递推关系知

$$a_{k+2}=5a_{k+1}-3a_k\equiv -a_{k+1}\pmod 3;$$

若 $2\nmid a_ka_{k+1}$，则由递推关系及归纳假设知

$$a_{k+2}=a_{k+1}-a_k\equiv a_{k+1}+a_{k+1}\equiv -a_{k+1}\pmod 3.$$

因此当 $m=k+1$ 时①式也成立. 从而①式对任意正整数 m 成立.

由①式知对任意正整数 n，有 $a_n\equiv(-1)^{n-1}a_1\neq 0\pmod 3$，从而 $a_n\neq 0$.

注 上述证法中，我们分析数列 $\{a_n\}$ 各项模 3 的余数(而不是各项本身的值)，得出明显的规律①，借此推出 $\{a_n\}$ 各项中不存在 3 的倍数，使问题得到解决.

此外，通过分析 $\{a_n\}$ 各项模 4 的余数，亦能形成一种简洁有效的证明. 事实上有 $a_{3k-2}\equiv 1\pmod 4, a_{3k-1}\equiv 2\pmod 4, a_{3k}\equiv 3\pmod 4$，请读者自行验证.

例 9.9 求方程 $5^x-3^y=2$ 的所有正整数解 (x,y).

解 当 $y=1$ 时，得 $x=1$.

以下设 (x, y) 为一组正整数解，其中 $y \geqslant 2$.

在原方程两边模 4 得 $1-(-1)^y \equiv 2 \pmod 4$，所以 y 为奇数.

在原方程两边模 9 得 $5^x \equiv 2 \pmod 9$. 注意到对任意非负整数 t，有

$$5^{6t} \equiv 1 \pmod 9, \quad 5^{6t+1} \equiv 5 \pmod 9, \quad 5^{6t+2} \equiv 7 \pmod 9,$$
$$5^{6t+3} \equiv 8 \pmod 9, \quad 5^{6t+4} \equiv 4 \pmod 9, \quad 5^{6t+5} \equiv 2 \pmod 9,$$

可设 $x = 6t+5$.

考虑 5^x 与 3^y 模 7 的余数.

注意到 $5^6 \equiv 1 \pmod 7$，得 $5^x = (5^6)^t \cdot 5^5 \equiv 5^5 \equiv 3 \pmod 7$.

又 $3^6 \equiv 1 \pmod 7$，所以 $3^y \equiv 3^1, 3^3, 3^5 \pmod 7$，即 $3^y \equiv 3, 6, 5 \pmod 7$.

因此 $5^x - 3^y \equiv 0, -3, -2 \pmod 7$，与 $5^x - 3^y = 2$ 矛盾.

综上，原方程仅有一组正整数解 $(x, y) = (1, 1)$.

注　本题解答的主要部分是对 $y \geqslant 2$ 情形的否定，其中先后考虑了方程两边模 4、模 9、模 7 的余数，逐步挖掘信息，具有较强的综合性.

例 9.10　设正整数 n 为合数，$f(n)$ 为 n 的最小的三个正约数之和，$g(n)$ 为 n 的最大的两个正约数之和. 若存在正整数 k，使得 $g(n) = f^k(n)$，求 n 的所有可能值.

解法 1　设正整数 n 满足条件. 显然 n 的最小、最大的正约数分别为 $1, n$. 设 p 是 n 的最小素因子，则 n 的第二小、第二大的正约数分别为 $p, \dfrac{n}{p}$.

对于 n 的第三小的正约数，有以下两类情形.

(1) 若第三小的正约数为 p^2，则 $f(n) = 1+p+p^2$，又由 $p^2 \mid n$ 知 $g(n) = n + \dfrac{n}{p}$ 为 p 的倍数，所以

$$0 \equiv g(n) = f^k(n) \equiv 1^k = 1 \pmod p,$$

与条件不符.

(2) 若第三小的正约数为某一素数 $q\,(q > p)$，则 $f(n) = 1+p+q \equiv 1+p \pmod q$，又由 $pq \mid n$ 知 $g(n) = n + \dfrac{n}{p}$ 为 q 的倍数，所以

$$0 \equiv g(n) = f^k(n) \equiv (1+p)^k \pmod q.$$

注意到 q 为素数，由上式可知 $q \mid 1+p$，从而 $p < q \leqslant 1+p$，只有 $p = 2,\ q = 3$.

此时 $f(n)=6, g(n)=\frac{3}{2}n$，故 $\frac{3}{2}n=6^k$，即 $n=4\times 6^{k-1}$. 其中，由 $3\mid n$ 知 $k\geqslant 2$.

综合(1), (2)，可知 n 的所有可能值为 $n=4\times 6^l\,(l\in\mathbf{N}^*)$.

解法 2 若 n 是奇数，则 n 的正约数都是奇数，由 $f(n)$ 与 $g(n)$ 的定义知 $f^k(n)$ 为奇数，$g(n)$ 为偶数，故 n 不满足条件.

因此只需考虑 n 是偶数的情况，此时 $1, 2$ 是 n 的最小的两个正约数，$n, \frac{n}{2}$ 是 n 的最大的两个正约数.

设 d 是 n 的第三小的正约数，则

$$f(n)=1+2+d=d+3,\quad g(n)=n+\frac{n}{2}=3\cdot\frac{n}{2},$$

所以 $3\cdot\frac{n}{2}=(d+3)^k$，从而

$$d^k\equiv(d+3)^k=3\cdot\frac{n}{2}\equiv 0\pmod 3.$$

于是 $3\mid d$，这样 n 的第三小的正约数只能是 3.

此时 $f(n)=6$，故 $3\cdot\frac{n}{2}=6^k$，即 $n=4\times 6^{k-1}$. 其中，由 $3\mid n$ 知 $k\geqslant 2$.

因此，n 的所有可能值为 $n=4\times 6^l\,(l\in\mathbf{N}^*)$.

注 上述两种解法的出发点不同，但都充分运用了余数分析的方法. 解法 1 的基本思路是先表示 $f(n), g(n)$，再研究它们之间的关系，其中在不同的情形下，分别进行了适当的余数分析. 解法 2 是从奇偶分析入手，先获得一定的进展，再根据需要辅以模 3 的分析.

9.3 素因子次数分析

设 n 为正整数，p 为素数，则必存在唯一的非负整数 α，满足 $p^\alpha\mid n$ 且 $p^{\alpha+1}\nmid n$，将 α 称为"n 所含素因子 p 的次数"，并将 α 记作 $v_p(n)$.

如果允许 α 取负整数，则上述概念可以自然地推广到 n 为非零有理数的情形，例如，$v_2\left(\frac{5}{28}\right)=-2,\ v_7\left(\frac{5}{28}\right)=-1,\ v_2\left(-\frac{32}{15}\right)=5,\ v_7\left(-\frac{32}{15}\right)=0$.

为方便起见，在不引起歧义的前提下，后续内容中对符号 $v_p(n)$ 的意义不再另行说明.

另约定，在本节及本章习题 9 中，$(n_1,n_2,\cdots,n_k)$ 与 $[n_1,n_2,\cdots,n_k]$ 分别表示 $k(k\geqslant 2)$ 个正整数 $n_1,n_2,\cdots,n_k$ 的最大公约数与最小公倍数.

下述性质是常用的.

(1) 设 p 为素数，则对任意非零有理数 m,n，有

$$v_p(mn)=v_p(m)+v_p(n),\quad v_p\left(\frac{m}{n}\right)=v_p(m)-v_p(n).$$

(2) 设 p 为素数，则对任意正整数 $n_1,n_2,\cdots,n_k$，有

$$v_p((n_1,n_2,\cdots,n_k))=\min_{1\leqslant i\leqslant k} v_p(n_i),\quad v_p([n_1,n_2,\cdots,n_k])=\max_{1\leqslant i\leqslant k} v_p(n_i).$$

性质(1)与指数运算性质可以类比，其本质上是在对非零有理数 m,n 进行乘除运算时，仅考虑 m,n 所含的素因子 p，而"屏蔽"除 p 以外的其他素因子. 性质(2)可以利用正整数的标准分解及最大公约数、最小公倍数的定义来证明.

例 9.11　设 n 为正整数，p 为素数，$m=[\log_p n]$. 证明：$v_p(n!)=\sum_{k=1}^{m}\left[\frac{n}{p^k}\right]$.

证明　对每个正整数 k，在 $1,2,\cdots,n$ 中 p^k 的倍数恰有 $\left[\frac{n}{p^k}\right]$ 个.

因此，对每个正整数 k，在 $1,2,\cdots,n$ 中，是 p^k 的倍数但不是 p^{k+1} 的倍数的正整数恰有 $\left[\frac{n}{p^k}\right]-\left[\frac{n}{p^{k+1}}\right]$ 个，这些数为 $n!$ 提供的素因子 p 的次数为 $k\cdot\left(\left[\frac{n}{p^k}\right]-\left[\frac{n}{p^{k+1}}\right]\right)$. 所以

$$\begin{aligned}v_p(n!)&=\left(\left[\frac{n}{p}\right]-\left[\frac{n}{p^2}\right]\right)+2\left(\left[\frac{n}{p^2}\right]-\left[\frac{n}{p^3}\right]\right)+3\left(\left[\frac{n}{p^3}\right]-\left[\frac{n}{p^4}\right]\right)+\cdots\\&=\left[\frac{n}{p}\right]+\left[\frac{n}{p^2}\right]+\left[\frac{n}{p^3}\right]+\cdots,\end{aligned}$$

其中注意：当 $k>\log_p n$，即 $k\geqslant[\log_p n]+1=m+1$ 时，有 $\left[\frac{n}{p^k}\right]=0$. 从而

$$v_p(n!)=\sum_{k=1}^{\infty}\left[\frac{n}{p^k}\right]=\sum_{k=1}^{m}\left[\frac{n}{p^k}\right].$$

注 1 本题是一个关于素因子次数的基本结论. 凡是涉及阶乘的素因子次数的问题, 常可利用此结论, 请参见例 9.12 和例 9.13. 有时为了方便起见, 将 $v_p(n!)$ 写为无穷和 $\sum_{k=1}^{\infty}\left[\frac{n}{p^k}\right]$ 的形式, 但实际上是有限和, 因此换序求和之类的级数运算仍是有意义的.

注 2 本题亦可这样证明.

先对 $1,2,\cdots,n$ 中所有 p 的倍数(共 $\left[\frac{n}{p}\right]$ 个)各提一个素因子 p; 然后对所有 p^2 的倍数(共 $\left[\frac{n}{p^2}\right]$ 个)各提一个 p; 再对所有 p^3 的倍数(共 $\left[\frac{n}{p^3}\right]$ 个)各提一个 p; 以此类推, 直到对所有 p^m 的倍数(共 $\left[\frac{n}{p^m}\right]$ 个)各提一个 p 后, 乘积 $n!=1\times2\times\cdots\times n$ 中的所有素因子 p 被提尽. 整个过程中所提素因子 p 的总个数为 $\sum_{k=1}^{m}\left[\frac{n}{p^k}\right]$, 这表明 $v_p(n!)=\sum_{k=1}^{m}\left[\frac{n}{p^k}\right]$.

注 3 设 $s_p(n)$ 为正整数 n 在 p 进制下的各位数码之和, 则可利用本题的结论, 将 $v_p(n!)$ 表示为 $\frac{n-s_p(n)}{p-1}$ 的形式, 此亦为一个常见结论. 证明如下.

设 $n=(a_m a_{m-1}\cdots a_1 a_0)_p$, 则对 $k=1,2,\cdots,m$, 有 $\left[\frac{n}{p^k}\right]=(a_m a_{m-1}\cdots a_k)_p$, 从而

$$
\begin{aligned}
v_p(n!) &= \sum_{k=1}^{m}(a_m a_{m-1}\cdots a_k)_p \\
&= a_m(p^{m-1}+p^{m-2}+\cdots+1)+a_{m-1}(p^{m-2}+p^{m-3}+\cdots+1) \\
&\quad +\cdots+a_2(p+1)+a_1 \\
&= \sum_{i=1}^{m}a_i\cdot\frac{p^i-1}{p-1}=\sum_{i=0}^{m}a_i\cdot\frac{p^i-1}{p-1} \\
&= \frac{1}{p-1}\cdot\left(\sum_{i=0}^{m}a_i p^i-\sum_{i=0}^{m}a_i\right) \\
&= \frac{1}{p-1}\cdot(n-s_p(n)).
\end{aligned}
$$

例 9.12 证明: 对任意正整数 $m,n(m\leqslant n)$, 组合数 C_n^m 为整数.

证明 本题等价于证明: 对任意素数 p, 有 $v_p(C_n^m)\geqslant 0$.

注意到 $C_n^m=\dfrac{n!}{m!\cdot(n-m)!}$，有

$$
\begin{aligned}
v_p(C_n^m)&=v_p(n!)-v_p(m!)-v_p((n-m)!)\\
&=\sum_{k=1}^{\infty}\left[\frac{n}{p^k}\right]-\sum_{k=1}^{\infty}\left[\frac{m}{p^k}\right]-\sum_{k=1}^{\infty}\left[\frac{n-m}{p^k}\right]\\
&=\sum_{k=1}^{\infty}\left(\left[\frac{n}{p^k}\right]-\left[\frac{m}{p^k}\right]-\left[\frac{n-m}{p^k}\right]\right)\\
&\geqslant\sum_{k=1}^{\infty}\left(\left[\frac{n}{p^k}\right]-\left[\frac{m}{p^k}+\frac{n-m}{p^k}\right]\right)\ (\text{这里用到}[x]+[y]\leqslant[x+y])\\
&=0.
\end{aligned}
$$

因此结论得证.

注　根据组合数的意义，C_n^m 为整数是不证自明的. 本题从数论的角度考察组合数 C_n^m，重在呈现如何通过素因子次数的分析来证明一个数为整数. 一般地，对于非零有理数 r，若要判断 r 是否为整数，可转化为判断是否对任意素数 p，均有 $v_p(r)\geqslant 0$. 类似地，对于两个非零整数 r_1,r_2，若要判断 r_1 是否整除 r_2，可转化为判断是否对任意素数 p，均有 $v_p(r_1)\leqslant v_p(r_2)$.

例 9.13　设 n 为正整数. 证明:

$$[1,2,\cdots,n+1]=(n+1)\cdot[C_n^0,\ C_n^1,\cdots,C_n^n].$$

证明　本题等价于证明: 对任意素数 p，有

$$v_p([1,2,\cdots,n+1])=v_p((n+1)\cdot[C_n^0,\ C_n^1,\cdots,C_n^n]).\qquad ①$$

固定一个素数 p，取非负整数 r 满足 $p^r\leqslant n+1<p^{r+1}$，则①式的左端

$$v_p([1,2,\cdots,n+1])=\max_{1\leqslant i\leqslant n+1}v_p(i)=r.$$

记

$$\lambda_m=v_p((n+1)C_n^m)=v_p\left(\frac{(n+1)!}{m!\cdot(n-m)!}\right)\ (m=0,1,\cdots,n),$$

则①式的右端等于 $\max\limits_{0\leqslant m\leqslant n}\lambda_m$. 因此①式等价于

$$\max_{0\leqslant m\leqslant n}\lambda_m=r.\qquad ②$$

对 $m=0,1,\cdots,n$，注意到 $\max\{m,n-m\}<n+1<p^{r+1}$，故

$$\lambda_m = v_p\left(\frac{(n+1)!}{m!\cdot(n-m)!}\right) = \sum_{k=1}^{r}\left(\left[\frac{n+1}{p^k}\right]-\left[\frac{m}{p^k}\right]-\left[\frac{n-m}{p^k}\right]\right). \quad ③$$

记 $\lambda_m(k)=\left[\frac{n+1}{p^k}\right]-\left[\frac{m}{p^k}\right]-\left[\frac{n-m}{p^k}\right]\ (k=1,2,\cdots,r)$.

由于对任意正整数 $a\geqslant 2$ 及任意整数 b，有 $\frac{b+1}{a}-1\leqslant\left[\frac{b}{a}\right]\leqslant\frac{b}{a}$，所以

$$\lambda_m(k)\leqslant\frac{n+1}{p^k}-\left(\frac{m+1}{p^k}-1\right)-\left(\frac{n-m+1}{p^k}-1\right)=2-\frac{1}{p^k}<2,$$

又 $\lambda_m(k)\in\mathbf{Z}$，从而 $\lambda_m(k)\leqslant 1$．故结合③知

$$\lambda_m=\sum_{k=1}^{r}\lambda_m(k)\leqslant r.$$

另外，取 $m_0=p^r-1$，则 $0\leqslant m_0\leqslant n$，且对任意 $k=1,2,\cdots,r$，均有

$$\begin{aligned}\lambda_{m_0}(k)&=\left[\frac{n+1}{p^k}\right]-\left[\frac{p^r-1}{p^k}\right]-\left[\frac{n-p^r+1}{p^k}\right]\\&=\left[\frac{n+1}{p^k}\right]-(p^{r-k}-1)-\left(\left[\frac{n+1}{p^k}\right]-p^{r-k}\right)=1,\end{aligned}$$

此时

$$\lambda_{m_0}=\sum_{k=1}^{r}\lambda_{m_0}(k)=r.$$

综上可知②式成立，从而①式成立.

注　本题中，我们借助素因子次数的分析来证明两数相等．一般地，对于任意两个正有理数 r_1,r_2，若要判断 r_1 是否等于 r_2，可转化为判断是否对任意素数 p，均有 $v_p(r_1)=v_p(r_2)$.

例 9.14　证明：方程 $a^4+b^3=a^3b^2$ 不存在正整数解 (a,b).

证明　反证法．假设 (a,b) 为一组正整数解.

考虑 a 或 b 的任何一个素因子 p．设 $v_p(a)=x,\ v_p(b)=y$，其中 x,y 是不全为零的非负整数，则

$$v_p(a^4)=4x,\quad v_p(b^3)=3y,\quad v_p(a^3b^2)=3x+2y. \quad ①$$

记 $m=\min\{4x,3y,3x+2y\}$.

假如 $4x, 3y, 3x+2y$ 中仅有一个数等于 m，则另两个数大于 m，此时原方程两端的三项 a^4, b^3, a^3b^2 中有一项仅被 p^m 整除但不被 p^{m+1} 整除，而另两项被 p^{m+1} 整除，矛盾.

因此 $4x, 3y, 3x+2y$ 中至少有两个数等于 m. 显然 $m>0$ (否则，$m=0$ 将导致 x, y 全为零，矛盾).

若 $4x=3x+2y=m$，则 $y=\frac{m}{8}$，故 $3y=\frac{3m}{8}<m$，与 m 的定义矛盾.

若 $3y=3x+2y=m$，则 $x=\frac{m}{9}$，故 $4x=\frac{4m}{9}<m$，与 m 的定义矛盾.

所以只能是 $4x=3y=m$.

以上表明，对 a 或 b 的任何一个素因子 p，均有

$$v_p(a):v_p(b)=3:4. \qquad ②$$

这意味着存在正整数 u 使得

$$a=u^3,\quad b=u^4,$$

代入原方程知 $u^{12}+u^{12}=u^{17}$，即 $u^5=2$，矛盾.

从而原方程不存在正整数解 (a,b).

注　对 a 或 b 的任何一个素因子 p 得到 $v_p(a), v_p(b)$ 之间的等量关系②，是导出矛盾的关键. 其中，从分析 a^4, b^3, a^3b^2 所含素因子 p 的次数着手，证明了①所给出的三个数中较小的两数必相等. 对于这一步的证明，有下述一般的推广.

设 $n(n\geqslant 2)$ 个非零有理数 $a_1, a_2, \cdots, a_n$ 满足

$$a_1+a_2+\cdots+a_n=0,$$

则对任意素数 p，在 $v_p(a_1), v_p(a_2), \cdots, v_p(a_n)$ 这 n 个数中，最小的数至少出现两次.

这一结论在素因子次数分析中颇为常用. 其证明如下.

将 $v_p(a_1), v_p(a_2), \cdots, v_p(a_n)$ 中最小的数记为 m. 假设 m 仅出现一次，不妨设 $v_p(a_1)=m<\min\limits_{2\leqslant i\leqslant n} v_p(a_i)$，则 $\frac{a_2}{p^{m+1}}, \cdots, \frac{a_m}{p^{m+1}}\in\mathbf{Z}$，但 $\frac{a_1}{p^{m+1}}\notin\mathbf{Z}$，所以

$$\frac{a_1+a_2+\cdots+a_n}{p^{m+1}}\notin\mathbf{Z},$$

这表明 $a_1+a_2+\cdots+a_n\neq 0$，与条件矛盾. 故 m 至少出现两次.

例 9.15 设 a,b,c 是非零整数，且 $\frac{a}{b}+\frac{b}{c}+\frac{c}{a}$ 也是整数. 证明：abc 是整数的立方.

证明 任意取定一个素数 p，考虑 $v_p(abc)$.

设整数 n 满足

$$n=\frac{a}{b}+\frac{b}{c}+\frac{c}{a}. \qquad ①$$

记 $m=\min\left\{v_p(n),v_p\left(\frac{b}{c}\right),v_p\left(\frac{c}{a}\right),v_p\left(\frac{a}{b}\right)\right\}$(约定当 $n=0$ 时，$v_p(n)=+\infty$，不影响后续的分析). 显然

$$3m\leqslant v_p\left(\frac{a}{b}\right)+v_p\left(\frac{b}{c}\right)+v_p\left(\frac{c}{a}\right)=v_p\left(\frac{a}{b}\cdot\frac{b}{c}\cdot\frac{c}{a}\right)=v_p(1)=0, \qquad ②$$

故 $m\leqslant 0$.

若 $m=0$，则②中的不等式取等，必有 $v_p\left(\frac{a}{b}\right)=v_p\left(\frac{b}{c}\right)=v_p\left(\frac{c}{a}\right)=0$，故 $v_p(a)=v_p(b)=v_p(c)$，进而 $v_p(abc)=3v_p(a)$ 为 3 的倍数.

若 $m<0$，由①知 $v_p(n),v_p\left(\frac{b}{c}\right),v_p\left(\frac{c}{a}\right),v_p\left(\frac{a}{b}\right)$ 中至少有两个数为 m，又 $v_p(n)\geqslant 0>m$，故可不妨设 $v_p\left(\frac{a}{b}\right)=v_p\left(\frac{b}{c}\right)=m$. 此时

$$v_p(abc)=v_p\left(\frac{a}{b}\cdot\frac{c}{b}\cdot b^3\right)=v_p\left(\frac{a}{b}\right)-v_p\left(\frac{b}{c}\right)+3v_p(b)=3v_p(b)$$

为 3 的倍数.

综上，对任意素数 p，有 $v_p(abc)$ 为 3 的倍数. 这意味着存在正整数 u，使得 $|abc|=u^3$，则 $abc=(\pm u)^3$ 是整数的立方.

注 本题的结论容易等价表述为“对任意素数 p，$v_p(abc)$ 为 3 的倍数”. 具体分析时，采用与例 9.14 相仿的技术，从①的四个组成项 $n,\frac{a}{b},\frac{b}{c},\frac{c}{a}$ 的素因子次数着手考虑.

读者可以进一步思考：若非零整数 a,b,c 不但使 $\frac{a}{b}+\frac{b}{c}+\frac{c}{a}$ 为整数，还使 $\frac{a}{c}+\frac{c}{b}+\frac{b}{a}$ 为整数，则 a,b,c 之间具有怎样的关系？

习　题　9

1. 已知正整数 n 的正约数个数 $\tau(n)=6$. 求 n^2 的正约数个数 $\tau(n^2)$ 的所有可能值, 并求 n 的正约数之和 $\sigma(n)$ 的最小值.

2. 设正整数 n 不是 2 的方幂. 证明: 可将 n 表示为两个或两个以上的连续正整数之和.

3. 设 $f(n)$ 是 $\mathbf{N}^*$ 到 $\mathbf{N}^*$ 的函数, $f(1)=1$, 且对任意 $n\in\mathbf{N}^*$, $\varepsilon\in\{0,1\}$, 有

$$f(2n+\varepsilon)=3f(n)+\varepsilon.$$

求函数 $f(n)$ 的值域.

4. (1) 求方程 $1!+2!+\cdots+n!=m^2$ 的正整数解 (m,n);

(2) 求方程 $1!+2!+\cdots+n!=2^k+1$ 的正整数解 (n,k).

5. 考虑数码 1, 2, 3, 4, 5, 6, 7 各出现一次的七位正整数(十进制意义下). 证明: 在这些数中, 没有一个是另一个的倍数.

6. 正整数数列 $\{a_n\}$ 满足: 对任意正整数 n, 有 $a_{n+2}=2a_{n+1}^2+a_n^2$. 设 $\{a_n\}$ 的前 100 项中偶数的个数为 x, 3 的倍数的个数为 y, 5 的倍数的个数为 z. 求

(1) x 的所有可能值;

(2) y 的所有可能值;

(3) z 的所有可能值.

7. 求最小的正整数 k, 使得存在非负整数 m, n 满足 $k=19^m-5^n$.

8. 对任意正整数 a, b, c, 证明:

$$\frac{[a,b,c]^2}{[a,b]\cdot[b,c]\cdot[c,a]}=\frac{(a,b,c)^2}{(a,b)\cdot(b,c)\cdot(c,a)}.$$

9. 设 $m_1, m_2, \cdots, m_r$ (可以有相同的)与 $n_1, n_2, \cdots, n_s$ (可以有相同的)是两组正整数, 满足: 对任意整数 $d>1$, $m_1, m_2, \cdots, m_r$ 中 d 的倍数的个数不少于 $n_1, n_2, \cdots, n_s$ 中 d 的倍数的个数. 证明: $n_1n_2\cdots n_s \mid m_1m_2\cdots m_r$.

10. 求方程 $a^3+ab^3=b^5$ 的所有正整数解 (a,b).

第 10 章　组合数学解题方法选讲

组合数学是现代数学中迅速发展的领域之一，主要研究某些离散对象满足一定条件的组态的存在性、计数、构造及优化等方面的问题.

组合数学在国内的中小学数学课程中所占比重较低，但在各类数学竞赛中是热门的专题，新颖有趣的问题层出不穷. 许多组合问题所涉及的知识未必很多，但对方法和策略上的要求较高，需要解题者的灵活与机智.

组合数学的竞赛题涉及的内容广泛，题目千变万化，解法灵活多样. 本章精选抽屉原理、对应与递推、染色与赋值这三个专题进行介绍.

10.1　抽屉原理

把 10 个苹果放到 9 个抽屉里，一定有一个抽屉里至少有 2 个苹果. 从理论上说，这样的命题可以通过穷举所有情况来验证，但当苹果数与抽屉数非常大，甚至是无穷大的情况下，穷举就不再具有可行性了.

不妨换一种思路，用反证法来证明——假如每个抽屉至多只有 1 个苹果，则 9 个抽屉至多只能放 9 个苹果，与苹果数为 10 矛盾！从而结论得证.

类似地，可以证明以下更一般的结论，这些结论被形象地冠以“抽屉原理”的标签.

抽屉原理 1　如果把 $n+1$ 件物品放入 n 个抽屉，那么必定存在一个抽屉装有至少两件物品.

抽屉原理 2 (抽屉原理 1 的推广)　如果把 m 件物品放入 n 个抽屉，那么必定存在一个抽屉装有至少 $\left[\frac{m-1}{n}\right]+1$ 件物品，也必定存在一个抽屉装有至多 $\left[\frac{m}{n}\right]$ 件物品.

抽屉原理 3　如果把无穷多件物品放入 n 个抽屉，那么必定存在一个抽屉装有无穷多件物品.

在国外，抽屉原理常被称为“鸽巢原理”，又因其最先是由德国数学家狄利克雷(Dirichlet)明确地提出的, 因此也被称为“狄利克雷原理”.

与抽屉原理的思维形式相仿地, 还有“平均数原理”及几何上的“重叠原理”.

平均数原理 在n个实数中, 必有一个数不小于这n个数的算术平均, 也必有一个数不大于这n个数的算术平均(这里当n个实数为正时, “算术平均”还可推广到各种幂平均).

重叠原理 若面积为$S_1, S_2, \cdots, S_n$的n个图形均位于一个面积为S的区域内, 其中$S_1+S_2+\cdots+S_n>S$, 则这n个图形中必有两个图形有重叠部分(这里“面积”可改为长度、体积等其他测度).

抽屉原理是对存在性命题作出非构造性证明的一种有效方法. 运用抽屉原理解题, 关键是设计合适的“抽屉”. 一般来说, 各种数学对象的分类(例如, 数的分组、图形的划分、某个量的取值、剩余类等)均可作为设计“抽屉”的依据, 但实际操作时却没有统一的套路, 需对具体问题作具体的考虑.

例 10.1 现有$1, 2, \cdots, 100$这 100 个数. 证明:

(1) 任取其中 51 个数, 则必有两个数的和为 101;

(2) 任取其中 52 个数, 则必有两个数的和为 102.

证明 (1) 将$1, 2, \cdots, 100$分成如下 50 个组(二元集):

$$\{1,100\},\{2,99\},\cdots,\{50,51\}.$$

对于从$1, 2, \cdots, 100$中任取的 51 个数, 根据抽屉原理, 必有两个数来自上述同一组, 它们的和为 101.

(2) 将$1, 2, \cdots, 100$分成如下 51 个组(单元集或二元集):

$$\{1\},\{51\},\{2,100\},\{3,99\},\cdots,\{50,52\}.$$

对于从$1, 2, \cdots, 100$中任取的 51 个数, 根据抽屉原理, 必有两个数来自上述同一组, 显然这个组为二元集, 其中两数的和为 102.

注 在第(1)题中, 将和为 101 的两数进行配对, 归为同组, 这一设计“抽屉”的依据直接来自问题的目标. 在第(2)题中, 类似地将和为 102 的两数进行配对, 注意到其中 1 和 51 无法和其他数形成配对, 故将它们单独分组, 这对抽屉原理的运用并不产生影响.

例 10.2 将$1, 2, \cdots, 10$按任意次序排在一个圆周上. 证明:

(1) 一定可以找到三个相邻的数, 它们的和至少为 17;

(2) 一定可以找到三个相邻的数，它们的和至少为 18.

证明 将圆周上的 10 个数沿顺时针方向依次记为 $a_1, a_2, \cdots, a_{10}$.

记 $S_k = a_k + a_{k+1} + a_{k+2}\ (k=1,2,\cdots,10)$ (约定下标按模 10 的意义理解).

(1) 由于

$$\sum_{k=1}^{10} S_k = \sum_{k=1}^{10} a_k + \sum_{k=1}^{10} a_{k+1} + \sum_{k=1}^{10} a_{k+2} = 3\cdot(1+2+\cdots+10) = 165,$$

故由平均数原理知 $S_1, S_2, \cdots, S_{10}$ 中必有一个数不小于 $\frac{165}{10}=16.5$. 注意到 $S_1, S_2, \cdots, S_{10}$ 均为整数，不妨设 $S_1 \geqslant 17$，则三个相邻的数 a_1, a_2, a_3 的和至少为 17.

(2) 不妨设 $a_1 = 1$，则 $a_2, a_3, \cdots, a_{10}$ 为 $2,3,\cdots,10$ 的排列，故

$$S_2 + S_5 + S_8 = \sum_{k=2}^{10} a_k = 2+3+\cdots+10 = 54.$$

由平均数原理知存在 $i \in \{2,5,8\}$，使得 $S_i \geqslant \frac{54}{3} = 18$，则三个相邻的数 a_i, a_{i+1}, a_{i+2} 的和至少为 18.

注 1 平均数原理与抽屉原理的本质相似. 在第(1), (2)两题的解答中，以两种典型的方式运用了平均数原理. 其中，第二种方式在考虑平均数之前，先将最小的数 1 排除在外，在本题的场合下效果更佳，所证得的结果比第一种方式更强. 运用类似的方式，还能证明一定可以找到三个相邻的数，它们的和不大于 15.

注 2 平均数原理的运用往往能够体现“从整体考虑问题”的策略(请对照第 4 章中的例 4.10 等问题).

例 10.3 设 $a_1, a_2, \cdots, a_{100}$ 为互不相同的正实数. 证明：存在 $i, j \in \{1,2,\cdots,100\}$，使得

$$0 < a_j - a_i < \frac{(1+a_i)(1+a_j)}{99}. \quad ①$$

证明 将①式的两边同除以正数 $(1+a_i)(1+a_j)$，可等价变形为

$$0 < \frac{a_j - a_i}{(1+a_i)(1+a_j)} = \frac{1}{1+a_i} - \frac{1}{1+a_j} < \frac{1}{99}. \quad ②$$

令 $x_k = \frac{1}{1+a_k}\ (k=1,2,\cdots,100)$.

由于 $a_1, a_2, \cdots, a_{100}$ 为互不相同的正实数，故 $x_1, x_2, \cdots, x_{100}$ 互不相同且都属于 $(0,1)$.

将区间 $(0,1)$ 划分为等长的 99 个区间

$$\left(0, \frac{1}{99}\right], \left(\frac{1}{99}, \frac{2}{99}\right], \cdots, \left(\frac{97}{99}, \frac{98}{99}\right], \left(\frac{98}{99}, 1\right).$$

由抽屉原理知必存在 $i, j \in \{1, 2, \cdots, 100\}$，使得 x_i, x_j 属于上述同一个区间.

不妨设 $x_j < x_i$，则 $0 < x_i - x_j < \frac{1}{99}$，即②式成立. 从而命题得证.

注　将题中的不等式①等价变形为②后，关于 a_i, a_j 显现为分离变量的结构，通过代换又使问题得到了进一步简化，且显露出了通过区间的划分来运用抽屉原理的痕迹.

例 10.4　给定正整数 $n \geqslant 2$. 证明：在 n 个整数 $a_1, a_2, \cdots, a_n$ (允许相同)中，必存在若干个数(可以是一个数)之和为 n 的倍数.

证明　令 $S_k = \sum_{t=1}^{k} a_t \ (k = 0, 1, \cdots, n)$.

由于模 n 的余数恰有 $0, 1, \cdots, n-1$ 这 n 种，根据抽屉原理，$n+1$ 个整数 $S_0, S_1, \cdots, S_n$ 中必有两个数模 n 的余数相同. 不妨设 $S_i \equiv S_j \pmod{n}$，其中 $0 \leqslant i < j \leqslant n$，则

$$\sum_{t=i+1}^{j} a_t = S_j - S_i \equiv 0 \pmod{n},$$

从而 $a_{i+1}, a_{i+2}, \cdots, a_j$ 为满足条件的若干个数.

注　本题是以剩余类作为分类依据来运用抽屉原理的一个典型例子. 从要证的结论看，以模 n 的剩余类作为“抽屉”并不难想到. 但是，将 $a_1, a_2, \cdots, a_n$ 的部分和序列 $S_0, S_1, \cdots, S_n$ 作为放入抽屉的“物品”，这样的处理方式有一定的技巧性.

例 10.5　给定正整数 $n \geqslant 2, k \geqslant 3$. 设圆周 Γ 上的每一点被染为 n 种颜色之一. 证明：必存在 Γ 上的 $2k$ 个同色点 $A_1, A_2, \cdots, A_k, B_1, B_2, \cdots, B_k$，使得 $A_1A_2\cdots A_k$ 与 $B_1B_2\cdots B_k$ 为全等的凸 k 边形.

证明　记 $m = (k-1)n+1$. 对圆 Γ 的任意一个内接正 m 边形 P，根据抽屉原理，其 m 个顶点中必有 $\left[\frac{m-1}{n}\right]+1 = k$ 个顶点所染的颜色相同. 因此可以选

取 P 的 k 个同色顶点(当有多种选取方法时, 任意指定一种), 以它们为顶点作一个凸 k 边形 $\Omega(P)$.

为方便起见, 将上述所作的 $\Omega(P)$ 称为正 m 边形 P 的“关键 k 边形”.

以下根据 $\Omega(P)$ 的颜色及形状对 P 进行归类.

将 n 种颜色分别记为 $c_1, c_2, \cdots, c_n$. 注意到 $\Omega(P)$ 的所有顶点同色, 设该颜色为 c_i. 由于 $\Omega(P)$ 只有有限种可能的形状, 将这些形状分别记为 $s_1, s_2, \cdots, s_l$, 设 $\Omega(P)$ 的形状为 s_j. 此时将 P 归为 (i, j) 这一类型, 其中 $1 \leqslant i \leqslant n, 1 \leqslant j \leqslant l$. 不同的类型共有 nl 种.

圆 Γ 的内接正 m 边形显然有无穷多个, 使得其中任意两个没有公共顶点. 根据抽屉原理, 必存在其中的两个 P_a, P_b, 它们属于同一类型 $(i_0, j_0)(1 \leqslant i_0 \leqslant n, 1 \leqslant j_0 \leqslant l)$.

设 P_a, P_b 的关键 k 边形分别为 $\Omega(P_a) = A_1A_2\cdots A_k$, $\Omega(P_b) = B_1B_2\cdots B_k$, 则 Γ 上的 $2k$ 个点 $A_1, A_2, \cdots, A_k, B_1, B_2, \cdots, B_k$ 均染有同一颜色 c_{i_0}, 且凸 k 边形 $A_1A_2\cdots A_k$ 与 $B_1B_2\cdots B_k$ 全等(都是同一形状 s_{j_0}). 结论得证.

注 本题的目标是找出 Γ 的两个顶点同色且全等的内接 k 边形, 因而颜色及形状成为需要关注的两项属性. 上述解答中, 兼顾这两项属性来设计“抽屉”, 体现了抽屉原理的灵活运用.

10.2 对应与递推

“对应”是一个基本的数学概念. 通过建立对应关系, 可以将一个数学系统等同于另一个数学系统, 将一个数学问题等价转化为另一个问题. 适当建立两个集合的元素之间的对应关系后, 可以比较两个集合中元素的个数, 或得到某种有用的数量关系, 特别是在一些计数问题中, 可以达到化难为易的效果.

例 10.6 圆周上有 $n(n \geqslant 4)$ 个点 $A_1, A_2, \cdots, A_n$, 每两点之间连一条直线. 设 Ω 是由这些直线(共 C_n^2 条)组成的集合.

(1) 若 Ω 中任意三条直线都不交于圆内一点, 求 Ω 中的直线在圆内产生的交点个数;

(2) 有多少个三角形, 其三边所在直线都属于 Ω, 且三个顶点中有一个在圆内, 另两个在圆周上?

解 不妨设 $A_1, A_2, \cdots, A_n$ 在圆周上按顺时针次序排列.

(1) 对 Ω 中的直线在圆内产生的任意一个交点 P，由条件知 P 恰被 Ω 中的两条直线经过. 不失一般性，设这两条直线为 A_iA_k 与 A_jA_l，其中 $1 \leqslant i < j < k < l \leqslant n$. 作如下映射 f:

$$f(P) = \{A_i, A_j, A_k, A_l\}.$$

反过来，对 $\{A_1, A_2, \cdots, A_n\}$ 的任意一个四元子集 $\{A_i, A_j, A_k, A_l\}(1 \leqslant i < j < k < l \leqslant n)$，在由四点 A_i, A_j, A_k, A_l 所确定的 $C_4^2 = 6$ 条直线中，有且仅有 A_iA_k 与 A_jA_l 的交点在圆内. 这表明在映射 f 下，$\{A_i, A_j, A_k, A_l\}$ 的原像 P 存在且唯一.

因此，f 是 Ω 中的直线在圆内产生的所有交点与 $\{A_1, A_2, \cdots, A_n\}$ 的所有四元子集之间的一一对应. 从而所求的交点个数就是 $\{A_1, A_2, \cdots, A_n\}$ 的四元子集的个数，即 C_n^4.

(2) 考虑任意一个满足条件的 $\triangle PST$，其顶点 P 在圆内，S, T 在圆周上. 显然 S, T 为 $A_1, A_2, \cdots, A_n$ 中的点，且直线 SP, TP 均属于 Ω，故 SP, TP 分别再度与圆周交于 $A_1, A_2, \cdots, A_n$ 中的另两点 U, V. 作如下映射 g:

$$g(\triangle PST) = \{S, T, U, V\}.$$

反过来，对 $\{A_1, A_2, \cdots, A_n\}$ 的任意一个四元子集 $\{A_i, A_j, A_k, A_l\}(1 \leqslant i < j < k < l \leqslant n)$，设直线 A_iA_k 与 A_jA_l 交于圆内一点 P，则在映射 g 下，$\{A_i, A_j, A_k, A_l\}$ 恰有 4 个原像

$$\triangle A_iA_jP,\ \triangle A_jA_kP,\ \triangle A_kA_lP,\ \triangle A_lA_iP.$$

因此，f 是所有满足条件的三角形与 $\{A_1, A_2, \cdots, A_n\}$ 的所有四元子集之间的“4 对 1”的对应. 从而所求的三角形个数就是 $\{A_1, A_2, \cdots, A_n\}$ 的四元子集的个数的 4 倍，即 $4C_n^4$.

注 在计数问题中常常要用到“对应”. 一般地，若要计算有限集 X 的元素个数 $|X|$，可以考虑与 X 相关的某个有限集 Y (其中 Y 的元素个数 $|Y|$ 较易求得). 如果能在 X 与 Y 的元素之间找到某种一一对应关系，那么就有 $|X| = |Y|$.

在本题中，第(1)题所体现的即为该模式，而第(2)题则体现了更一般的模式：如果能在 X 与 Y 的元素之间找到某种“k 对 l”的对应关系，那么就有 $k|X| = l|Y|$.

此外，在另一些场合下，亦可通过建立单向的对应，给出 $|X|$ 与 $|Y|$ 之间的某种不等关系，借此对 $|X|$ 的上下界作出估计.

例 10.7 对四位数 $\overline{abcd}$ $(1\leqslant a\leqslant 9, 0\leqslant b,c,d\leqslant 9)$，若 $a>b, b<c, c>d$，则称 $\overline{abcd}$ 为 P 类数；若 $a<b, b>c, c<d$，则称 $\overline{abcd}$ 为 Q 类数. 用 $N(P)$ 与 $N(Q)$ 分别表示 P 类数与 Q 类数的个数，求 $N(P)-N(Q)$ 的值.

解 记 A 为 P 类数的全体，B 为 Q 类数的全体，再将个位数为零的 P 类数全体记为 A_0，个位数不等于零的 P 类数全体记为 A_1.

对任一四位数 $\overline{abcd}\in A_1$，将其对应到四位数 $\overline{dcba}$，注意到 $a>b, b<c, c>d\geqslant 1$，故 $\overline{dcba}\in B$. 反之，每个 $\overline{dcba}\in B$ 唯一对应于 A_1 中的元素 $\overline{abcd}$. 这建立了 A_1 与 B 之间的一一对应，因此有

$$N(P)-N(Q)=|A|-|B|=|A_0|+|A_1|-|B|=|A_0|.$$

对任一四位数 $\overline{abc0}\in A_0$，b 可取 $0,1,\cdots,9$，对其中每个 b，由 $b<a\leqslant 9$ 及 $b<c\leqslant 9$ 知，a 和 c 分别有 $9-b$ 种取法，从而

$$|A_0|=\sum_{b=0}^{9}(9-b)^2=\sum_{k=1}^{9}k^2=\frac{9\times 10\times 19}{6}=285.$$

因此，$N(P)-N(Q)=285$.

注 本题中的 $N(P), N(Q)$ 本身都是不难求的，但考虑到要计算的是 $N(P)-N(Q)$，可以在计算之前，先通过建立对应关系，部分地抵消 $N(P)$，$N(Q)$，以降低问题的复杂度，并减小计算量.

"递推法"是通过建立递推关系描述问题和解决问题的一种方法，其精神在于把一个复杂庞大的计算过程转化为简单过程的多次重复. 随着科学技术的发展，借助计算机速度快和不知疲倦的特点，递推法早已具有普遍的实用价值.

数学竞赛中的组合计数问题，常常会用到递推法，其一般解题步骤为：

(1) 求初始值；

(2) 建立递推关系；

(3) 结合初始值与递推关系进行求解.

其中，步骤(1)兼有探索功能，而(1)，(2)两个步骤的先后次序是无关紧要的(均是为(3)做准备). 步骤(2)是递推法的核心. 值得注意的是，在寻求递推关系的过程中，我们几乎总是需要用到"对应".

例 10.8 开天辟地之神勃拉玛在一个庙里留下了三根金刚石柱子，第一根上面套着 64 个圆金片，最大的一个在底下，其余一个比一个小，依次叠上

去. 庙里的众僧不倦地将它们在三根柱子上搬动, 每次只能搬一个, 而且大的圆片不能放在小的圆片上面. 问: 最少要搬动多少次, 才能将所有圆片全部搬到另一根柱子上?

解　用 a_n 表示 n 块圆片时所需搬动的最少次数. 显然初始值 $a_1=1$.

以下建立 a_n 与 a_{n-1} 之间的递推关系.

为了搬动第 n 块圆片, 必须将较小的 $n-1$ 块圆片搬到另一根柱子上(从而空出一根柱子), 至少 a_{n-1} 步; 第 n 块圆片至少要搬动一次, 即至少 1 步; 当第 n 块圆片最后一次搬动后, 需要将较小的 $n-1$ 块圆片再搬到第 n 块圆片上, 至少 a_{n-1} 步. 总共所需步数不少于 $a_{n-1}+1+a_{n-1}=2a_{n-1}+1$, 并且下界 $2a_{n-1}+1$ 可以实现. 所以

$$a_n=2a_{n-1}+1. \quad ①$$

以下结合初始值与递推关系进行求解.

由 $a_1=1$ 及递推关系①知

$$a_n+1=2(a_{n-1}+1)=\cdots=2^{n-1}(a_1+1)=2^n,$$

从而 $a_n=2^n-1$. 特别地, $a_{64}=2^{64}-1$.

注　本题是一个经典的计数问题. 我们将其看成一个一般问题在 $n=64$ 时的特例, 并对该一般问题运用递推法求解. 在寻求 a_n 与 a_{n-1} 之间的递推关系时, 考虑 $n-1$ 块圆片整体地搬到另一根柱子上的任何一种流程: 由于在添加了更大的第 n 块圆片后, 该流程的可行性并不受影响(注意搬动的规则), 因此可将 n 情形下的最先一部分及最后一部分的操作, 分别与 $n-1$ 情形下的整个操作进行对应, 取得了关键的进展.

例 10.9　设 n 为正整数, $A_n=\{(x,y)\mid x+y\leqslant n,\ x,y\in\mathbf{N}\}$ 是平面直角坐标系 xOy 中的点集. 一只青蛙自原点 O 出发, 每步可在水平方向向右跳任意长度, 或在垂直方向向上跳任意长度, 但不能跳出 A_n 的范围, 直到无法再跳为止. 问青蛙的不同跳法有多少种?

解法 1　对一般的非负整数 n, 设不同跳法数为 a_n. 易知 $a_0=1, a_1=2$.

设 O' 为青蛙第 1 步跳跃的终点, 设 O' 的坐标为 $(i,0)$ 或 $(0,i)$, 其中 $i\in\{1,2,\cdots,n\}$. 以 O' 为原点, 将原坐标系平移, 得到新的平面直角坐标系 $x'O'y'$, 则当 O' 为 $(i,0)$ 时, $(x',y')=(x-i,y)$; 当 O' 为 $(0,i)$ 时, $(x',y')=(x,y-i)$. 无论哪种情况, 青蛙从 O' 出发允许跳到的点集在新坐标系下必为

$$\{(x',y')\mid x'+y'\leqslant n-i,\ x',y'\in\mathbf{N}\},$$

这意味着青蛙从 O' 出发之后的跳法数为 a_{n-i}.

从而得到递推关系

$$a_n = 2(a_{n-1} + a_{n-2} + \cdots + a_0). \quad ①$$

进而, 对任意正整数 n, 有

$$a_{n+1} = 2a_n + 2(a_{n-1} + \cdots + a_0) = 2a_n + a_n = 3a_n. \quad ②$$

因此, 对任意正整数 n, 有 $a_n = 3^{n-1}a_1 = 2\cdot 3^{n-1}$, 即青蛙的不同跳法数为 $2\cdot 3^{n-1}$.

解法 2 按下述方式建立青蛙的所有跳法到一类 n 元数组的映射 f.

对 $k = 0,1,\cdots,n-1$, 令直线 $l_k: x + y = k$.

考虑青蛙的任意一种跳法 α.

(1) 若青蛙在 $A_n \cap l_k$ 中的某一点落脚, 并在下一步向右跳, 则令 $t_k = 1$;

(2) 若青蛙在 $A_n \cap l_k$ 中的某一点落脚, 并在下一步向上跳, 则令 $t_k = 2$;

(3) 青蛙未在 $A_n \cap l_k$ 中的任何一点落脚, 则令 $t_k = 0$.

令 $f(\alpha) = (t_0, t_1, \cdots, t_{n-1})$. 注意到青蛙在 $(0,0)$ 上落脚, 所以

$$t_0 \in \{1,2\}, \quad t_1, t_2, \cdots, t_{n-1} \in \{1,2,0\}, \quad ③$$

从而 $f(\alpha)$ 有 $2\times 3^{n-1}$ 种取法.

反过来, 对于 $(t_0, t_1, \cdots, t_{n-1})$ 的每一种满足③的取法, 均可根据(1), (2), (3)唯一确定 f 的原像. 从而青蛙的不同跳法数为 $2\times 3^{n-1}$.

注 解法 1 运用递推法. 在建立递推关系时, 将 n 情形下青蛙的所有跳法分类地对应到 $n-1, n-2, \cdots, 0$ 的情形下的跳法, 得到了递推关系①, 再通过代数手段化简得到②, 使问题迎刃而解. 其中, 递推关系②的简洁性容易引起解题者的反思: 是否存在更直接的计数方式. 受此启发, 可以给出上述解法 2, 其中直接利用一个适当的映射 f, 将原计数对象对应到一类十分便于计数的数组.

例 10.10 设 n 为正整数. 在 $2\times n$ 方格表的 $2n$ 个方格中, 每格用黑、白两色之一染色, 且任何两个有公共边的方格不同时染为黑色. 求符合要求的染色方案的数目.

解 对一般的 n, 设满足条件的染色方案数为 a_n, 其中使第 n 列两格均染为白色的方案数为 b_n, 则使第 n 列两格染不同色的方案数为 $a_n - b_n$.

当 $n \geqslant 2$ 时, 方格表的前 $n-1$ 列是 $2\times(n-1)$ 方格表的一种符合要求的染色

方案.

当第 $n-1$ 列两格均染为白色时, 第 n 列两格(从上到下, 下同)对应有“白白”“黑白”“白黑” 3 种染色方法; 当第 $n-1$ 列两格染为不同色时, 若为“黑白”, 则第 n 列对应有“白白”“白黑” 2 种染色方法, 若为“白黑”, 第 n 列同理对应有 2 种染色方法. 因此可建立递推关系

$$a_n = 3b_{n-1} + 2(a_{n-1} - b_{n-1}) = 2a_{n-1} + b_{n-1}.$$

注意到, $2\times(n-1)$ 方格表的每一种染色方案与 $2\times n$ 方格表每一种第 n 列染为“白白”的染色方案一一对应, 故 $b_n = a_{n-1}$. 因此对任意 $n \geqslant 3$, 有

$$a_n = 2a_{n-1} + a_{n-2}.$$

由于该递推式的特征方程 $x^2 = 2x+1$ 的两根为 $1\pm\sqrt{2}$, 故可设

$$a_n = C_1\cdot\left(1+\sqrt{2}\right)^n + C_2\cdot\left(1-\sqrt{2}\right)^n. \qquad ①$$

又验证知 $a_1 = 3, a_2 = 7$, 代入①式可确定 $C_1 = \dfrac{1+\sqrt{2}}{2}, C_2 = \dfrac{1-\sqrt{2}}{2}$. 从而

$$a_n = \frac{\left(1+\sqrt{2}\right)^{n+1} + \left(1-\sqrt{2}\right)^{n+1}}{2}.$$

注　由于数列 $\{a_n\}$ 的递推关系并不明显, 故将染色方案分为“第 n 列两格均染为白色”与“第 n 列两格染不同色”两种类型, 引入辅助数列 $\{b_n\}$ 参与递推关系的建立, 再消去 $\{b_n\}$ 中的项, 即得到数列 $\{a_n\}$ 的递推关系.

10.3　染色与赋值

染色法是对问题所研究的对象进行分类的一种形象化的方法. 许多问题尽管与染色没有实质的关系, 但染色方法的运用, 使得对问题中的数学对象的描述与分析得以直观化、形象化, 有助于解决问题.

赋值法, 是在本身不以数量形式描述的问题中, 赋予一些对象以适当数值, 然后利用数量上的分析使问题得以解决的方法. 注意到染色法中是用颜色对数学对象进行分类, 而赋值法能以“数”代“色”, 因此一般而言, 能用染色法表述和解决的问题, 均可用赋值法来代替(不过染色法在表述的形象性等方面有其优势). 进一步而言, 由于将问题数值化后, 可使数值参与运算和推证, 因而赋值法又有其独到的施展空间.

染色法与赋值法常常用来辅助解决存在性、操作、逻辑推理等方面的问题，具有较强的技巧性.

例 10.11 如图 10.1 所示，将 8×8 方格表去掉对角的两个 1×1 格子. 问这个缺一对对角的方格表能否用 31 块 2×1 的骨牌覆盖(允许骨牌旋转，但要求每块骨牌的边界重合于方格表的格线)?

解 将原 8×8 方格表的 64 个格子黑白相间染色(图 10.2). 假如有能盖住缺一对对角的方格表的方法，那么每块骨牌盖住一个黑格和一个白格，所有骨牌应当盖住 31 个黑格和 31 个白格. 然而在缺一对对角的方格表上，两种颜色的格子数不同，所以无法覆盖.

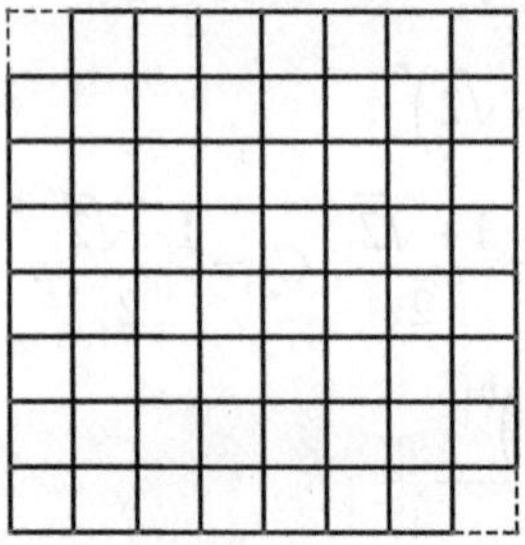

图 10.1

图 10.2

注 对方格表按黑白相间的方式染色，在解题中颇为常用，常常与配对、奇偶性等有内在关系. 请读者进一步思考本题的一个推广(见本章习题 8).

例 10.12 证明：在任意 6 人中，或者有 3 人互相认识，或者有 3 人互不相识.

证法 1 将 6 个人视为 6 个点 $A_1, A_2, \cdots, A_6$，两人相识就在对应的顶点间连一条红边，否则就连一条蓝边. 这样构成一个 2 色完全图 K_6，转化为证明该图中必存在三边同色的三角形(以下简称“同色三角形”).

考虑 A_1 引出的 5 条边 $A_1A_2, A_1A_3, \cdots, A_1A_6$，根据抽屉原理，必有 3 边染有同一颜色. 不妨设 A_1A_2, A_1A_3, A_1A_4 都染了红色.

若 $\triangle A_2A_3A_4$ 三边均为蓝色，则结论已成立；若 $\triangle A_2A_3A_4$ 三边中有一条红色，不妨设 A_2A_3 为红色，则 $\triangle A_1A_2A_3$ 三边均为红色，结论仍成立.

证法 2 与证法 1 类似，转化为证明 2 色完全图 K_6 中必存在同色三角形.

将同色三角形的个数记为 n. 考虑 2 色完全图 K_6 中的“同色角”(即由两条同色边组成的角)的个数 S.

一方面, 易知每个同色三角形有3个同色角, 每个非同色三角形有一个同色角, 所以

$$S=3n+(\mathrm{C}_6^3-n)=2n+20.$$

另一方面, 以 K_6 中的任意一个顶点为顶点的同色角至少有 4 个. 事实上, 设 K_6 的一个顶点 A 引出了 k 条红边及 $5-k$ 条蓝边, 则以 A 为顶点的同色角的个数为 $\mathrm{C}_k^2+\mathrm{C}_{5-k}^2$, 其最小值为 4. 从而 $S\geqslant 6\times 4=24$.

综合以上两方面, 得 $2n+20=S\geqslant 24$, 故 $n\geqslant 2$, 即有更强的结论成立: 2 色完全图 K_6 中至少有两个同色三角形.

注 本题是运用染色法解题的一个经典例子, 它存在各种各样的变异与推广. 通过对边进行染色, 原问题转化为图论中的一个命题: 2 色完全图 K_6 中必存在同色三角形, 这实际上是图染色方面的一个基本定理. 在图论中, 与图染色有关的术语、概念和理论十分丰富. 上述两种证法均是处理图染色问题的典型方法.

例 10.13 设正整数 $n\geqslant 2$. 如图 10.3 所示, n 个点 $A_1, A_2, \cdots, A_n$ 顺次排在一条直线上. 对每个点染上红色或蓝色之一. 若线段 $A_iA_{i+1}(1\leqslant i\leqslant n-1)$ 的两端颜色不同, 就称为标准线段. 已知 A_1 与 A_n 的颜色不同, 证明: 在 $A_1A_2, A_2A_3, \cdots, A_{n-1}A_n$ 中, 标准线段的条数为奇数.

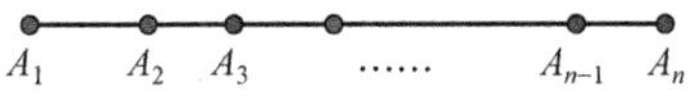

图 10.3

证明 对 $A_1, A_2, \cdots, A_n$ 中的每个点 A_i 赋值 a_i: 若 A_i 为红色, 则 $a_i=1$; 若 A_i 为蓝色, 则 $a_i=-1$.

设这 $n-1$ 条线段中有 m 条是标准线段. 由标准线段的定义知

$$(a_1a_2)(a_2a_3)\cdots(a_{n-1}a_n)=(-1)^m.$$

注意到 $a_i^2=1$, 且由条件知 $a_1a_n=-1$, 又有

$$(a_1a_2)(a_2a_3)\cdots(a_{n-1}a_n)=a_1a_2^2a_3^2\cdots a_{n-1}^2a_n=-1.$$

所以 $(-1)^m=-1$, 即标准线段的条数 m 是奇数.

注 本题有多种入手方法. 上述解法中, 通过赋值使问题数值化, 并通过数的运算性质简洁地解答了问题. 另一种典型的赋值方式可表述为: 对各点 A_i 中的红点赋值 $x_i=0$, 蓝点赋值 $x_i=1$, 并考察所有线段 A_iA_{i+1} 对应的数值 x_i+x_{i+1} 之和的奇偶性. 这两种赋值方法在相差一个运算级别的意义下是相

当的.

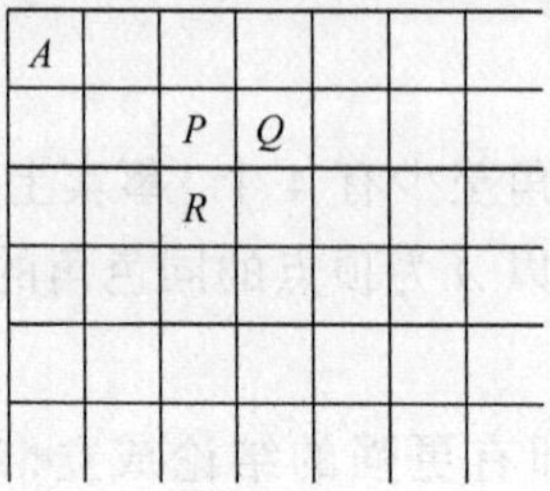

图 10.4

例 10.14 如图 10.4 是一个向右下无限延伸的表格. 一开始左上角的格子 A 中有一枚棋子, 此后每一步操作规则如下: 若某一格 P 中有棋子, 且 P 的右边相邻格 Q 和下边相邻格 R 都没有棋子, 则可将 P 中的棋子拿掉, 并在 Q,R 两格中各放入一枚棋子. 证明: 无论操作多少步, 左上角 3×3 区域中总存在棋子.

证明 对第 i 行与第 j 列的交叉格赋值 $\frac{1}{2^{i+j}}(i, j\in\mathbf{N}^*)$.

由于 $\frac{1}{2^{i+(j+1)}}+\frac{1}{2^{(i+1)+j}}=\frac{1}{2^{i+j}}$, 故每步操作不改变所有棋子所在格的赋值之和, 记这个和为 S, 初始情况下 $S=\frac{1}{4}$.

假设若干步后, 左上角 3×3 区域中无棋子, 则此时

$$\begin{aligned}S&\leqslant\sum_{i=1}^{\infty}\sum_{j=1}^{\infty}\frac{1}{2^{i+j}}-\sum_{i=1}^{3}\sum_{j=1}^{3}\frac{1}{2^{i+j}}\\&=\sum_{i=1}^{\infty}\frac{1}{2^i}\cdot\sum_{j=1}^{\infty}\frac{1}{2^j}-\sum_{i=1}^{3}\frac{1}{2^i}\cdot\sum_{j=1}^{3}\frac{1}{2^j}\\&=1-\left(\frac{7}{8}\right)^2<\frac{1}{4},\end{aligned}$$

矛盾. 故无论操作多少步, 左上角 3×3 区域中总存在棋子.

注 本题中, 通过等比赋值的方式给每个格子一个具体的数值. 这种赋值方法, 以及其中比值“$\frac{1}{2}$”的选用, 可谓根据操作规则而量身定制, 使得整个过程中, 所有棋子所在格的数值之和是一个不变量.

例 10.15 将 m 行 n 列方格表的每个格子染黑、白两种颜色之一, 满足以下条件: 若在任意一个格子 A 中放一枚棋子“车”, 则它所威胁到的格子(即 A 所在行与所在列的所有格子包括 A 自身)中, 与 A 异色的格子多于与 A 同色的格子. 证明: 每行、每列中, 两色的格子一样多.

证明 对黑格与白格分别标记 -1 和 1. 对任意 $i, j(1\leqslant i\leqslant m,1\leqslant j\leqslant n)$, 设第 i 行各数之和为 s_i, 第 j 列各数之和为 t_j, 第 i 行与第 j 列交叉格中的数为

a_{ij}，那么位于第 i 行或第 j 列上的全部数之和为 $s_i+t_j-a_{ij}$. 由条件知 $s_i+t_j-a_{ij}$ 与 a_{ij} 异号，故

$$a_{ij}(s_i+t_j-a_{ij})\leqslant -1, \quad ①$$

又 $a_{ij}^2=1$，所以 $a_{ij}(s_i+t_j)\leqslant 0$. 从而

$$\begin{aligned}0&\geqslant\sum_{i=1}^{m}\sum_{j=1}^{n}a_{ij}(s_i+t_j)=\sum_{i=1}^{m}s_i\sum_{j=1}^{n}a_{ij}+\sum_{j=1}^{n}t_j\sum_{i=1}^{m}a_{ij}\\&=\sum_{i=1}^{m}s_i^2+\sum_{j=1}^{n}t_j^2\geqslant 0.\end{aligned}$$

这意味着不等号均为等号，于是所有 s_i, t_j 都等于 0，即每行、每列中，两色的格子一样多.

注 本题的上述解法充分利用了赋值法的优势. 我们并未直接对黑、白两种颜色格子的分布情况进行分析，而是将两种颜色分别赋予一定的数值，经过条件的重新表述，产生了①这样的数量关系，使数值有效地参与到代数运算和推证的过程中.

习 题 10

1. (1) 在边长为 1 的正六边形中任意放置 7 个点，证明：存在两点的距离不超过 1；

(2) 在单位圆中任意放置 6 个点，证明：存在两点的距离不超过 1；

(3) 在 3×4 的矩形中任意放置 6 个点，证明：存在两点的距离不超过 $\sqrt{5}$.

2. 设集合 $S=\{1,2,\cdots,100\}$. 证明以下一系列结论：

(1) 若 A 是 S 的 51 元子集，则必存在 $i,j\in A$，使得 $i-j=50$；

(2) 若 B 是 S 的 11 元子集，则必存在 $i,j\in B$，使得 $1<\dfrac{j}{i}\leqslant\dfrac{3}{2}$；

(3) 若 C 是 S 的 51 元子集，则必存在 $i,j\in C, i<j$，使得 $i\mid j$；

(4) 若 D 是 S 的 75 元子集，则 D 中必存在 4 个元素两两互素.

3. 设正整数数列 $\{a_n\}$ 使得 $a_{10k-9}+a_{10k-8}+\cdots+a_{10k}\leqslant 19$ 对一切 $k\in\mathbf{N}^*$ 成立. 对任意 $i,j\in\mathbf{N}^*$，$i<j$，定义 $S(i,j)=\sum\limits_{p=i+1}^{j}a_p$. 证明：所有 $S(i,j)$ 构成的集合就是 $\mathbf{N}^*$.

4. 对集合 $S=\{1,2,3,\cdots,8\}$ 的任意一个非空子集 A，将 A 的元素由大到小排列，然后从最大的数开始，交替地减或加后续的数，得到的结果称为 A 的“交替和”，例如，$\{1,4,5,6,8\}$ 的交替和是 $8-6+5-4+1=4$，$\{5\}$ 的交替和就是5. 求 S 的所有非空子集的交替和的总和.

5. 对一个边长互不相等的凸 $n\,(n\geqslant 3)$ 边形的边染色，每条边可以染红、黄、蓝三种颜色之一，但不允许相邻的边有相同的颜色. 问：共有多少种不同的染色方法？

6. 设正整数 $n\geqslant 2$．将 $1,2,\cdots,n$ 排列成 $a_1,a_2,\cdots,a_n$，使得 $a_{i+1}-a_i\,(i=1,2,\cdots,n-1)$ 中恰有一个为负数. 问：有多少种这样的排列？

7. 有一个 $m\times n$ 表格，其 mn 个格子中的每一个均被标上字母 A, B, C 之一，要求任意两个相邻格子(即有公共边的格子)所标字母不同. 设不同的标字母方法数为 $f_m(n)$.

(1) 求 $f_2(n)$ 关于正整数 n 的表达式；

(2) 求数列 $\{f_3(n)\}$ 的递推关系，并求 $f_3(5)$ 的值.

8. 在 8×8 方格表中挖去怎样的两个 1×1 格子，可使得剩下部分能被 31 块 2×1 的骨牌覆盖(允许骨牌旋转，但要求每块骨牌的边界重合于方格表的格线).

9. 设正整数 $n\geqslant 2$．正方形 $ABCD$ 被网格线分割成 n^2 个相等的小正方形. 现将网格线的所有 $(n+1)^2$ 个交点进行染色，其中 A, C 染成红色，B, D 染成蓝色，其他交点任意染成红、蓝两色之一. 证明：恰有三个顶点同色的小正方形的数目必是偶数.

10. 设 n, k 为正整数. 一开始若干个球被分为 n 堆，后来它们又被重新分为 $n+k$ 堆. 证明：存在至少 $k+1$ 个球，它们原来所在堆中的球数大于后来所在堆中的球数.

习题参考解答

习　题　1

1. **解**　作代换 $\log_2 x = t$,则原方程改写为 $\log_2\left(\dfrac{t}{3}\right) = \log_4\left(\dfrac{t}{2}\right)$，这等价于 $\left(\dfrac{t}{3}\right)^2 = \dfrac{t}{2} > 0$．解得 $t = \dfrac{9}{2}$，从而 $x = 2^t = 2^{\frac{9}{2}} = 16\sqrt{2}$．

2. **证明**　由正弦定理知 $\dfrac{a}{\sin A} = \dfrac{b}{\sin B}$，故条件可等价改写为 $\sin A\cos A = \sin B\cos B$，即 $\sin 2A = \sin 2B$．

由于 $A, B > 0$， $A + B < \pi$，有以下两类情形:

(1) 若 $2A = 2B$，则 $A = B < \dfrac{\pi}{2}$，此时 $\tan A, \tan B$ 相等.

(2) 若 $2A + 2B = \pi$，则 $A + B = \dfrac{\pi}{2}$，此时 $\tan A, \tan B$ 互为倒数.

综上，结论得证.

3. **证明**　取对数后，化为证明 $b\ln a > a\ln b$．仅需证 $f(x) = \dfrac{\ln x}{x}$ $(x > \mathrm{e})$ 单调递减.

由于 $f'(x) = \dfrac{1 - \ln x}{x^2} < 0$，故结论成立.

4. **解**　由条件知 $0 < cd \leqslant \dfrac{1}{2}\left(\dfrac{c + 2d}{2}\right)^2 = \dfrac{1}{8}$，等号在 $c = \dfrac{1}{2}, d = \dfrac{1}{4}$ 时取到.

原问题简化为：当 $a, b > 0,\ a + 2b = 1$ 时，求 $\dfrac{1}{a} + \dfrac{8}{b}$ 的最小值．由于

$$\frac{1}{a} + \frac{8}{b} = \left(\frac{1}{a} + \frac{8}{b}\right)(a + 2b) \geqslant (1 + 4)^2 = 25,$$

等号在 $a = \dfrac{1}{5}, b = \dfrac{2}{5}$ 时取到，所以 $\dfrac{1}{a} + \dfrac{1}{bcd}$ 的最小值为 25.

5. **解**　问题等价于在棋盘中总共选出 8 个白格，每行及每列恰有一个格

子被选.

棋盘上的所有白格是第 1, 3, 5, 7 行与第 1, 3, 5, 7 列交叉所得的 4×4 子式，以及第 2, 4, 6, 8 行与第 2, 4, 6, 8 列交叉所得的 4×4 子式. 由于每个子式中选择 4 个不同行不同列的白格，有 4! 种方式，从而总的选法数为 $(4!)^2=576$ 种.

6. **解** (1) 非负整数解的组数为 $C_{6+3-1}^{6}=28$ (亦可通过分类枚举求出解的组数).

(2) 显然 $2^{a+b+c}=2^a\cdot2^b\cdot2^c=64=2^6$，故 $a+b+c=6$，归结为问题(1)，答案仍为 28.

(3) 由 $xyz=2^6$ 知 x,y,z 仅含有素因子 2，又 x,y,z 为正，设 $x=2^a,y=2^b$，$z=2^c$，其中 a,b,c 为非负整数，$2^a\cdot2^b\cdot2^c=64$，归结为问题(2)，答案仍为 28.

(4) 由 $xyz=2^6\times5^6$ 知 x,y,z 仅含有素因子 2 或 5，又 x,y,z 为正，故可设

$$x=2^a\times5^p,\quad y=2^b\times5^q,\quad z=2^c\times5^r,$$

其中 a, b, c, p, q, r 为非负整数，$a+b+c=6,\ p+q+r=6$.

由问题(3)的结论知，满足上述条件的非负整数组 (a,b,c) 有 28 种取法，同理知 (p,q,r) 也有 28 种取法，根据乘法原理可得 a, b, c, p, q, r 共有 $28^2=784$ 种取法. 从而方程的正整数解 (x,y,z) 有 784 组.

7. **证明** 当 $d\geqslant1$ 时，不等式显然成立.

以下设 $0\leqslant d<1$. 由于 a, b, c 不可能全同号，由对称性，不妨设 $ab\geqslant0$，则有

$$(1+a)(1+b)=1+a+b+ab\geqslant1+a+b=1-c\geqslant1-d>0.$$

因此

$$\left|(1+a)(1+b)(1+c)\right|\geqslant\left|(1-c)(1+c)\right|=1-c^2=1-|c|^2\geqslant1-d^2.$$

8. **证明** 约定 $a_{n+1}=a_1$，解答中的下标均在模 n 意义下理解. 记 $S=a_1+a_2+\cdots+a_n$.

(1) 由于 $a_1,a_2,\cdots,a_n>0$，故对任意 $i=1,2,\cdots,n$ 均有 $\dfrac{a_i}{a_i+a_{i+1}}>\dfrac{a_i}{S}$，所以

$$F=\sum_{i=1}^{n}\frac{a_i}{a_i+a_{i+1}}>\sum_{i=1}^{n}\frac{a_i}{S}=1.$$

(2) 令 $a_i'=a_{n+1-i}(i=1,2,\cdots,n)$，$F'=\sum\limits_{i=1}^{n}\dfrac{a_i'}{a_i'+a_{i+1}'}$，则

$$F'=\sum_{i-1}^{n}\frac{a_{n+1-i}}{a_{n+1-i}+a_{n-i}}=\sum_{i=1}^{n}\left(1-\frac{a_{n-i}}{a_{n+1-i}+a_{n-i}}\right)=n-\sum_{i=1}^{n}\frac{a_{n-i}}{a_{n+1-i}+a_{n-i}}=n-F .$$

要证明 $F<n-1$，可归结为证明 $F'>1$.

由 $a_1',a_2',\cdots,a_n'>0$ 及(1)的结论知 $F'>1$ 是成立的，故结论得证.

注 或多或少地受到问题(1)解法的启发，我们还可以给出问题(2)的直接证明如下：

$$F=\sum_{i=1}^{n}\frac{a_i}{a_i+a_{i+1}}<\sum_{i=1}^{n}\frac{(S-a_i-a_{i+1})+a_i}{(S-a_i-a_{i+1})+a_i+a_{i+1}}=\sum_{i=1}^{n}\frac{S-a_{i+1}}{S}$$
$$=n-\frac{1}{S}\cdot\sum_{i=1}^{n}a_{i+1}=n-1.$$

9. **证明** 将正方形记为 $ABCD$，并设其边长为 a. 不失一般性，仅需讨论以下三种情况：

(1) M,N 位于 $ABCD$ 的对边 AD,BC 上(第 9 题图(a)).

此时 Γ 的长度不小于平行直线 AD,BC 的距离 a(无论 Γ 是否平分 $ABCD$ 的面积).

(2) M,N 位于 $ABCD$ 的邻边 AD,AB 上(第 9 题图(b)).

由于 $S_{\triangle ABD}=\dfrac{1}{2}S_{ABCD}$，故 Γ 必与线段 BD 有公共点，取其中之一为 P，作曲线 PN 关于 BD 的对称曲线 PN'，则 M,N' 分别在边 AD,BC 上. 由 (1) 知曲线 Γ': MPN' 的长度不小于 a，而 Γ 与 Γ' 长度相等，从而 Γ 的长度不小于 a.

(3) M,N 位于 $ABCD$ 的一边 AD 上(第 9 题图(c)).

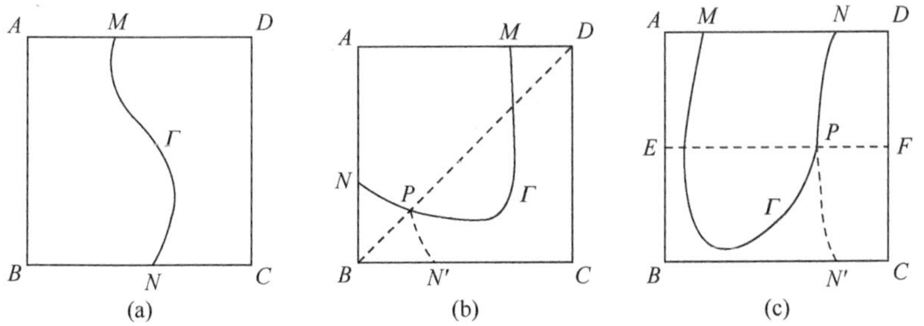

第 9 题图

取 AB,CD 的中点 E,F，由于 $S_{AEFD}=\dfrac{1}{2}S_{ABCD}$，故 Γ 必与线段 EF 有公共点，取其中之一为 P，作曲线 PN 关于 EF 的对称曲线 PN'，则 M,N' 分别在

边 AD, BC 上．由(1)知曲线 Γ': MPN' 的长度不小于 a，而 Γ 与 Γ' 长度相等，从而 Γ 的长度不小于 a．

综上可知，结论成立．

10. **解法 1** 采用分步策略．

先构造一个等边三角形，使得其两个顶点分别在线段 AB, AC 上：以 BC 为边在 $\triangle ABC$ 的异侧作等边 $\triangle BCP$．

再通过位似变换，将等边三角形的第三个顶点“调整”到线段 BC 上：取 AP 与 BC 的交点 D，过 D 作 PC, PB 的平行线，分别交 AC, AB 于 E, F．

由作法知 $\angle FDE = \angle BPC = 60°$，且 $\frac{DF}{PB} = \frac{AD}{AP} = \frac{DE}{PC}$，而 $PB = PC$，故 $DF = DE$．

从而 $\triangle DEF$ 为等边三角形．

解法 2 作 $\angle BAC$ 的平分线，与 BC 交于 D．

以 D 为顶点，DA 为一边，在 DA 两侧分别作 $\angle ADE = \angle ADF = 30°$，与 AC, AB 分别交于 E, F (想一想 $30°$ 角可以怎样利用尺规作出)．

由上述作法知 $\angle EDF = 60°$，且 $\triangle ADE \cong \triangle ADF$，所以 $DE = DF$．

这样 $\triangle DEF$ 为等边三角形．

注 本题的解法可推广到任意 $\triangle ABC$．事实上，考虑到 $\triangle ABC$ 总有两个锐角，不妨设 B, C 为锐角，此时上述两种解法仍可施行．

11. **解** 按 n 的三位数码中出现的偶数(即 $2, 4, 6, 8$)的个数分类．

若不含偶数，这样的 n 有 $5^3 = 125$ 个，均满足条件．

若恰含 1 个偶数，可先取一个两位奇数(5^2 种方式)，再将偶数“插空”：可以放在高位奇数之前、高低位奇数之间或低位奇数之后(3 种方式)，注意该偶数只能取自 $4, 8$ (2 种方式)，这样的 n 有 $5^2 \times 3 \times 2 = 150$ 个．

若恰含 2 个偶数，由于将 n 重排后可出现个位为偶数而十位具有任意奇偶性的情况，故总会出现一种重排方式得到 4 的倍数，不满足条件．

若含 3 个偶数，则这些偶数只能取自 $2, 6$，且这样满足条件，相应的 n 有 $2^3 = 8$ 个．

综上，满足条件的 n 的个数为 $125 + 150 + 8 = 283$．

12. **解** 设三角形的三个内角为 $\alpha, 2\alpha, \pi - 3\alpha$，三边长为 $n-1, n, n+1$，其中 n 为正整数，且由两边之和大于第三边，得 $(n-1) + n > n+1$，即 $n > 2$．

考虑以下三种情形．

(1) $\alpha<2\alpha<\pi-3\alpha$，此时 $\dfrac{n-1}{\sin\alpha}=\dfrac{n}{\sin 2\alpha}=\dfrac{n+1}{\sin(\pi-3\alpha)}$.

由于 $\sin 2\alpha=2\sin\alpha\cos\alpha,\ \sin(\pi-3\alpha)=\sin 3\alpha=3\sin\alpha-4\sin^3\alpha$，所以

$$n-1=\frac{n}{2\cos\alpha}=\frac{n+1}{3-4\sin^2\alpha}.$$

此时

$$\frac{n}{n-1}=2\cos\alpha,\quad \frac{n+1}{n-1}=3-4\sin^2\alpha=4\cos^2\alpha-1,$$

从而 $\dfrac{n+1}{n-1}=\left(\dfrac{n}{n-1}\right)^2-1$．化简得 $n^2-2n=0$，与 $n>2$ 不符.

(2) $\alpha<\pi-3\alpha<2\alpha$，此时 $\dfrac{n-1}{\sin\alpha}=\dfrac{n}{\sin(\pi-3\alpha)}=\dfrac{n+1}{\sin 2\alpha}$．类似于情形 (1)，可化简得

$$\frac{n+1}{n-1}=2\cos\alpha,\quad \frac{n}{n-1}=4\cos^2\alpha-1.$$

从而 $\dfrac{n}{n-1}=\left(\dfrac{n+1}{n-1}\right)^2-1$，即 $n^2-5n=0$，又 $n>2$，故 $n=5$.

(3) $\pi-3\alpha<\alpha<2\alpha$，此时 $\dfrac{n-1}{\sin(\pi-3\alpha)}=\dfrac{n}{\sin\alpha}=\dfrac{n+1}{\sin 2\alpha}$．类似于情形 (1)，可化简得

$$\frac{n+1}{n}=2\cos\alpha,\quad \frac{n-1}{n}=4\cos^2\alpha-1.$$

从而 $\dfrac{n-1}{n}=\left(\dfrac{n+1}{n}\right)^2-1$，即 $n^2-3n-1=0$，无正整数解.

综合上述三种情形知，只可能是 $n=5$，此时三角形的三边长为 $4,5,6$.

将该三角形记为 $\triangle ABC$，并设 $AB=4, AC=5, BC=6$，得

$$\cos A=\frac{4^2+5^2-6^2}{2\times4\times5}=\frac{1}{8},\quad \cos C=\frac{5^2+6^2-4^2}{2\times5\times6}=\frac{3}{4},$$

验证知 $\cos A=2\cos^2 C-1=\cos 2C$，故确实有 $A=2C$，所以 $\triangle ABC$ 满足条件.

计算得 $\sin C=\sqrt{1-\cos^2 C}=\dfrac{\sqrt7}{4}$，进而 $\triangle ABC$ 的面积为

$$S_{\triangle ABC}=\frac12 AC\cdot BC\cdot\sin C=\frac12\times5\times6\times\frac{\sqrt7}{4}=\frac{15\sqrt7}{4}.$$

13. **证明** 先证明一个简单的命题：若 $x, y\in[0,1]$，则

$$x^3+y^3-x^2y\leqslant 1. \qquad ①$$

当 $0\leqslant x\leqslant y\leqslant 1$ 时，$x^3\leqslant x^2y$，$y^3\leqslant 1$；当 $0\leqslant y<x\leqslant 1$ 时，$x^3\leqslant 1$，$y^3\leqslant x^2y$.无论哪种情况，均有 $x^3+y^3\leqslant x^2y+1$，即①式成立.

利用上述结论，可知 $\sum_{i=1}^{n}(x_i^3+x_{i+1}^3-x_i^2x_{i+1})\leqslant\sum_{i=1}^{n}1=n$（这里约定 $x_{n+1}=x_1$），整理得原不等式成立.

14. **解** 假设存在这样的非零实数 $a_1,a_2,\cdots,a_{100}$. 取一个 k 满足 $a_k=\min\{a_1, a_2,\cdots,a_{100}\}$，根据条件，存在 $j\in\{k+3,k-2\}$ 使得 $a_k+\frac{a_j}{a_k}=1$，即 $a_j=a_k-a_k^2$.

由 $a_k\neq 0$ 知 $a_j<a_k$，与 a_k 的最小性矛盾. 因此不存在满足条件的非零实数.

15. **证明** 假设 (x_0,y_0,z_0) 为一组正整数解.

由 $x_0^2+y_0^2+z_0^2=2x_0y_0z_0$ 为偶数，可知 x_0,y_0,z_0 或者都是偶数，或者两奇一偶.

若 x_0,y_0,z_0 都是偶数，则令 $x_1=\frac{x_0}{2},y_1=\frac{y_0}{2},z_1=\frac{z_0}{2}$，得到 $x_1^2+y_1^2+z_1^2=2^2x_1y_1z_1$，故 x_1,y_1,z_1 或者都是偶数，或者两奇一偶.

若 x_1,y_1,z_1 都是偶数，再令 $x_2=\frac{x_1}{2},y_2=\frac{y_1}{2},z_2=\frac{z_1}{2}$，又得到 $x_2^2+y_2^2+z_2^2=2^3x_2y_2z_2$，故 x_2,y_2,z_2 或者都是偶数，或者两奇一偶.

正整数 x_0,y_0,z_0 含有的素因子 2 的次数是有限的，如此继续下去，总会得到一个等式

$$x^2+y^2+z^2=2^nxyz, \qquad ①$$

其中 x,y,z 两奇一偶. 然而此时①的左端模 4 余 2，右端为 4 的倍数，矛盾.

因此原方程不存在正整数解.

注 通过上述解题思路的发展，实际上已经对原问题作出了推广，即证明了“对任意正整数 n，方程 $x^2+y^2+z^2=2^nxyz$ 不存在正整数解”.

习 题 2

1. **解** 集合 M 的每个元素在所有非空子集 $A_1,A_2,\cdots,A_n$ 中出现的次数是 $2^4=16$，故在最终求和时贡献了 16 次，所求的和等于 $16\times(1+2+3+4+5)=240$.

2. **解** 约定 $S_0 = T_0 = 0$. 对任意正整数 n，由 $a_n = S_n - S_{n-1}$, $b_n = T_n - T_{n-1}$ 知

$$\begin{aligned} c_n = a_nT_n + b_nS_n - a_nb_n &= (S_n - S_{n-1})T_n + (T_n - T_{n-1})S_n - (S_n - S_{n-1})(T_n - T_{n-1}) \\ &= S_nT_n - S_{n-1}T_{n-1}. \end{aligned}$$

所以

$$\begin{aligned} c_1 + c_2 + \cdots + c_n = S_nT_n - S_0T_0 &= S_nT_n \\ &= (1 + 3 + \cdots + (2n-1)) \cdot (1 + 2 + \cdots + 2^{n-1}) \\ &= n^2 \cdot (2^n - 1). \end{aligned}$$

3. **解** 由条件知,12,15,18是关于t的方程

$$\frac{x}{t-1} + \frac{y}{t} + \frac{z}{t+1} = 1 \qquad ①$$

的三个不同的实根.

将①通分，得 $xt(t+1) + y(t-1)(t+1) + zt(t-1) = (t-1)t(t+1)$，整理得

$$t^3 - (x+y+z)t^2 + (z-x-1)t + y = 0. \qquad ②$$

由于 $t = 12, 15, 18$ 亦满足三次方程②，由根与系数的关系知

$$x + y + z = 12 + 15 + 18 = 45.$$

4. **解** 固定每个 $n \in \{1, 2, \cdots, 100\}$，考察路灯 L_n. 设 $n = 2^s \cdot t$，其中 s 为非负整数，t 为正奇数. 利用与例 2.2 类似的分析可知：L_n 最终为开，当且仅当 n 的正奇约数的个数为奇数，当且仅当正奇数 t 为平方数. 因此，最终开着的路灯为

$$2^s \times 1\,(0 \leqslant s \leqslant 6), \quad 2^s \times 3^2\,(0 \leqslant s \leqslant 3), \quad 2^s \times 5^2\,(0 \leqslant s \leqslant 1), \quad 2^0 \times 7^2, \quad 2^0 \times 9^2,$$

共有 $7 + 4 + 2 + 1 + 1 = 15$ 个.

5. **证明** 设四边形的四个顶点分别为 $A_i(x_i,\ y_i)$, $i = 1, 2, 3, 4$，则 A_1A_3, A_2A_4 的中点 M, N 的坐标分别为 $\left(\dfrac{x_1 + x_3}{2},\ \dfrac{y_1 + y_3}{2}\right), \left(\dfrac{x_2 + x_4}{2},\ \dfrac{y_2 + y_4}{2}\right)$.

由于

$$\begin{aligned} & 4\left(\frac{x_1 + x_3}{2} - \frac{x_2 + x_4}{2}\right)^2 + (x_1 - x_3)^2 + (x_2 - x_4)^2 \\ =\ & (x_1 + x_3 - x_2 - x_4)^2 + (x_1 - x_3)^2 + (x_2 - x_4)^2 \\ =\ & 2(x_1^2 + x_2^2 + x_3^2 + x_4^2 - x_1x_2 - x_2x_3 - x_3x_4 - x_4x_1) \\ =\ & (x_1 - x_2)^2 + (x_2 - x_3)^2 + (x_3 - x_4)^2 + (x_4 - x_1)^2, \end{aligned}$$

同理有

$$4\left(\frac{y_1+y_3}{2}-\frac{y_2+y_4}{2}\right)^2+(y_1-y_3)^2+(y_2-y_4)^2$$

$$=(y_1-y_2)^2+(y_2-y_3)^2+(y_3-y_4)^2+(y_4-y_1)^2,$$

以上两式相加，根据两点距离公式就有

$$4|MN|^2+|A_1A_3|^2+|A_2A_4|^2=|A_1A_2|^2+|A_2A_3|^2+|A_3A_4|^2+|A_4A_1|^2,$$

故命题成立.

6. **解** 如第 6 题图所示. 以 D 为坐标原点，$\overrightarrow{DA}$，$\overrightarrow{DC}$，$\overrightarrow{DH}$ 分别为 x 轴、y 轴、z 轴的正方向，建立空间直角坐标系.

设 $AP=DQ=t\ (0\leqslant t\leqslant\sqrt{2})$，则 $P\left(1-\frac{t}{\sqrt{2}},\frac{t}{\sqrt{2}},0\right)$，$Q\left(\frac{t}{\sqrt{3}},\frac{t}{\sqrt{3}},\frac{t}{\sqrt{3}}\right)$，因此

$$PQ^2=\left(1-\frac{t}{\sqrt{2}}-\frac{t}{\sqrt{3}}\right)^2+\left(\frac{t}{\sqrt{2}}-\frac{t}{\sqrt{3}}\right)^2+\left(0-\frac{t}{\sqrt{3}}\right)^2$$

$$=2t^2-2\left(\frac{1}{\sqrt{2}}+\frac{1}{\sqrt{3}}\right)t+1$$

$$=2\left(t-\frac{1}{2}\left(\frac{1}{\sqrt{2}}+\frac{1}{\sqrt{3}}\right)\right)^2+\frac{7}{12}-\frac{\sqrt{6}}{6}$$

$$\geqslant\frac{7-2\sqrt{6}}{12}.$$

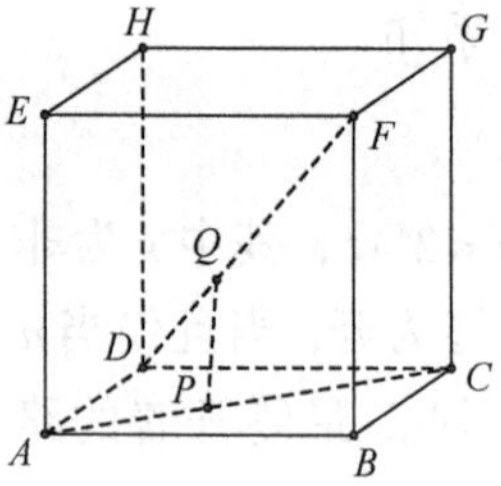

第 6 题图

当 $AP=DQ=t=\frac{1}{2}\left(\frac{1}{\sqrt{2}}+\frac{1}{\sqrt{3}}\right)$ 时，PQ 长度取到最小值 $\sqrt{\frac{7-2\sqrt{6}}{12}}=\frac{\sqrt{2}}{2}-\frac{\sqrt{3}}{6}$.

7. **解** 在平面直角坐标系中取点 $A(0,1)$, $A'(0,-1)$, $B(2,3)$ 及 x 轴上的动点 $P(x,0)$，则

$$\sqrt{x^2+1}+\sqrt{x^2-4x+13}=PA'+PB\geqslant A'B=2\sqrt{5},$$

当 P 位于 $P_1\left(\frac{1}{2},0\right)$ 时，等号成立；

$$\sqrt{x^2+1}-\sqrt{x^2-4x+13}=PA-PB\geqslant -AB=-2\sqrt{2},$$

当 P 位于 $P_2(-1,0)$ 时，等号成立.

所以 $f(x)$ 的最小值为 $2\sqrt{5}$，$g(x)$ 的最小值为 $-2\sqrt{2}$.

8. **解** 注意 U, V, W 分别有截距、距离、斜率的结构特点.

令 $f(x)=x^2+ax+2b-2$，则方程 $f(x)=0$ 的两根分布的条件等价于 $f(0)>0$，$f(2)>0$，$f(1)<0$，即

$$\begin{cases} b>1, \\ a+2b<1, \\ a+b>-1. \end{cases}$$

该不等式组的解可对应于平面 aOb 内如第 8 题图所示的阴影区域(不含边界)，此阴影区域是以 $(-1, 1)$, $(-2, 1)$, $(-3, 2)$ 为顶点的三角形.

以下依次考虑三个问题.

(1) 由于 $U=a+2b$ 是平面 aOb 内斜率为 $-\dfrac{1}{2}$ 的直线，阴影区域的三个顶点所对应的 U 值分别为 1, 0, 1，而阴影边界不能取到，故 $U\in(0, 1)$.

(2) 由于 V 为 (a, b) 到原点 O 的距离的平方，由图得 $\sqrt{V}\in(\sqrt{2}, \sqrt{13})$，从而 $V\in(2, 13)$.

(3) 由于 W 表示阴影区域内的点 $Q(a, b)$ 与点 $P(1, 4)$ 连线的斜率，由图得 $W\in\left(\dfrac{1}{2}, \dfrac{3}{2}\right)$.

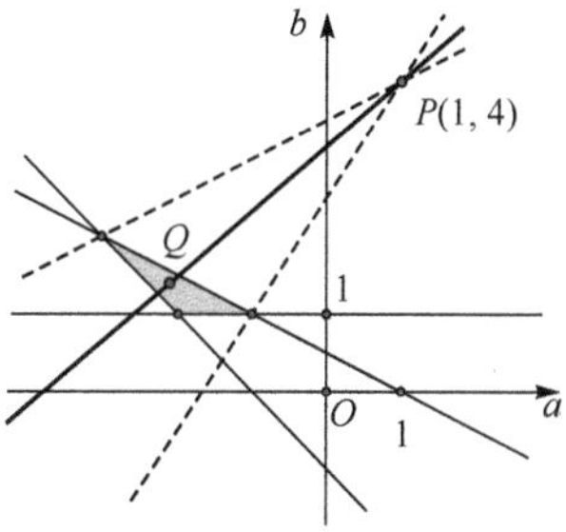

第 8 题图

9. **解** 取 $A(a, \sqrt{2-a^2})$, $B\left(b, \dfrac{9}{b}\right)$ 分别为半圆 $x^2+y^2=2(y\geqslant 0)$ 和双曲线 $xy=9$ 上的点，并设 $A_0(1,1)$, $B_0(3,3)$. 易知 $\overrightarrow{AB}$ 在 $\overrightarrow{A_0B_0}$ 上的投影长度至少为 $|A_0B_0|=2\sqrt{2}$. 从而 $f(a,b)=|AB|^2\geqslant|A_0B_0|^2=8$，等号成立当且仅当 $A=A_0$, $B=B_0$，即 $a=1, b=3$. 所以 $f(a,b)$ 的最小值为 8.

10. **解** 在平面直角坐标系中，设 $A(1,1)$, $B(1000,1)$, $C(1000,100)$, $D(1,100)$，曲线 Γ 是函数 $f(x)=x^{2/3}(1\leqslant x\leqslant 1000)$ 的图像.

对任意固定的 $n\in\{1, 2, \cdots, 1000\}$，$[n^{2/3}]$ 是以 $(n, 1)$ 与 $(n, f(n))$ 为端点的线段上的整点个数. 因此 S 为曲线 Γ 与线段 AB, BC 所围成的图形 Ω_1 (包括边界)中的整点个数.

同理，T 为曲线 Γ 与线段 AD, DC 所围成的图形 Ω_2 (包括边界)中的整点个数.

注意到 Ω_1 与 Ω_2 刚好拼接成矩形 $ABCD$. 因此，$S+T$ 等于矩形 $ABCD$ (包括边界)中的整点个数扣除曲线 Γ 上的整点个数.

显然矩形 $ABCD$ (包括边界)中的整点个数为 $1000\times100=100000$，又 Γ 上的整点个数为10 (事实上恰有 $(1^3,1^2),(2^3,2^2),\cdots,(10^3,10^2)$ 这 10 个整点)，所以 $S+T=100000-10=99990$.

11. **证明** 取平面直角坐标系内的四点 $A(a_1,a_2), B(a_3,a_4), C(a_5,a_6), D(a_7,a_8)$. 若 A,B,C,D 中有某个点与坐标原点 O 重合，不妨设 A 与 O 重合，则 $a_1a_3+a_2a_4=0$ 为非负数.

以下假定 A,B,C,D 中任意一点不与 O 重合，不妨设射线 OA, OB, OC, OD 依逆时针顺序排列，根据抽屉原理，$\angle AOB, \angle BOC, \angle COD, \angle DOA$ 中必有一个不超过90°，不妨设 $0°\leqslant\angle AOB\leqslant90°$，则 $a_1a_3+a_2a_4=\overrightarrow{OA}\cdot\overrightarrow{OB}\geqslant0$.

另外，取 $a_1=3, a_2=1, a_3=-1, a_4=2, a_5=-1, a_6=-2, a_7=3, a_8=-1$，可验证知题目所述的 6 个数中仅有 $a_1a_7+a_2a_8=8>0$，其余 5 个数均为负数.

12. **证明** 考虑 $(1+x)^{2n}$ 的 n 次项系数.

一方面，该系数显然为 C_{2n}^n.

另一方面，

$$(1+x)^{2n}=(1+x)^n(x+1)^n=\left(\sum_{k=0}^{n}\mathrm{C}_n^kx^k\right)\left(\sum_{j=0}^{n}\mathrm{C}_n^jx^{n-j}\right),$$

其 n 次项系数为 $\sum\limits_{k=j=0}^{n}\mathrm{C}_n^k\mathrm{C}_n^j=(\mathrm{C}_n^0)^2+(\mathrm{C}_n^1)^2+\cdots+(\mathrm{C}_n^n)^2$.

综合以上两方面可知，结论成立.

13. **证明** 反证法. 假设有一个这样的 17 项数列，设为 $a_1, a_2,\cdots,a_{17}$. 考虑 7×11 的矩阵

$$\begin{pmatrix} a_1 & a_2 & a_3 & \cdots & a_{11} \\ a_2 & a_3 & a_4 & \cdots & a_{12} \\ \vdots & \vdots & \vdots & & \vdots \\ a_7 & a_8 & a_9 & \cdots & a_{17} \end{pmatrix}.$$

一方面，每行的元素和为负，导致矩阵各元素的和为负；另一方面，每列的元素和为正，导致矩阵各元素的和为负. 这不可能.

14. **证明** 如果一名教师 $t_i(1\leqslant i\leqslant a)$ 同时教两名学生 $s_j, s_l(1\leqslant j<l\leqslant b)$，那么称 (t_i,s_j,s_l) 为一个“三人组”.

一方面，根据条件(1)，对任意 $i(1\leqslant i\leqslant a)$，含 t_i 的三人组恰有 C_k^2 个，故三人组的总数为 $a\mathrm{C}_k^2$.

另一方面，根据条件(2)，对任意 $j,l(1\leqslant j<l\leqslant b)$，含 s_j,s_l 的三人组恰有 h 个，而 s_j,s_l 有 C_b^2 种取法，故三人组的总数为 $h\mathrm{C}_b^2$.

比较可得 $a\mathrm{C}_k^2=h\mathrm{C}_b^2$，即 $\dfrac{a}{h}=\dfrac{b(b-1)}{k(k-1)}$.

15. **证明** 设 T_n 的各格点的数已被分配好，此时好方格有 k 个. 称格子的一条边为一段“格线”. 对 T_n 的每段格线标记一个箭头：若格线连接了两个格点 U,V，其中 U 上的数小于 V 上的数，则对格线 UV 标上一个指向 $\overrightarrow{UV}$ 顺时针旋转 $90°$ 后所得方向的箭头(例如，对于所给图 2.9 中的方格 A，它的右边界格线上所标的箭头应是指向 A 外的，上、左、下三条边界格线上所标的箭头应是指向 A 内的).

对于由一个格子 S 及其一条边 UV 所构成的有序对 (S,UV)，若 UV 上所标的箭头由 S 内指向 S 外，则称 (S,UV) 为一个“对子”. 从两个方面考察对子的总数 N.

一方面，每个格子 S 至少贡献1个对子(否则，沿逆时针方向读 S 顶点上的数将永远递减，矛盾)，而根据好方格的定义，每个好方格贡献3个对子，于是

$$N\geqslant 3k+1\cdot(n^2-k)=2k+n^2.$$

另一方面，T_n 的每段格线至多贡献1个对子，且 T_n 边界上至少有一段格线标有向内的箭头(否则，沿逆时针方向读 T_n 边界上的数将永远递增，矛盾)，这样的格线不贡献对子. 注意到 T_n 的格线段数为 $2n(n+1)$，所以又有

$$N\leqslant 2n(n+1)-1.$$

综合两方面得 $2k+n^2\leqslant 2n(n+1)-1$，即 $k\leqslant\dfrac{n^2+2n-1}{2}$. 这意味着 T_n 中好方格个数不超过 $\dfrac{n^2+2n-1}{2}$ 个.

习 题 3

1. **解** 由于 99 不是素数，故 $n>1$. 注意到 $99=2+97$ 是两个不同的素数之和，故 n 的最小值为 2.

由于 9 个(或更多)互不相同的素数之和至少为

$$2+3+5+7+11+13+17+19+23=100>99,$$

所以$n<9$．又$99=2+3+5+11+13+17+19+29$是 8 个互不相同的素数之和，故n的最大值为 8.

2. **证明** 考虑n较小的特殊情形:

$$a_1=25=5^2,\ a_2=1225=35^2,\ a_3=112225=335^2,\ \cdots.$$

猜测$a_n=b_n^2$，其中$b_n=\underbrace{33\cdots3}_{n-1\text{个}}5=\dfrac{10^n+5}{3}$.

由于

$$a_n=\underbrace{11\cdots1}_{n-1\text{个}}\times10^{n+1}+\underbrace{22\cdots2}_{n\text{个}}\times10+5=\frac{10^{n-1}-1}{9}\times10^{n+1}+\frac{2(10^n-1)}{9}\times10+5$$

$$=\frac{1}{9}(10^{2n}+10^{n+1}+25)=\left(\frac{10^n+5}{3}\right)^2=b_n^2,$$

故结论得证.

3. **解** 考虑特殊形式$f(x)=\sin\omega x$，则

$$g(x)=\sin\omega x\cdot\sin(\omega(x+1)),$$

此时$g(x)$显然不为常值函数.

(1) 为使$g(x)$为偶函数，取$\omega=2\pi$，则

$$g(x)=\sin2\pi x\cdot\sin(2\pi x+2\pi)=\sin^2(2\pi x),$$

此时$g(x)$为偶函数．这表明$f(x)=\sin2\pi x$满足条件.

(2) 为使$g(x)$为奇函数，取$\omega=\dfrac{\pi}{2}$，则

$$g(x)=\sin\frac{\pi x}{2}\cdot\sin\left(\frac{\pi x}{2}+\frac{\pi}{2}\right)=\sin\frac{\pi x}{2}\cdot\cos\frac{\pi x}{2}=\frac{1}{2}\sin\pi x,$$

此时$g(x)$为奇函数．这表明$f(x)=\sin\dfrac{\pi x}{2}$满足条件.

注 *第(1)题也可以考虑特殊形式$f(x)=ax+b$，则*

$$g(x)=(ax+b)(a(x+1)+b)=a^2x^2+a(a+2b)x+b(a+b),$$

特取$a=2,b=-1$，可使$g(x)=4x^2-1$是偶函数，且不为常值函数(但这类特殊形式中找不到满足第(2)题要求的函数).

本题解法的开放性很高，此处不作展开．请读者思考更多可能的解法.

4. **解** 取$a=b=1,c\to0^+$(此时a,b,c是一个三角形的三边长)，得$\lambda\leqslant$

$\dfrac{1+2c}{(2+c)^2}$，故 $\lambda \leqslant \lim\limits_{c\to 0^+}\dfrac{1+2c}{(2+c)^2}=\dfrac{1}{4}$.

下面证明对任意三角形的三边长 a,b,c，有

$$4(ab+bc+ca)\geqslant (a+b+c)^2,$$

即

$$2(ab+bc+ca)\geqslant a^2+b^2+c^2. \qquad ①$$

事实上，

$$a^2+b^2+c^2<a(b+c)+b(c+a)+c(a+b)=2(ab+bc+ca),$$

故①成立．这表明 $\lambda=\dfrac{1}{4}$ 满足条件.

综上，λ 的最大值为 $\dfrac{1}{4}$.

5. **解**　设 L_1,N_1 分别为点 D 在直线 BC,AB 上的射影，L_2,M_2 分别为点 E 在直线 BC,CA 上的射影(第 5 题图)．由角平分线的性质知

$$DL_1=DN_1,\quad EL_2=EM_2. \qquad ①$$

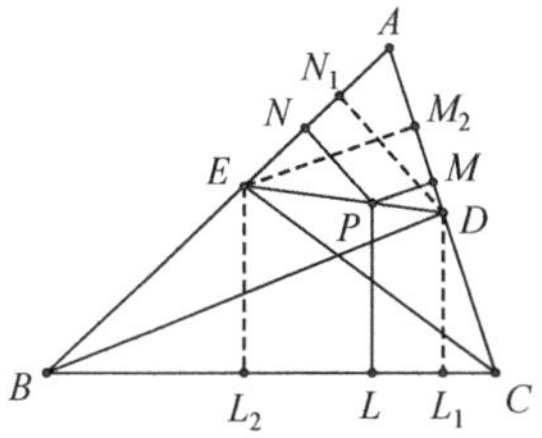

第 5 题图

当 P 位于线段 DE 的端点时，根据①式，显然有 $PM+PN=PL$．据此猜测当 P 位于线段 DE 内(不含端点)时，亦有 $PM+PN=PL$．以下给出证明.

设 $\dfrac{PE}{DE}=\lambda$，则 $\dfrac{PN}{DN_1}=\dfrac{PE}{DE}=\lambda$，$\dfrac{PM}{EM_2}=\dfrac{PD}{ED}=1-\lambda$，所以

$$PM+PN=(1-\lambda)\cdot EM_2+\lambda\cdot DN_1. \qquad ②$$

又由 $DL_1//EL_2//PL$ 及 $\dfrac{PE}{DE}=\lambda$，可知

$$PL=(1-\lambda)\cdot EL_2+\lambda\cdot DL_1. \qquad ③$$

由①知，②，③式的右端相等，从而 $PM+PN=PL$.

6. **解**　设想存在这样的定点，先通过特殊情形探索其可能的位置.

如第 6 题图(a)，取圆 ω 的直径 AP_1,BP_2，考虑点 P 分别位于 P_1,P_2 时的直线 HM 的位置 H_1M_1,H_2M_2.

当 $P=P_1$ 时，H_1M_1 经过 BP_1 的中点 M_1.

当 $P=P_2$ 时，M_2 为 ω 的圆心，故也为 AP_1 的中点，又由 $H_2M_2\perp AP_2$ 知 $H_2M_2//AB$，所以 H_2M_2 也经过点 M_1.

这意味着满足要求的定点只可能是 M_1.

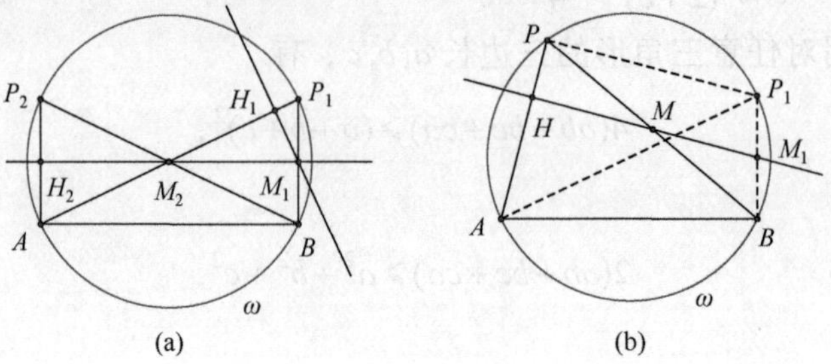

第 6 题图

至此目标已明确. 以下验证: 当 P 位于其他位置时, 直线 HM 亦经过 M_1.

如第 6 题图(b), MM_1 为 $\triangle BPP_1$ 的中位线, 故 $MM_1 // PP_1$. 由 AP_1 为圆 ω 的直径知 $PP_1 \perp AP$, 所以 $MM_1 \perp AP$. 这样直线 MM_1 与 HM 为同一直线, 即 HM 经过点 M_1.

综上, 我们证明了 M_1(与动点 P 无关)为所求的定点. 结论成立.

7. **证明** 分两步进行.

(1) 先对 $\lambda=\alpha>1, \mu=1$ 的特殊情形予以证明, 即证明: 当 $\alpha>1$ 时, 对任意 $x, y>0$, 均有

$$\left(\frac{x^{\alpha}+y^{\alpha}}{2}\right)^{\frac{1}{\alpha}} \geqslant \frac{x+y}{2}. \quad ①$$

注意到①式等价于 $\frac{x^{\alpha}+y^{\alpha}}{2} \geqslant\left(\frac{x+y}{2}\right)^{\alpha}$, 故只需证明 $f(x)=x^{\alpha}$ 在 $(0,+\infty)$ 上具有下凸性.

事实上, 当 $x \in(0,+\infty)$ 时, $f''(x)=\alpha(\alpha-1) x^{\alpha-2}>0$, 从而 $f(x)$ 下凸.

(2) 在(1)的基础上证明一般情形. 令 $x_1=x^{\mu}, y_1=y^{\mu}, \alpha=\frac{\lambda}{\mu}$, 则 $x^{\lambda}=x^{\alpha\mu}=x_1^{\alpha}$, $y^{\lambda}=y^{\alpha\mu}=y_1^{\alpha}$.

原不等式可改写为 $\left(\frac{x_1^{\alpha}+y_1^{\alpha}}{2}\right)^{\frac{1}{\alpha\mu}} \geqslant\left(\frac{x_1+y_1}{2}\right)^{\frac{1}{\mu}}$, 这等价于

$$\left(\frac{x_1^{\alpha}+y_1^{\alpha}}{2}\right)^{\frac{1}{\alpha}} \geqslant \frac{x_1+y_1}{2},$$

其中 $x_1, y_1 > 0,\ \alpha > 1$．由①式知结论成立．

8．**证明**　当 $n=2$ 时，方程为 $1+2x=4$，解得 $x=\dfrac{3}{2}$．

当 $n=3$ 时，方程为 $1+2x+3x^2=9$，即 $(3x-4)(x+2)=0$，解得两根 $x_1=\dfrac{4}{3}$，$x_2=-2$．

当 $n=4$ 时，方程为 $1+2x+3x^2+4x^3=16$，即 $(4x-5)(x^2+2x+3)=0$，故 $x=\dfrac{5}{4}$ 为有理根(另两根为虚数)．

对一般的 n，猜测原方程可通过因式分解写成

$$(nx-(n+1))(x^{n-2}+2x^{n-3}+\cdots+(n-2)x+n-1)=0. \qquad ①$$

事实上，将①式左边展开，可验证原方程与之等价．由①式知 $x=\dfrac{n+1}{n}$ 为有理根．得证．

9．**证明**　列出 $\{F_n\}$ 的前若干项：$1,1,2,3,5,8,13,21,34,\cdots$．

计算 $\{F_nF_{n+2}\}$ 的前若干项：$2,3,10,24,65,168,442,\cdots$．

观察发现，将 $\{F_nF_{n+2}\}$ 的奇数项减 1、偶数项加 1 后，均变成平方数，依次为

$$1=1^2, 4=2^2, 9=3^2, 25=5^2, 64=8^2, 169=13^2, 441=21^2, \cdots.$$

因此猜测 $K=1$，并且具体有

$$F_nF_{n+2}+(-1)^n=F_{n+1}^2 \quad (n\in\mathbf{N}^*). \qquad ①$$

事实上，由于对任意 $n\geqslant 2$，有

$$F_nF_{n+2}-F_{n+1}^2=F_n(F_{n+1}+F_n)-F_{n+1}(F_n+F_{n-1})=-(F_{n-1}F_{n+1}-F_n^2),$$

故

$$F_nF_{n+2}-F_{n+1}^2=(-1)^{n-1}(F_1F_3-F_2^2)=(-1)^{n-1},$$

即①式成立．

因此整数 $K=1$ 满足条件．

注　请读者思考是否还存在其他满足条件的整数 K．

10．**证明**　注意到恒等式 $n^2-(n+1)^2-(n+2)^2+(n+3)^2=4$，故当依次在右盘、左盘、左盘、右盘中添加 $A_n, A_{n+1}, A_{n+2}, A_{n+3}$ 后，右盘石子质量的增加量

比左盘石子质量的增加量多 4.

设重物的质量为 M.

当 $M=4t$ 时, 将 $A_{4i-3},A_{4i}(1\leqslant i\leqslant t)$ 放在右盘, $A_{4i-2},A_{4i-1}(1\leqslant i\leqslant t)$ 放在左盘, 则当添加到 A_{4t} 之后, 天平刚好平衡;

当 $M=4t+1$ 时, 将 A_1 及 $A_{4i-2},A_{4i+1}(1\leqslant i\leqslant t)$ 放在右盘, $A_{4i-1},A_{4i}(1\leqslant i\leqslant t)$ 放在左盘, 则当添加到 A_{4t+1} 之后, 天平刚好平衡;

当 $M=4t+2$ 时, 将 A_4 及 $A_{4i+1},A_{4i+4}(1\leqslant i\leqslant t)$ 放在右盘, A_1 及 A_{4i+2},A_{4i+3} $(0\leqslant i\leqslant t)$ 放在左盘, 则当添加到 A_{4t+4} 之后, 天平刚好平衡;

当 $M=4t+3$ 时, 将 A_2 及 $A_{4i-1},A_{4i+2}(1\leqslant i\leqslant t)$ 放在右盘, A_1 及 $A_{4i},A_{4i+1}(1\leqslant i\leqslant t)$ 放在左盘, 则当添加到 A_{4t+2} 之后, 天平刚好平衡.

综上所述, 结论成立.

11. **证明** 在这 100 个点中, 每两点间有一个距离, 这有限个距离中必存在最大值, 不妨设 A,B 两点间的距离取到该最大值.

以线段 AB 为直径作一个圆 $\varGamma$, 则 $\varGamma$ 的半径不超过 $\frac{1}{2}$. 对其余 98 个点中的任意一点 C, $\triangle ABC$ 是以 AB 为最长边的钝角三角形, 故 $\angle C$ 为钝角, 从而点 C 位于 $\varGamma$ 内. 换言之, 圆 $\varGamma$ 覆盖了这 100 个点. 从而圆 $\varGamma$ 满足条件.

12. **证明** 不妨设 $\triangle ABC$ 中, BC 为最短边, AM,AH 分别为 BC 边上的中线和高.

由中线长公式可知, $AM=\dfrac{\sqrt{2AB^2+2AC^2-BC^2}}{2}\geqslant\dfrac{\sqrt{3}}{2}BC$. 又 $AM\geqslant AH$, 所以

$$AM^2\geqslant\frac{\sqrt{3}}{2}BC\cdot AH=\sqrt{3}S_{\triangle ABC}.$$

13. **证明** 考虑聚会者中熟人最多的人, 记之为 A, 设 A 有 n 个熟人 $B_1,B_2,\cdots,B_n$.

由于 $B_1,B_2,\cdots,B_n$ 中任意两人 B_i 与 B_j 都认识 A, 即 A 是他们的共同熟人, 由条件知 B_i 与 B_j 的熟人数目不等. 此外, 由 A 的熟人最多可知 $B_1,B_2,\cdots,B_n$ 的熟人数均不超过 n, 于是 $B_1,B_2,\cdots,B_n$ 的熟人数目恰好是 $1,2,\cdots,n$ 的某个排列.

根据条件, $n\geqslant100$, 因此必有某个 B_i 恰好有 100 个熟人.

14. **证明** 考虑一条途经所有城市的最短的线路 l. 设 l 的长度为 N, 起点和终点分别在城市 A 和 B, 则 A,B 的里程值均为 N. 对任意一座城市 C,

C必在l上，故C沿l到A,B之一的长度不大于$\frac{N}{2}$，不妨设C到A的长度不大于$\frac{N}{2}$，则从C出发沿l到A然后沿l到B的线路总长度不大于$\frac{3N}{2}$，且该线路经过所有城市. 这表明任意一座城市的里程值不大于$\frac{3N}{2}$，也不小于N (因为l是最短线路). 因此结论成立.

15. **证明** 记$D=\{d_0,d_1,\cdots,d_m\}$，显然$2,4\in D$.

考虑使$2t,2t+2\in D$成立的最大的正整数t.

假如$2t+1\in D$, 则当t为奇数时，由$2t,2t+1\in D$及$4\mid 4k$，可知$4t$, $4t+2\in D$，与t的最大性矛盾；当t为偶数时，类似地，由$2t+1,2t+2\in D$知$4t+2$, $4t+4\in D$，仍与t的最大性矛盾.

因此$2t+1\notin D$，这表明存在$i\in\{1,2,\cdots,m\}$，使得$d_{i-1}=2t, d_i=2t+2$，结论成立.

习 题 4

1. **解** 两者相等.

事实上，经过10轮操作后，甲桶所含液体的体积与初始时刻相同，因此整个过程中，甲桶内液体B的增加量等于甲桶内液体A的减少量，即乙桶内液体A的增加量. 由于一开始甲桶内的液体B与乙桶内的液体A等量(均为0升)，所以操作结束后仍为等量.

2. **解** 设丙搭载甲前进的总时间为t_1小时，搭载乙前进的总时间为t_2小时，空驶折返的总时间为t_3小时. 根据条件，分别考虑甲、乙、丙的行程知

$$\begin{cases}40t_1+10(t_2+t_3)=70,\\40t_2+10(t_1+t_3)=70,\\40(t_1+t_2-t_3)=70.\end{cases}$$

解此方程组得$t_1=t_2=\frac{5}{4}, t_3=\frac{3}{4}$.

所以此时距出发时刻经过了$t_1+t_2+t_3=\frac{13}{4}$小时，即3小时15分钟.

3. **解** 无论如何操作，该矩阵的前两列的4个数中，必存在奇数个负数，故至少存在一个负数(该负数的绝对值至少为1). 所以矩阵中各数之和不超过

$$-1+3+6+2+2+0=12.$$

可操作第 1, 3 列，使矩阵 A 变成 $\begin{pmatrix}-1 & 3 & 6\\ 2 & 2 & 0\end{pmatrix}$，各数之和达到最大值 12.

4. **解** 由条件知

$$\cos A-\sin A=10(\cos B\cos C-\sin B\sin C)=10\cos(B+C)=-10\cos A,$$

所以 $\sin A=11\cos A$，即 $\tan A=11$.

5. **解** 由条件知

$$(a_1+1)+\cdots+(a_9+9)\equiv 1+2+2+5+6+6+6+9+9\equiv 6\ (\mathrm{mod}\,10). \quad ①$$

又 $a_1,a_2,\cdots,a_{10}$ 的个位数为 $0,1,\cdots,9$ 的排列，因此

$$a_1+a_2+\cdots+a_{10}\equiv 0+1+\cdots+9\equiv 5\ (\mathrm{mod}\,10).$$

于是

$$(a_1+1)+\cdots+(a_9+9)=a_1+\cdots+a_9+45\equiv -a_{10}\ (\mathrm{mod}\,10). \quad ②$$

由①，②知 $a_{10}\equiv -6\equiv 4\ (\mathrm{mod}\,10)$，故 a_{10} 的个位数字为 4.

6. **解** 考虑等式

$$\left(1+\frac{1}{2}\right)\left(1+\frac{1}{7}\right)\left(1+\frac{1}{11}\right)\left(1+\frac{1}{13}\right)\left(1+\frac{1}{15}\right)\left(1+\frac{1}{32}\right)=\frac{144}{65}.$$

等式左端展开后的 64 项恰好为 $1,p_1,p_2,\cdots,p_{63}$ 的排列，所以

$$p_1+p_2+\cdots+p_{63}=\frac{144}{65}-1=\frac{79}{65}.$$

7. **解** 由条件知

$$\begin{cases} x+y+z=[x+y+z]+\dfrac{1}{4},\\ y+z+t=[y+z+t]+\dfrac{1}{4},\\ z+t+x=[z+t+x]+\dfrac{1}{4},\\ t+x+y=[t+x+y]+\dfrac{1}{4}.\end{cases}$$

将上述四式相加，易知 $3(x+y+z+t)\in\mathbf{Z}$，所以

$$3S=3(x+y+z+t)-3[x+y+z+t]\in\mathbf{Z}.$$

又 $S\in[0,1)$，故 S 只可能为 $0,\ \dfrac{1}{3},\ \dfrac{2}{3}$.

当 $x=y=z=t=\frac{3}{4},\frac{1}{12},\frac{5}{12}$ 时，分别使 S 取到 $0,\frac{1}{3},\frac{2}{3}$.

8. **解** 由于每个一元二次方程至多有 2 个实根，而 $2n$ 个实数 $a_1,b_1,\cdots,a_n,b_n$ 互不相同，所以根据条件可知对每个 $i(1\leqslant i\leqslant n)$，方程 E_i 必含有两个不相等的实根 u_i,v_i，并且

$$\{u_1,v_1,\cdots,u_n,v_n\}=\{a_1,b_1,\cdots,a_n,b_n\}. \quad ①$$

由韦达定理知

$$u_i+v_i=a_i,\quad u_iv_i=b_i\quad(1\leqslant i\leqslant n). \quad ②$$

由①，②得

$$\sum_{i=1}^{n}a_i=\sum_{i=1}^{n}(u_i+v_i)=\sum_{i=1}^{n}a_i+\sum_{i=1}^{n}b_i,$$

即

$$\sum_{i=1}^{n}b_i=0. \quad ③$$

由②式进一步得

$$u_i^2+v_i^2=(u_i+v_i)^2-2u_iv_i=a_i^2-2b_i\ \ (1\leqslant i\leqslant n),$$

结合①，③可知

$$\sum_{i=1}^{n}(a_i^2+b_i^2)=\sum_{i=1}^{n}(u_i^2+v_i^2)=\sum_{i=1}^{n}(a_i^2-2b_i)=\sum_{i=1}^{n}a_i^2.$$

这表明 $\sum\limits_{i=1}^{n}b_i^2=0$，于是 $b_i=0\,(1\leqslant i\leqslant n)$. 由 $b_1,\cdots,b_n$ 互不相同可知 $n=1$.

又当 $n=1$ 时，取 $a_1\neq 0,\ b_1=0$，此时方程 E_1 的解为 $a_1,0$，满足题意.

因此 n 的所有可能值为 1.

9. **证明** 由于 $a,b,c,d>0$，故

$$\left(a+b+\frac{1}{c}\right)+\left(b+c+\frac{1}{d}\right)+\left(c+d+\frac{1}{a}\right)+\left(d+a+\frac{1}{b}\right)$$
$$=\left(2a+\frac{1}{a}\right)+\left(2b+\frac{1}{b}\right)+\left(2c+\frac{1}{c}\right)+\left(2d+\frac{1}{d}\right)\geqslant 4\times 2\sqrt{2}.$$

这意味着 $a+b+\frac{1}{c},b+c+\frac{1}{d},c+d+\frac{1}{a},d+a+\frac{1}{b}$ 中的最大者不小于 $2\sqrt{2}$.

10. **证明** (1) 对 $k=1,2,\cdots,n$，有 $\frac{m+3k-1}{m+3k-2}>\frac{m+3k}{m+3k-1}>\frac{m+3k+1}{m+3k}>0$，故

$$a^3=\prod_{k=1}^{n}\left(\frac{m+3k-1}{m+3k-2}\right)^3>\prod_{k=1}^{n}\left(\frac{m+3k-1}{m+3k-2}\cdot\frac{m+3k}{m+3k-1}\cdot\frac{m+3k+1}{m+3k}\right)$$
$$=\prod_{k=1}^{n}\frac{m+3k+1}{m+3k-2}=\frac{m+3n+1}{m+1}=1+\frac{3n}{m+1},$$

从而 $a>\sqrt[3]{1+\dfrac{3n}{m+1}}$.

(2) 先证明对任意 $a>1$，有

$$\left(\frac{a+1}{a}\right)^2<\frac{a}{a-1}\cdot\frac{a+2}{a+1}.$$

事实上，这等价于 $(a-1)(a+1)^3<a^3(a+2)$，即 $a^4+2a^3-2a-1<a^4+2a^3$，显然成立.

由此可知

$$a^3=\prod_{k=1}^{n}\left(\frac{m+3k-1}{m+3k-2}\cdot\left(\frac{m+3k-1}{m+3k-2}\right)^2\right)<\prod_{k=1}^{n}\left(\frac{m+3k-1}{m+3k-2}\cdot\frac{m+3k-2}{m+3k-3}\cdot\frac{m+3k}{m+3k-1}\right)$$
$$=\prod_{k=1}^{n}\frac{m+3k}{m+3k-3}=\frac{m+3n}{m}=1+\frac{3n}{m},$$

从而 $a<\sqrt[3]{1+\dfrac{3n}{m}}$.

11. **证明** 考虑由 4 个单元格构成的“组”：

$$\{(a,c),(a,d),(b,c),(b,d)\},\quad 1\leqslant a<b\leqslant n,\quad 1\leqslant c<d\leqslant n. \tag{①}$$

根据操作规则，每次操作不改变每个组中“+”的个数的奇偶性.

对 $i=1,2,\cdots,n$，在①中取 $a=c=i,\ b\equiv i+1\pmod n,\ d\equiv i+2\pmod n$，这样得到 n 个组，其中每个组初始时刻恰有一个“+”，故任何时刻总是含有奇数个“+”，即至少有一个“+”. 注意到 $n\geqslant 4$，易验证这 n 个组两两不交. 因此任何时刻方格表中至少有 n 个“+”.

12. **解** 对任意正整数 n 及任意 n 个实数 $a_1,a_2,\cdots,a_n$ (允许相同)，定义

$$S=S(a_1,a_2,\cdots,a_n)=\prod_{k=1}^{n}(1+a_k)$$

为关于 $a_1,a_2,\cdots,a_n$ 的“特征量”.

设一次操作中擦去了 $a_1,a_2,\cdots,a_n$ 中的两个数 a_i,a_j，补写上了数 $a_i+a_j+a_ia_j$，用 S' 表示关于这次操作后所剩各数的特征量. 注意到

$$(1+a_i)(1+a_j)=1+(a_i+a_j+a_ia_j),$$

可知 $S'=S$. 这表明操作过程中, 关于黑板上各数的特征量恒为一个常数 S.

设最后剩下的数为 x. 由于一开始黑板上各数为 $1,\frac{1}{2},\cdots,\frac{1}{100}$, 故有

$$x+1=S=\prod_{k=1}^{100}\left(1+\frac{1}{k}\right)=\prod_{k=1}^{100}\frac{k+1}{k}=101,$$

所以 $x=100$.

13. **解** 将 A_1,A_2,A_3,A_4,A_5,A_6 上的整数分别记为 a_1,a_2,a_3,a_4,a_5,a_6 (它们会随着操作而变化). 令

$$S=\sum_{k=1}^{6}(-1)^k a_k .$$

当进行操作(1)时, 设 $A_i,A_{i+1}(1\leqslant i\leqslant 6)$ 是所选的两个相邻顶点(下标按模 6 的意义理解). 若是将 a_i,a_{i+1} 分别变为 $a_i+2,a_{i+1}-3$, 则 S 的增量为 $(-1)^i\cdot 2+(-1)^{i+1}\cdot(-3)=(-1)^i\cdot 5$; 若是将 a_i,a_{i+1} 分别变为 $a_i-3,a_{i+1}+2$, 则同理知 S 的增量为 $(-1)^{i+1}\cdot 5$.

当进行操作(2)时, 设 $A_i(1\leqslant i\leqslant 6)$ 是所选的顶点. 由于操作后 a_i 变成 $6a_i$, 故 S 的增量为 $(-1)^i\cdot 5a_i$.

综上, 每一次操作均不改变 S 模 5 的余数.

一开始 $S=0$. 假如某一时刻 a_1,a_2,a_3,a_4,a_5,a_6 分别为 $1,2,3,4,5,6$, 则相应有

$$S=-1+2-3+4-5+6=3\neq 0\ (\bmod 5),$$

矛盾. 所以不能通过若干次操作达到题目的要求.

14. **证明** 求出每对相邻两数之积, 并对这 100 个积求和, 得到一个数值 S. 这个数值在对 a,b,c,d 操作后, 相比操作前增加了 $(ac+cb+bd)-(ab+bc+cd)=(a-d)(c-b)>0$, 但 S 仅可能取有限种不同的数值, 所以这样的操作只能进行有限次.

15. **证明** 对任意非负整数 l, 记 S_l 为第 l 次操作后黑板上各数的倒数的平方和.

对每一次操作, 设该次操作是将正实数 x 替换为两个正实数 y,z, 则由平均值不等式得

$$\frac{1}{x^2}=\frac{2}{yz}\leqslant\frac{1}{y^2}+\frac{1}{z^2},$$

故操作后黑板上各数的倒数的平方和不减小. 因此 $S_0 \leqslant S_1 \leqslant \cdots \leqslant S_{k^2-1}$.

设 m 为第 k^2-1 次操作完成的时刻黑板上的最小的数, 则有

$$k^2 \cdot \frac{1}{m^2} \geqslant S_{k^2-1} \geqslant S_0 = \frac{1}{r^2},$$

这表明 $m \leqslant kr$. 结论得证.

习 题 5

1. **证明** 反证法. 假设 $r=\sqrt{2}+\sqrt{3}$ 是有理数, 则

$$3=(\sqrt{3})^2=(r-\sqrt{2})^2=r^2+2-2\sqrt{2}\cdot r,$$

整理得 $\sqrt{2}=\frac{r^2-1}{2r}$. 由于 $\frac{r^2-1}{2r}$ 是有理数, 但 $\sqrt{2}$ 是无理数(本章例 5.1 已证), 矛盾. 因此 $\sqrt{2}+\sqrt{3}$ 是无理数.

2. **证明** 反证法. 假设每个抽屉都装有至多 $\left[\frac{m-1}{n}\right]$ 件物品, 那么 n 个抽屉一共所装的物品件数不超过 $n\cdot\left[\frac{m-1}{n}\right] \leqslant n\cdot\frac{m-1}{n}=m-1$, 与共有 m 件物品相矛盾. 因此原结论成立.

3. **证明** 反证法. 假设形如 $4k-1(k\in\mathbf{N}^*)$ 的素数仅有有限个. 首先 3 是这样一个素数, 故可设 $p_1, p_2, \cdots, p_n$ 为所有这样的素数.

考虑数 $N=4p_1p_2\cdots p_n-1$, 易知 N 不含素因子 $p_1, p_2, \cdots, p_n$, 且 N 为大于 1 的奇数, 因此 N 必可表示为一系列模 4 余 1 的素数 $q_1, q_2, \cdots, q_m$ (允许相同)之积. 此时

$$N=q_1q_2\cdots q_m \equiv 1^m=1(\bmod 4),$$

与 $N=4p_1p_2\cdots p_n-1\equiv 3(\bmod 4)$ 矛盾.

所以形如 $4k-1(k\in\mathbf{N}^*)$ 的素数有无穷多个.

4. **证明** (1) 反证法. 假设 $|f(0)|, |f(1)|, |f(2)|$ 都小于 $\frac{1}{2}$. 因为

$$f(0)=b, \quad f(1)=1+a+b, \quad f(2)=4+2a+b,$$

所以 $f(2)-2f(1)+f(0)=2$, 但

$$2=f(2)-2f(1)+f(0) \leqslant |f(2)|+2|f(1)|+|f(0)|<\frac{1}{2}+2\times\frac{1}{2}+\frac{1}{2}=2,$$

矛盾. 因此, $|f(0)|, |f(1)|, |f(2)|$ 中至多有两个数小于 $\frac{1}{2}$.

(2) 反证法. 假设 $|f(1)|, |f(3)|, |f(9)|$ 都小于 2. 因为

$$f(1)=9+a+b,\quad f(3)=3+3a+b,\quad f(9)=1+9a+b,$$

所以 $f(9)-4f(3)+3f(1)=16$, 但

$$16=f(9)-4f(3)+3f(1)\leqslant|f(9)|+4|f(3)|+3|f(1)|<2+4\times2+3\times2=16,$$

矛盾. 因此, $|f(1)|, |f(3)|, |f(9)|$ 中至多有两个数小于 2.

5. **证明** (1) 反证法. 假设存在一个三角形不满足条件, 不妨设其三边长 a, b, c 满足 $a\geqslant b\geqslant c$, 则有

$$\frac{b}{a}\leqslant\frac{\sqrt{5}-1}{2},\quad \frac{c}{b}\leqslant\frac{\sqrt{5}-1}{2},$$

从而

$$\frac{b+c}{a}=\frac{b}{a}\cdot\left(1+\frac{c}{b}\right)\leqslant\frac{\sqrt{5}-1}{2}\cdot\left(1+\frac{\sqrt{5}-1}{2}\right)=1,$$

即 $b+c\leqslant a$, 这与三角不等式矛盾. 从而命题得证.

(2) 反证法. 假设存在一个多边形不满足条件, 不妨设其为 n 边形, 各边的长度从大到小依次为 $a_1\geqslant a_2\geqslant\cdots\geqslant a_n$, 则结合反证法假设可知

$$a_1\geqslant 2a_2\geqslant 2^2a_3\geqslant\cdots\geqslant 2^{n-1}a_n,$$

所以

$$a_2+a_3+\cdots+a_n\leqslant\frac{a_1}{2}+\frac{a_1}{2^2}+\cdots+\frac{a_1}{2^{n-1}}<a_1,$$

但此时以 $a_1, a_2, \cdots, a_n$ 为边长无法作出 n 边形, 矛盾. 从而命题得证.

6. **解** 假设存在这样的 $\triangle ABC$, 则

$$\begin{cases}ab=\sin A\sin B+\sin B\sin C+\sin C\sin A,\\ 2c=\sin A+\sin B+\sin C.\end{cases}\quad ①$$

注意到 $\triangle ABC$ 外接圆半径为 1, 由正弦定理得

$$\frac{\sin A}{a}=\frac{\sin B}{b}=\frac{\sin C}{c}=\frac{1}{2}.\quad ②$$

由①, ②知

$$\begin{cases}ab=\dfrac{ab+bc+ca}{4},\\ 2c=\dfrac{a+b+c}{2},\end{cases}$$

化简得 $\begin{cases}3ab=c(a+b),\\3c=a+b.\end{cases}$ 于是有 $3ab=c(a+b)=c\cdot 3c$，所以 $ab=c^2$.

又由 $3c=a+b<a+(a+c)$ 知 $c<a$，同理得 $c<b$，故 $c^2<ab=c^2$，矛盾. 因此不存在满足条件的 $\triangle ABC$.

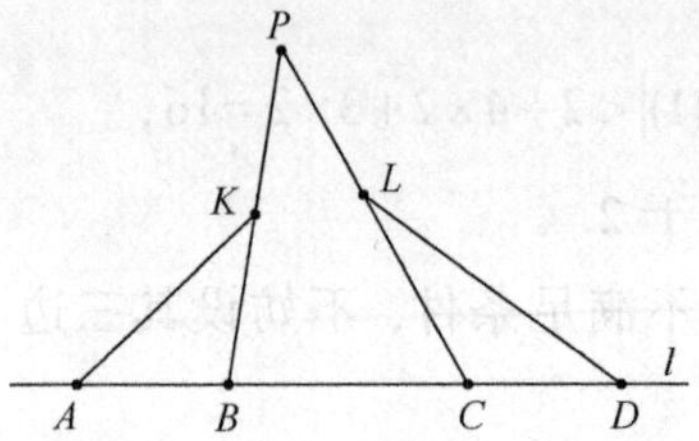

第 7 题图

7. **证明** 反证法. 假设 $PB\neq PC$.

先考虑 $PB<PC$ 的情形. 如第 7 题图，由 $PK=PL$ 知 $BK<CL$.

又 $\angle PBC>\angle PCB$，故 $\angle ABK<\angle DCL$，从而 $\cos\angle ABK>\cos\angle DCL$.

注意到 $\cos\angle DCL<0$ (显然 $\angle DCL$ 为钝角)，利用余弦定理可知

$$\begin{aligned}AK^2&=AB^2+BK^2-2AB\cdot BK\cdot\cos\angle ABK\\&<AB^2+BK^2-2AB\cdot BK\cdot\cos\angle DCL\\&<CD^2+CL^2-2CD\cdot CL\cdot\cos\angle DCL\\&=DL^2,\end{aligned}$$

与 $AK=DL$ 矛盾.

同理知 $PB>PC$ 亦矛盾.

所以 $PB=PC$.

8. **证明** 假设 Ω 为有限集. 任意规定一个原点 O，考虑 O 到 Ω 中每个点的距离，必存在一个最大距离 d，不妨设 $A\in\Omega$ 满足 $|OA|=d$. 由条件知存在 $B,C\in\Omega$，使得 A 在线段 BC 上，故 $\angle OAB$ 与 $\angle OAC$ 必有一个不小于 90°，不妨设为 $\angle OAB$，则 $|OB|>|OA|=d$，矛盾.

因此 Ω 为无限集.

9. **解** 假设原方程有正整数解，不妨设 (a,b,c,d) 是其中使 $a+b+c+d$ 最小的一组解.

注意到 $3\mid(a^2+b^2)$. 若 a,b 均不为 3 的倍数，则 $a^2+b^2\equiv 1+1=2 \pmod 3$，矛盾. 因此 a,b 中必有某个数为 3 的倍数，于是另一个数也为 3 的倍数.

设 $a=3a_1,b=3b_1$，则 $3(c^2+d^2)=a^2+b^2=(3a_1)^2+(3b_1)^2$，化简得

$$c^2+d^2=3(a_1^2+b_1^2),$$

这意味着 (c,d,a_1,b_1) 也是原方程的正整数解.

但是 $c+d+a_1+b_1<c+d+a+b$，与 $a+b+c+d$ 的最小性矛盾.

因此原方程无正整数解.

10. **证明** 按顺时针次序将正 $2n$ 边形的各个顶点标上序号 $1, 2, \cdots, 2n$. 由正 $2n$ 边形的几何性质可知，对于任意四个顶点 A, B, C, D，“$AB // CD$”的充要条件是“顶点 A, B 的序号之和与顶点 C, D 的序号之和模 $2n$ 同余”.

用 a_i 表示顶点 P_i 对应的数，则 $a_1, a_2, \cdots, a_{2n}$ 是 $1, 2, \cdots, 2n$ 的排列.

现假设 $P_iP_{i+1}(i=1,2,\cdots,2n)$ 中任意两条线段不平行(约定下标按模 $2n$ 的意义理解)，则 $a_i+a_{i+1}(i=1,2,\cdots,2n)$ 模 $2n$ 的余数两两不同，这些余数必为 0, $1, \cdots, 2n-1$ 的排列，所以

$$\sum_{i=1}^{2n}(a_i+a_{i+1}) \equiv \sum_{k=0}^{2n-1} k = n(2n-1) \equiv n \pmod{2n}.$$

但另一方面，

$$\sum_{i=1}^{2n}(a_i+a_{i+1}) = 2\sum_{i=1}^{2n} a_i = 2\cdot\sum_{k=1}^{2n} k = 2n(2n+1) \equiv 0 \pmod{2n},$$

矛盾. 因此原结论成立.

习 题 6

1. **证明** (1) 当 $n=1$ 时，结论显然成立.

假设当 $n=k$ (k 为某个正整数)时结论成立，则当 $n=k+1$ 时，有

$$\begin{aligned}1^3+2^3+\cdots+k^3+(k+1)^3 &= \frac{k^2(k+1)^2}{4}+(k+1)^3 \\ &= \frac{(k+1)^2}{4}\cdot(k^2+4(k+1)) = \frac{(k+1)^2(k+2)^2}{4},\end{aligned}$$

结论也成立. 因此对任意正整数 n，结论都成立.

(2) 当 $n=1$ 时，由 $a_1>0$ 及 $a_1^3=a_1^2$，可知 $a_1=1$，结论成立.

假设当 $n \leqslant k$ (k 为某个正整数)时结论成立，即 $a_1=1, a_2=2, \cdots, a_k=k$，则由条件知

$$1^3+2^3+\cdots+k^3+a_{k+1}^3=(1+2+\cdots+k+a_{k+1})^2,$$

即

$$\frac{k^2(k+1)^2}{4}+a_{k+1}^3=\left(\frac{k(k+1)}{2}+a_{k+1}\right)^2,$$

化简并因式分解得

$$a_{k+1}(a_{k+1}+k)(a_{k+1}-(k+1))=0.$$

结合 $a_{k+1}>0$ 知 $a_{k+1}=k+1$，故当 $n=k+1$ 时结论也成立. 从而命题得证.

2. **证法 1** 当 $n=8$ 时，由 $8=3+5$ 知结论成立.

假设当 $n=k$ (k 为某个不小于 8 的整数)时结论成立，设 $k=3u_k+5v_k$，其中 u_k, v_k 为非负整数.

若 $v_k\geqslant 1$，则非负整数 $u=u_k+2, v=v_k-1$ 满足 $k+1=3u+5v$.

若 $v_k=0$，则 $u_k\geqslant 3$，于是非负整数 $u=u_k-3, v=v_k+2$ 满足 $k+1=3u+5v$.

因此当 $n=k+1$ 时结论也成立. 所以命题得证.

证法 2 当 $n=8,9,10$ 时，由 $8=3+5, 9=3\times 3, 10=2\times 5$ 知结论成立.

假设当 $n=k$ (k 为某个不小于 8 的整数)时结论成立，设 $k=3u_k+5v_k$，其中 u_k, v_k 为非负整数，则当 $n=k+3$ 时，非负整数 $u=u_k+1, v=v_k$ 满足 $k+3=3u+5v$，故结论也成立. 所以命题得证.

3. **证明** 当 $n=1$ 时，$f(2)=1=1^2$，结论成立.

假设当 $n=k$ (k 为某个正整数)时结论成立，则当 $n=k+1$ 时，由归纳假设得

$$\begin{aligned}&f(k+2)+f(k+3)+\cdots+f(2(k+1))\\=&k^2+f(2k+1)+f(2(k+1))-f(k+1).\end{aligned} \qquad ①$$

根据 f 的定义，有 $f(2k+1)=2k+1$，$f(2(k+1))=f(k+1)$，从而由①式得

$$f(k+2)+f(k+3)+\cdots+f(2(k+1))=k^2+(2k+1)=(k+1)^2,$$

故当 $n=k+1$ 时结论也成立. 所以结论对任意正整数 n 均成立.

4. **证明** 由韦达定理知 $z_1+z_2=-p, z_1z_2=q$.

当 $n=1,2$ 时，有 $z_1+z_2=-p\in\mathbf{Z}, z_1^2+z_2^2=p^2-2q\in\mathbf{Z}$，结论成立.

假设当 $n=k, k+1$ (k 为某个正整数)时结论成立. 计算得

$$\begin{aligned}z_1^{k+2}+z_2^{k+2}&=(z_1+z_2)\cdot(z_1^{k+1}+z_2^{k+1})-z_1z_2\cdot(z_1^k+z_2^k)\\&=p\cdot(z_1^{k+1}+z_2^{k+1})-q\cdot(z_1^k+z_2^k),\end{aligned}$$

由归纳假设，并注意 $p,q\in\mathbf{Z}$，可知 $z_1^{k+2}+z_2^{k+2}\in\mathbf{Z}$，故当 $n=k+2$ 时结论也成立.

所以对任意正整数 n，均有 $z_1^n+z_2^n$ 为整数.

5. **证明** 当 $n=1$ 时，结论显然成立.

假设当 $n=k$ (k 为某个正整数)时结论成立，考虑 $n=k+1$ 的情形.

将 $2^{k+1}\times 2^{k+1}$ 方格表 Ω_{k+1} 分为 4 个 $2^k\times 2^k$ 方格表 $\Omega_k, \Omega'_k, \Omega''_k, \Omega'''_k$. 不妨设挖去的小方格 C 位于 Ω_k 中. 先用一个角形 α 覆盖 Ω_{k+1} 中央的四个小方格中属于

$\Omega_k', \Omega_k'', \Omega_k'''$ 的那三个小方格. 现在 $\Omega_k, \Omega_k', \Omega_k'', \Omega_k'''$ 中各剩下 $2^{2k}-1$ 个小方格尚需覆盖. 由归纳假设知 $\Omega_k, \Omega_k', \Omega_k'', \Omega_k'''$ 各自所剩的部分分别可被 $\dfrac{2^{2k}-1}{3}$ 个角形无重叠地覆盖, 连同 α 共有 $4\cdot\dfrac{2^{2k}-1}{3}+1=\dfrac{2^{2(k+1)}-1}{3}$ 个角形无重叠地覆盖了 Ω_{k+1} 挖去 C 后剩下的部分. 故当 $n=k+1$ 时结论也成立. 从而结论得证.

6. **证明** 当 $n=1,2,3$ 时, $2^1+2>1^2$, $2^2+2>2^2$, $2^3+2>3^2$ 显然成立.

假设当 $n=k$ (k 为某个不小于 3 的整数)时结论成立, 则当 $n=k+1$ 时,

$$2^{k+1}+2=2(2^k+2)-2>2k^2-2=(k+1)^2+(k+1)(k-3)\geqslant(k+1)^2,$$

结论也成立. 从而命题得证.

7. **证明** 先证明当 $n=2^m(m\in\mathbf{N}^*)$ 时结论成立.

当 $n=2$ 时结论成立. 事实上, 由 $\alpha_1,\alpha_2\in(0,\pi)$ 知

$$\frac{\sin\alpha_1+\sin\alpha_2}{2}=\sin\frac{\alpha_1+\alpha_2}{2}\cos\frac{\alpha_1-\alpha_2}{2}\leqslant\sin\frac{\alpha_1+\alpha_2}{2}.$$

假设当 $n=2^k$ (k 为某个正整数)时结论成立, 则当 $n=2^{k+1}$ 时, 对 $\alpha_1,\cdots,\alpha_{2^{k+1}}\in(0,\pi)$, 由归纳假设, 并利用 $n=2$ 时的结论知

$$\begin{aligned}\frac{\sin\alpha_1+\cdots+\sin\alpha_{2^{k+1}}}{2^{k+1}}&=\frac{1}{2}\cdot\left(\frac{\sin\alpha_1+\cdots+\sin\alpha_{2^k}}{2^k}+\frac{\sin\alpha_{2^k+1}+\cdots+\sin\alpha_{2^{k+1}}}{2^k}\right)\\&\leqslant\frac{1}{2}\cdot\left(\sin\frac{\alpha_1+\cdots+\alpha_{2^k}}{2^k}+\sin\frac{\alpha_{2^k+1}+\cdots+\alpha_{2^{k+1}}}{2^k}\right)\\&\leqslant\sin\left(\frac{1}{2}\cdot\left(\frac{\alpha_1+\cdots+\alpha_{2^k}}{2^k}+\frac{\alpha_{2^k+1}+\cdots+\alpha_{2^{k+1}}}{2^k}\right)\right)\\&=\sin\frac{\alpha_1+\cdots+\alpha_{2^{k+1}}}{2^{k+1}},\end{aligned}$$

故当 $n=2^{k+1}$ 时结论也成立. 从而当 $n=2^m(m\in\mathbf{N}^*)$ 时结论都成立.

以下证明: 对任意正整数 $k>2$, 若 $n=k$ 时结论成立, 则 $n=k-1$ 时结论也成立.

事实上, 在

$$\frac{\sin\alpha_1+\cdots+\sin\alpha_k}{k}\leqslant\sin\frac{\alpha_1+\cdots+\alpha_k}{k}$$

中令 $\alpha_k=\dfrac{\alpha_1+\cdots+\alpha_{k-1}}{k-1}$, 得

$$\frac{\sin\alpha_1+\cdots+\sin\alpha_{k-1}+\sin\dfrac{\alpha_1+\cdots+\alpha_{k-1}}{k-1}}{k}\leqslant\sin\frac{\alpha_1+\cdots+\alpha_{k-1}+\dfrac{\alpha_1+\cdots+\alpha_{k-1}}{k-1}}{k}=\sin\frac{\alpha_1+\cdots+\alpha_{k-1}}{k-1},$$

整理得

$$\frac{\sin\alpha_1+\cdots+\sin\alpha_{k-1}}{k-1}\leqslant\sin\frac{\alpha_1+\cdots+\alpha_{k-1}}{k-1},$$

即当 $n=k-1$ 时结论也成立.

综上可知结论对任意正整数 $n\geqslant 2$ 均成立.

8. **证法1** 当 $n=1,2$ 时, $x_1=1+a>1, x_2=\dfrac{1}{1+a}+a=\dfrac{1+a+a^2}{1+a}>1$, 结论成立.

假设当 $n=k$ (k 为某个正整数)时结论成立, 则当 $n=k+2$ 时, 根据归纳假设和递推关系得

$$0<x_{k+1}=\frac{1}{x_k}+a<1+a,$$

$$x_{k+2}=\frac{1}{x_{k+1}}+a>\frac{1}{1+a}+a=\frac{1+a+a^2}{1+a}>1,$$

所以当 $n=k+2$ 时结论也成立. 因此对任意正整数 n, 均有 $x_n>1$.

证法 2 加强命题, 证明对任意正整数 n, 有 $1<x_n\leqslant 1+a$.

当 $n=1$ 时, $1<x_1=1+a$, 结论成立.

假设当 $n=k$ (k 为某个正整数)时结论成立, 则当 $n=k+1$ 时, 由归纳假设得

$$\frac{1}{1+a}+a\leqslant\frac{1}{x_k}+a<1+a,$$

又 $\dfrac{1}{x_k}+a=x_{k+1}$, 所以

$$1<\frac{1+a+a^2}{1+a}\leqslant x_{k+1}<1+a,$$

即当 $n=k+1$ 时结论也成立. 所以加强的命题得证, 从而原命题得证.

9. **证明** 取 $\lambda=3$. 我们证明对任意正整数 n, 命题 $Q(n): a_{n+1}>3b_n$ 成立.

首先有 $a_2=3^3=27>24=3b_1$, 即 $Q(1)$ 成立.

假设$Q(k)$ (k为某个正整数)成立，则由归纳假设知

$$a_{k+2}=3^{a_{k+1}}>3^{3b_k}=27^{b_k}>3^{b_k}\cdot 8^{b_k}>3b_{k+1},$$

故$Q(k+1)$成立. 从而对任意正整数n，均有$Q(n)$成立(进而$P(n)$成立).

注 上述λ的选取方式不是唯一的(例如，取$\lambda=2$亦可达到目的).

10. **证明** 记$A_n(m)$是满足$a_1=m,\ a_{i+1}\leqslant a_i+1(i=1,2,\cdots,n)$的有序正整数组$(a_1,a_2,\cdots,a_n)$的全体. 令

$$f(m,n)=\sum_{(a_1,\cdots,a_n)\in A_n(m)}a_1a_2\cdots a_n=\sum_{(a_1,\cdots,a_n)\in A_n(m)}ma_2\cdots a_n .$$

本题要证明的是$f(1,n)=(2n-1)!!$.

下证更一般的命题：对任意正整数m,n，均有

$$f(m,n)=\mathrm{C}_{2n+m-2}^{m-1}\cdot(2n-1)!!. \qquad ①$$

对n归纳. 当$n=1$时，对任意正整数m，显然$f(m,1)=m$，故①式成立.

假设当$n=k$ (k为某个正整数)时，①式对所有正整数m成立. 考虑$n=k+1$的情形.

由于当$a_1=m$时，a_2可取为$1,2,\cdots,m+1$，故

$$\begin{aligned}f(m,k+1)&=\sum_{(a_1,\cdots,a_{k+1})\in A_{k+1}(m)}ma_2\cdots a_{k+1}\\&=m\cdot\sum_{j=1}^{m+1}\sum_{(a_2,\cdots,a_{k+1})\in A_k(j)}a_2\cdots a_{k+1}=m\cdot\sum_{j=1}^{m+1}f(j,k),\end{aligned}$$

结合归纳假设知

$$\begin{aligned}f(m,k+1)&=m\cdot(2k-1)!!\cdot\left(\mathrm{C}_{2k-1}^{0}+\mathrm{C}_{2k}^{1}+\cdots+\mathrm{C}_{2k+m-1}^{m}\right)\\&=m\cdot(2k-1)!!\cdot\mathrm{C}_{2k+m}^{m}\\&=(2k-1)!!\cdot m\cdot\frac{(2k+m)!}{m!\cdot(2k)!}\\&=(2k+1)!!\cdot\frac{(2k+m)!}{(m-1)!\cdot(2k+1)!}\\&=\mathrm{C}_{2k+m}^{m-1}\cdot(2k+1)!!.\end{aligned}$$

于是当$n=k+1$时，①对所有正整数m成立.

所以上述更一般的命题得证. 从而原命题得证.

习 题 7

1. **证明** 作代换 $x=\cos\alpha,\ y=\sin\alpha$，则

$$y^2+4xy-x^2=2\sin 2\alpha-\cos 2\alpha \leqslant \sqrt{2^2+1^2}=\sqrt{5},$$

故原不等式成立.

2. **解** 作代换 $x+2=a,\ x^2-2=b$，则

$$(2^a-1)(b+2)+(2^b-1)(a-2)=2\cdot 2^a-2\cdot 2^b,$$

即

$$(2^a-1)b+(2^b-1)a=0. \qquad ①$$

当 $a=0$ 时，显然①式成立，得原方程的解 $x=-2$.

当 $b=0$ 时，显然①式成立，得原方程的解 $x=\pm\sqrt{2}$.

当 $ab\neq 0$ 时，注意到 $\dfrac{2^a-1}{a}>0,\ \dfrac{2^b-1}{b}>0$，故

$$(2^a-1)b+(2^b-1)a=ab\cdot\left(\frac{2^a-1}{a}+\frac{2^b-1}{b}\right)\neq 0,$$

即①式不成立.

综上，原方程的所有实数解为 $-2,\pm\sqrt{2}$.

3. **解** 令 $b_n=\sqrt{1+24a_n}\,(n\in\mathbf{N}^*)$，则 $a_n=\dfrac{b_n^2-1}{24}$，又用 $n+1$ 替换 n 得 $a_{n+1}=\dfrac{b_{n+1}^2-1}{24}$，代入 $\{a_n\}$ 的递推公式可知

$$\frac{b_{n+1}^2-1}{24}=\frac{1}{16}\left(1+4\cdot\frac{b_n^2-1}{24}+b_n\right),$$

化简得

$$4b_{n+1}^2=b_n^2+6b_n+9. \qquad ①$$

显然 $\{b_n\}$ 每项均为正数，对①式开方得 $2b_{n+1}=b_n+3$，即对任意正整数 n，有

$$b_{n+1}-3=\frac{b_n-3}{2}.$$

又 $b_1-3=\sqrt{1+24a_1}-3=2$，所以 $b_n=\dfrac{b_1-3}{2^{n-1}}+3=\dfrac{1}{2^{n-2}}+3$．进一步得 $\{a_n\}$ 的通项公式为

$$a_n=\frac{b_n^2-1}{24}=\frac{2}{3}\cdot\frac{1}{4^n}+\frac{1}{2^n}+\frac{1}{3}.$$

4. **解** 对任意非负实数 a,b，有

$$(1-a)\cdot(1-b)=1-a-b+ab\geqslant(1-0)\cdot(1-(a+b)).$$

当非负实数 $x_1,x_2,\cdots,x_n$ 满足条件时，注意到每个因子 $1-x_i(1\leqslant i\leqslant n)$ 都大于 0，反复利用上述结论，可知

$$\begin{aligned}f(x_1,x_2,\cdots,x_n)&\geqslant f(0,x_1+x_2,x_3,\cdots,x_n)\\&\geqslant f(0,0,x_1+x_2+x_3,x_4,\cdots,x_n)\\&\geqslant\cdots\\&\geqslant f(0,0,\cdots,0,x_1+x_2+\cdots+x_n)\\&=1-(x_1+x_2+\cdots+x_n)\geqslant\frac{1}{2}.\end{aligned}$$

又 $f\left(0,0,\cdots,0,\dfrac{1}{2}\right)=\dfrac{1}{2}$，所以 $f(x_1,x_2,\cdots,x_n)$ 的最小值为 $\dfrac{1}{2}$．

5. **解** 固定两个实数 a,b 之和时，由 $a^2+b^2=\dfrac{1}{2}(a+b)^2+\dfrac{1}{2}(a-b)^2$ 可知，为使 a^2+b^2 尽量大(或小)，应调整 a,b 使 $|a-b|$ 尽量大(或小)．

对任意一个满足条件的正整数组 $(x_1,x_2,\cdots,x_{10})$，通过调整使 S 最大化．

任取数组中两个大于 1 的分量 x_i,x_j (如果存在的话)，将它们调整为 1, x_i+x_j-1，所得的数组仍满足条件，但平方和变大．因每次调整后“1”的个数增加 1，故有限次调整后不存在两个大于 1 的分量．结合 $x_1+x_2+\cdots+x_{10}=49$ 知：调整过程必终止于含 9 个“1”和 1 个“40”的情形，此时 S 取到最大值 $9+40^2=1609$．

再通过调整使 S 最小化．

任取数组中两个分量 $x_i,x_j(x_j-x_i\geqslant 2)$ (如果存在的话)，将它们调整为 x_i+1,x_j-1，所得的数组仍满足条件，但平方和变小．因平方和总取正整数，故有限次调整后不存在两个分量之差大于 1．结合 $x_1+x_2+\cdots+x_{10}=49$ 知：调整过程必终止于含 1 个“4”和 9 个“5”的情形，此时 S 取到最小值 $4^2+9\times 5^2=241$．

6. **证明** 记 $f(a,b,c)=\dfrac{1}{a}+\dfrac{1}{b}+\dfrac{1}{c}+\dfrac{8}{a+b+c}$．

由 $abc=1$ 及对称性，不妨设 $a\geqslant 1\geqslant bc>0$，则

$$f(a,b,c)-f\left(a,\sqrt{bc},\sqrt{bc}\right)$$
$$=\frac{1}{b}+\frac{1}{c}+\frac{8}{a+b+c}-\frac{2}{\sqrt{bc}}-\frac{8}{a+2\sqrt{bc}}$$
$$=\frac{b+c-2\sqrt{bc}}{bc}+\frac{8\left(2\sqrt{bc}-b-c\right)}{(a+b+c)(a+2\sqrt{bc})}$$
$$=\left(\sqrt{b}-\sqrt{c}\right)^2\left(\frac{1}{bc}-\frac{8}{(a+b+c)\left(a+2\sqrt{bc}\right)}\right).$$

因为$(a+b+c)\left(a+2\sqrt{bc}\right)\geqslant\left(a+2\sqrt{bc}\right)^2\geqslant\left(3\sqrt{bc}\right)^2>8bc$，所以

$$f(a,b,c)-f\left(a,\sqrt{bc},\sqrt{bc}\right)\geqslant 0.$$

要证原不等式，只需证明

$$f\left(a,\sqrt{bc},\sqrt{bc}\right)=\frac{1}{a}+\frac{2}{\sqrt{bc}}+\frac{8}{a+2\sqrt{bc}}\geqslant\frac{17}{3}. \qquad ①$$

设$t=\sqrt{bc}$，则$a=\frac{1}{bc}=\frac{1}{t^2}$，因此

$$不等式① \Leftrightarrow t^2+\frac{2}{t}+\frac{8t^2}{1+2t^3}\geqslant\frac{17}{3}$$
$$\Leftrightarrow 6t^6-34t^4+39t^3-17t+6\geqslant 0$$
$$\Leftrightarrow (t-1)^2(6t^4+12t^3-16t^2-5t+6)\geqslant 0. \qquad ②$$

注意到$t>0$，有

$$6t^4+12t^3-16t^2-5t+6=6(t-1)^4+(36t^3-52t^2+19t)$$
$$\geqslant 2\sqrt{36t^3\cdot 19t}-52t^2=\left(12\sqrt{19}-52\right)t^2\geqslant 0,$$

于是②式成立，即①式成立．从而原不等式成立．

7. **解** 令$S'=\frac{1}{2^1}+\frac{3}{2^2}+\frac{5}{2^3}+\cdots+\frac{99}{2^{50}}$，显然$S<S'$．

由于$2S'=1+\frac{3}{2^1}+\frac{5}{2^2}+\cdots+\frac{99}{2^{49}}$，故

$$S'=2S'-S'=1+\frac{2}{2^1}+\frac{2}{2^2}+\cdots+\frac{2}{2^{49}}-\frac{99}{2^{50}}=1+\left(2-\frac{1}{2^{48}}\right)-\frac{99}{2^{50}}<3,$$

所以$S<S'<3$．又

$$S>\frac{1}{3}+\frac{3}{5}+\frac{5}{9}+\frac{7}{17}+\frac{9}{33}>0.3+0.6+0.5+0.4+0.2=2,$$

从而S的整数部分$[S]=2$．

8. **证明** 注意到 A,B,C 为锐角，$A+B+C=180°$，有

$$\cos A+\sqrt{\cos C}>\cos A+\cos C>\cos A\sin C+\cos C\sin A$$
$$=\sin(A+C)=\sin B>\sin^2 B,$$

所以

$$\cos A+\cos^2 B+\sqrt{\cos C}>\sin^2 B+\cos^2 B=1.$$

9. **证明** (1) 记 $S_k=1+\sum_{i=1}^{k}x_i\ (k=0,1,\cdots,n)$，则对 $k=1,2,\cdots,n$，有

$$\frac{x_k}{(1+x_1+\cdots+x_k)^2}=\frac{S_k-S_{k-1}}{S_k^2}<\frac{S_k-S_{k-1}}{S_{k-1}S_k}=\frac{1}{S_{k-1}}-\frac{1}{S_k}.$$

从而

$$\sum_{k=1}^{n}\frac{x_k}{(1+x_1+\cdots+x_k)^2}<\sum_{k=1}^{n}\left(\frac{1}{S_{k-1}}-\frac{1}{S_k}\right)=\frac{1}{S_0}-\frac{1}{S_n}=1-\frac{1}{S_n}<1.$$

(2) 由柯西不等式得

$$\left(\sum_{k=1}^{n}\frac{x_k}{1+x_1^2+\cdots+x_k^2}\right)^2\leqslant n\cdot\left(\sum_{k=1}^{n}\frac{x_k^2}{(1+x_1^2+\cdots+x_k^2)^2}\right).\qquad ①$$

注意到 $x_1^2,x_2^2,\cdots,x_n^2>0$，类似于第(1)题进行放缩，可知

$$\sum_{k=1}^{n}\frac{x_k^2}{(1+x_1^2+\cdots+x_k^2)^2}<1.\qquad ②$$

由①，②得 $\left(\sum_{k=1}^{n}\frac{x_k}{1+x_1^2+\cdots+x_k^2}\right)^2<n$，开方即得原不等式成立.

注 第(1)题还可以这样证明:

利用函数 $y=\frac{1}{x^2}$ 在 $[1,+\infty)$ 上单调递减，可知

$$\sum_{k=1}^{n}\frac{x_k}{(1+x_1+\cdots+x_k)^2}=\sum_{k=1}^{n}\frac{S_k-S_{k-1}}{S_k^2}=\sum_{k=1}^{n}\int_{S_{k-1}}^{S_k}\frac{1}{S_k^2}\mathrm{d}x$$
$$<\sum_{k=1}^{n}\int_{S_{k-1}}^{S_k}\frac{1}{x^2}\mathrm{d}x<\int_1^{+\infty}\frac{1}{x^2}\mathrm{d}x=-\frac{1}{x}\bigg|_1^{+\infty}=1.$$

10. **证明** 当 $|\boldsymbol{b}|\geqslant 1$ 时，由三角不等式得

$$\sum_{i=1}^{n}|\boldsymbol{a}_i-\boldsymbol{b}|\geqslant\left|\sum_{i=1}^{n}(\boldsymbol{a}_i-\boldsymbol{b})\right|=|-n\boldsymbol{b}|\geqslant n.$$

当 $|\boldsymbol{b}|<1$ 时，我们证明：对 $i=1,2,\cdots,n$，有

$$|\boldsymbol{a}_i-\boldsymbol{b}|\geqslant|1-\boldsymbol{a}_i\cdot\boldsymbol{b}|\geqslant 1-\boldsymbol{a}_i\cdot\boldsymbol{b}. \quad ①$$

事实上，注意到$|\boldsymbol{a}_i|\geqslant 1$及$|\boldsymbol{b}|<1$，有

$$\begin{aligned}(\boldsymbol{a}_i-\boldsymbol{b})^2-(1-\boldsymbol{a}_i\cdot\boldsymbol{b})^2&=-1+|\boldsymbol{a}_i|^2+|\boldsymbol{b}|^2-(\boldsymbol{a}_i\cdot\boldsymbol{b})^2\\&\geqslant -1+|\boldsymbol{a}_i|^2+|\boldsymbol{b}|^2-|\boldsymbol{a}_i|^2\cdot|\boldsymbol{b}|^2=(|\boldsymbol{a}_i|^2-1)(1-|\boldsymbol{b}|^2)\geqslant 0,\end{aligned}$$

所以①式成立. 从而

$$\sum_{i=1}^{n}|\boldsymbol{a}_i-\boldsymbol{b}|\geqslant\sum_{i=1}^{n}(1-\boldsymbol{a}_i\cdot\boldsymbol{b})=n-\boldsymbol{b}\cdot\sum_{i=1}^{n}\boldsymbol{a}_i=n.$$

习 题 8

1. **证明** (1) 注意到$\dfrac{BD}{CD}=\dfrac{S_{\triangle ABD}}{S_{\triangle ACD}}=\dfrac{AB\cdot AD\cdot\sin\alpha}{AC\cdot AD\cdot\sin\beta}$，化简即得所证结论.

(2) 注意到

$$\begin{aligned}AB\cdot AC\cdot\sin(\alpha+\beta)&=2S_{\triangle ABC}=2S_{\triangle ABD}+2S_{\triangle ACD}\\&=AB\cdot AD\cdot\sin\alpha+AC\cdot AD\cdot\sin\beta,\end{aligned}$$

两边同除以$AB\cdot AC\cdot AD$，即得所证结论.

2. **证明** 不失一般性，如第2题图，可设l与$\triangle ABC$的边AB,AC相交，交点分别为S,T.

设$\triangle ABC$的内切圆半径为r，半周长为p，则有

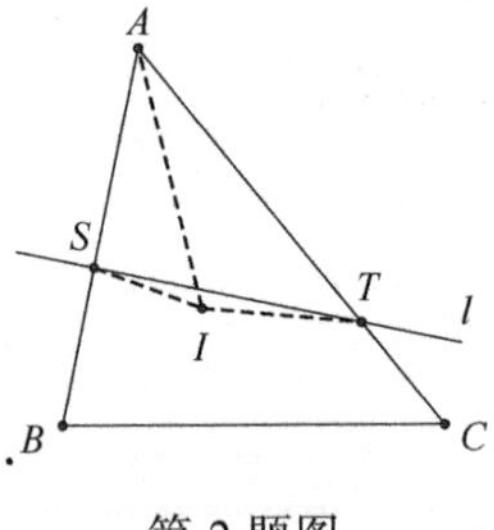

第2题图

$$S_{\triangle AIS}+S_{\triangle AIT}=\frac{1}{2}AS\cdot r+\frac{1}{2}AT\cdot r=\frac{1}{2}pr=\frac{1}{2}S_{\triangle ABC}=S_{\triangle AST},$$

从而$S_{\triangle IST}=0$，即l经过$\triangle ABC$的内心I.

3. **证法1** 设$\dfrac{AM}{AC}=\dfrac{CN}{CD}=r\ (0<r<1)$.

不妨设$S_{\triangle ABC}=1, S_{\triangle ABD}=3, S_{\triangle BCD}=4$，则$S_{\triangle ACD}=3+4-1=6$. 从而有

$$S_{\triangle MBC}=\frac{S_{\triangle MBC}}{S_{\triangle ABC}}=\frac{MC}{AC}=1-r,$$

$$S_{\triangle MNC}=6\cdot\frac{S_{\triangle MNC}}{S_{\triangle ACD}}=6\cdot\frac{CN}{CD}\cdot\frac{MC}{AC}=6r(1-r),$$

$$S_{\triangle CBN}=4\cdot\frac{S_{\triangle CBN}}{S_{\triangle CBD}}=4\cdot\frac{CN}{CD}=4r.$$

因此

$$4r=S_{\triangle CBN}=S_{\triangle MBC}+S_{\triangle MNC}=1-r+6r(1-r),$$

化简得 $6r^2-r-1=0$. 又 $0<r<1$, 故 $r=\dfrac{1}{2}$, 即 M,N 分别是 AC,CD 的中点.

证法 2 如第 3 题图, 记 P 为 AC,BD 的交点. 由条件知

$$\frac{PA}{PC}=\frac{S_{\triangle ABD}}{S_{\triangle BCD}}=\frac{3}{4},$$

$$\frac{PB}{PD}=\frac{S_{\triangle ABC}}{S_{\triangle ADC}}=\frac{S_{\triangle ABC}}{S_{\triangle ABD}+S_{\triangle BCD}-S_{\triangle ABC}}=\frac{1}{6}.$$

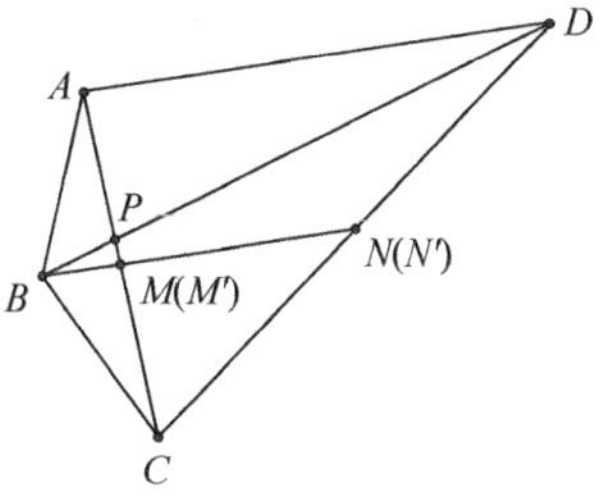

第 3 题图

取 M',N' 分别为 AC,CD 的中点. 由于

$$PM'=AM'-AP=\frac{AC}{2}-AP=\frac{PC-AP}{2}=\frac{1}{6}AP,$$

故 $\dfrac{PM'}{PA}=\dfrac{1}{6}=\dfrac{PB}{PD}$, 于是 $BM'/\!/AD$. 又显然 $M'N'/\!/AD$, 故 B,M',N' 三点共线.

假如 M 在线段 CM' 内, 则由 B,M,N 共线知 N 在线段 CN' 内, 故 $\dfrac{AM}{AC}>\dfrac{1}{2}>\dfrac{CN}{CD}$, 与条件矛盾.

假如 M 在线段 AM' 内, 则 N 在 CN' 的延长线上, 故 $\dfrac{AM}{AC}<\dfrac{1}{2}<\dfrac{CN}{CD}$, 与条件矛盾.

从而 $M=M'$, 进而 $N=N'$. 因此 M,N 分别是 AC,CD 的中点.

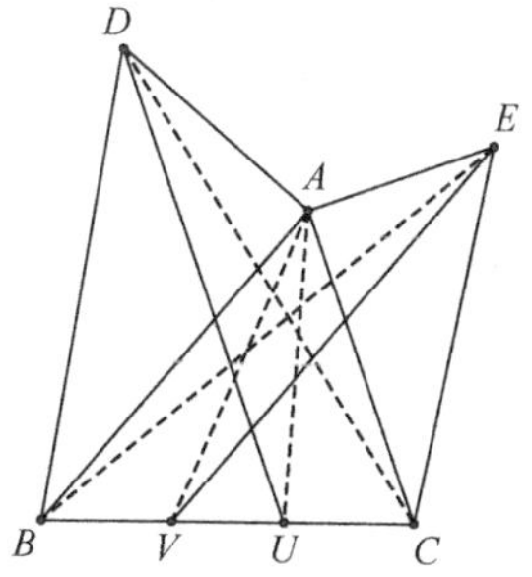

第 4 题图

4. **证明** 如第 4 题图, 由 $DU/\!/AC$, 得 $S_{\triangle ABV}=S_{\triangle ABE}=\dfrac{1}{2}AB\cdot AE\cdot\sin\angle BAE$.

由 $EV/\!/AB$, 得 $S_{\triangle ACU}=S_{\triangle ACD}=\dfrac{1}{2}AC\cdot AD\cdot\sin\angle CAD$.

由于 $\angle DAC=\angle BAC+90^\circ=\angle BAE$, $\dfrac{AD}{AB}=\tan\angle ABD=\tan\angle ACE=\dfrac{AE}{AC}$, 所以

$$AB\cdot AE\cdot\sin\angle BAE=AC\cdot AD\cdot\sin\angle CAD.$$

从而 $S_{\triangle ABV}=S_{\triangle ACU}$，故 $BV=CU$.

5. **证明** (1) 在复平面中考虑问题, 不妨设 A 为原点. 根据条件, 有

$$M=\frac{C+D}{2},\quad B=\left(\frac{1}{2}+\frac{\sqrt{3}\mathrm{i}}{2}\right)\cdot C,\quad Q=\left(\frac{1}{2}-\frac{\mathrm{i}}{2\sqrt{3}}\right)\cdot D.$$

所以

$$\frac{Q-M}{B-M}=\frac{\left(\frac{1}{2}-\frac{\mathrm{i}}{2\sqrt{3}}\right)\cdot D-\frac{C+D}{2}}{\left(\frac{1}{2}+\frac{\sqrt{3}\mathrm{i}}{2}\right)\cdot C-\frac{C+D}{2}}=\frac{-\frac{C}{2}-\frac{\mathrm{i}}{2\sqrt{3}}\cdot D}{\frac{\sqrt{3}\mathrm{i}}{2}\cdot C-\frac{D}{2}}=\frac{\mathrm{i}}{\sqrt{3}}. \qquad ①$$

由 $\frac{Q-M}{B-M}$ 为纯虚数可知 $MB\perp MQ$.

(2) 由①的几何意义可知 $\angle BMQ=\frac{\pi}{2}, \frac{MQ}{MB}=\frac{1}{\sqrt{3}}$.

根据条件, 同理得 $\frac{E-M}{P-M}=\sqrt{3}\mathrm{i}$，由其几何意义可知 $\angle PME=\frac{\pi}{2}, \frac{ME}{MP}=\sqrt{3}$.
因此，在 $\triangle MBP$ 与 $\triangle MEQ$ 中，有 $\angle BMP=\angle BMQ-\angle PMQ=\angle PME-\angle PMQ=\angle QME$，从而

$$\frac{S_{\triangle MEQ}}{S_{\triangle MBP}}=\frac{MQ\cdot ME\cdot\sin\angle QME}{MB\cdot MP\cdot\sin\angle BMP}=\frac{1}{\sqrt{3}}\cdot\sqrt{3}=1,$$

即 $\triangle MBP$ 与 $\triangle MEQ$ 面积相等.

6. **解** 在复平面中考虑问题. 由于 $A_1A_2\cdots A_n$ 是单位圆 Ω 的内接正 n 边形, 可不妨设 Ω 的方程为 $|z|=1$，且 $A_1, A_2,\cdots, A_n$ 是方程 $z^n-1=0$ 的所有根. 因此, 对任意复数 z，有

$$(z-A_1)(z-A_2)\cdots(z-A_n)=z^n-1.$$

特别地, 注意到 $|P|=1$，有

$$\begin{aligned}f(P)=|P-A_1|\cdot|P-A_2|\cdot\cdots\cdot|P-A_n|&=|(P-A_1)(P-A_2)\cdots(P-A_n)|\\&=|P^n-1|\leqslant|P|^n+1=2.\end{aligned}$$

又当 $P=\mathrm{e}^{\frac{\pi}{n}\mathrm{i}}$ 时，$P^n=\mathrm{e}^{\pi\mathrm{i}}=-1$，此时 $f(P)=2$. 所以 $f(P)$ 的最大值为 2.

7. **证明** 如第 7 题图, 设 Ω 的圆心为 O，由条件易知 A, B 关于 OM 对称, D 在 OM 的延长线上, 且有 $OM\cdot OD=OA^2$. 在复平面中, 不妨设 Ω 的方程为

$|z|=1$，射线 OM 的方向为实轴正向.

由于 $\angle ACB$ 为锐角，显然 $\angle ACM, \angle BCD$ 均为锐角. 因此，为证明 $\angle ACM=\angle BCD$，仅需证明 $\lambda=\dfrac{A-C}{M-C}\cdot\dfrac{B-C}{D-C}$ 为实数.

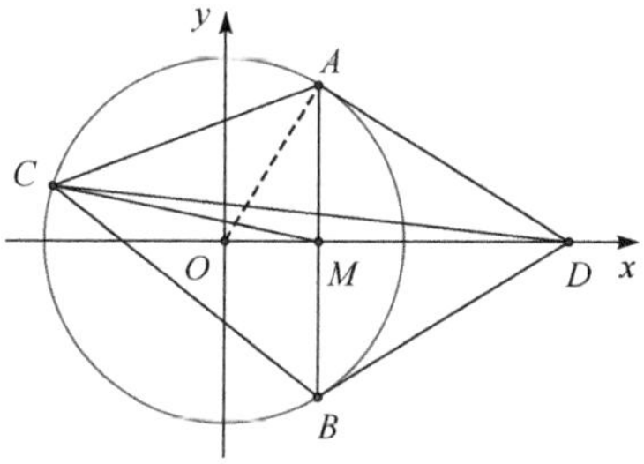

第 7 题图

注意到 $A\cdot B=M\cdot D=1$，且 $s=A+B\in\mathbf{R}$，$t=M+D\in\mathbf{R}$，有

$$\lambda=\frac{(A-C)(B-C)}{(M-C)(D-C)}=\frac{1-sC+C^2}{1-tC+C^2}.$$

结合 $C\overline{C}=1$，可知

$$\overline{\lambda}=\frac{1-s\overline{C}+\overline{C}^2}{1-t\overline{C}+\overline{C}^2}=\frac{C^2(1-s\overline{C}+\overline{C}^2)}{C^2(1-t\overline{C}+\overline{C}^2)}=\frac{C^2-sC+1}{C^2-tC+1}=\lambda,$$

这表明 $\lambda\in\mathbf{R}$. 从而 $\angle ACM=\angle BCD$.

8. **证法 1** 由条件知 $\angle ABC=60°, \angle ADC=45°, \angle BAD=150°$，$AB=AD$.

如第 8 题图(a)所示，在射线 BC 上取一点 C'，使 $BC'=BA$，由 $\angle ABC'=\angle ABC=60°$ 可知 $\triangle ABC'$ 为正三角形. 余下仅需证明 $C'=C$.

由 $\angle BAC'=60°, AC'=AB$，可知 $\angle DAC'=\angle BAD-\angle BAC'=90°$，$AC'=AB=AD$，故有 $\angle ADC'=45°$.

由于射线 DC', DC 在 AD 的同侧，且 $\angle ADC'=45°=\angle ADC$，所以 DC', DC 重合，它们与 BC 的交点 C', C 也重合. 从而 $\triangle ABC$ 为正三角形.

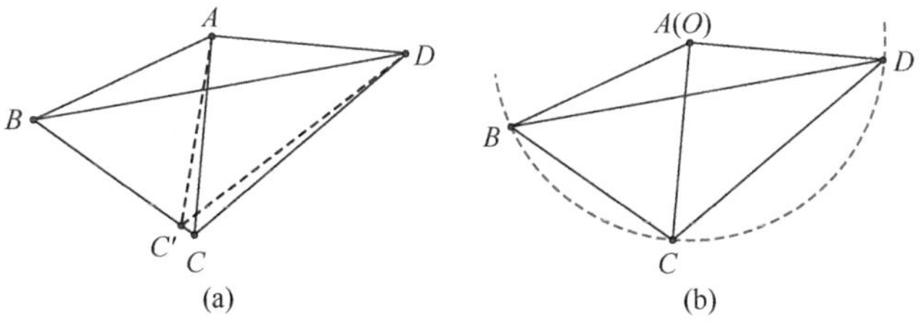

第 8 题图

证法 2 如第 8 题图(b)所示，设 O 为 $\triangle BCD$ 的外接圆圆心，则有 $\angle BOC=2\angle BDC=60°$，且 $OB=OC$，故 $\triangle OBC$ 为正三角形. 余下仅需证明 $O=A$.

由条件知 $\angle BCD=105°, \angle BAD=150°$，$AB=AD$.

由于 $\angle BOD=2\cdot(180°-\angle BCD)$，所以 $\angle BOD=150°=\angle BAD$. 又 O, A 位于 BD 的同侧且都在 BD 的中垂线上，所以 O, A 重合. 从而 $\triangle ABC$ 为正三角形.

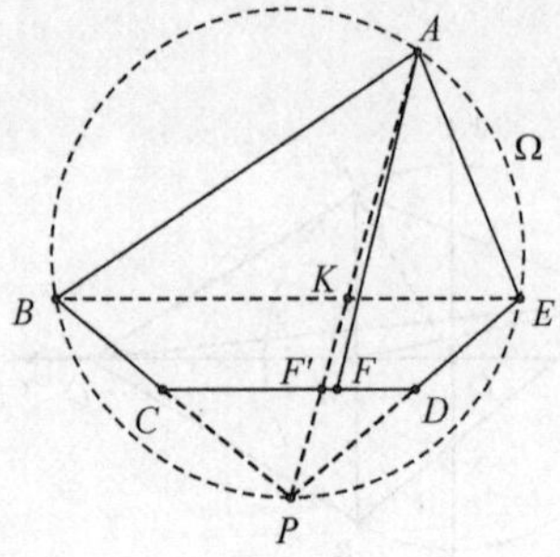

第 9 题图

9. **证明** 如第 9 题图所示，由 $\angle ABC+\angle AED=180°$ 可知 BC, ED 的延长线相交于一点 P，且 A, B, P, E 四点共圆，将此圆记为 Ω．设 AP 与线段 CD, BE 分别交于点 F', K．下面证明 $F'=F$．

由 $\angle BCD=\angle CDE$ 可知 $PC=PD$．又 $BC=DE$，所以 $PB=PE$．

因此，在圆 Ω 中 $\overparen{PB}=\overparen{PE}$，得 $\angle BAP=\angle PAE$．由角平分线定理得 $\dfrac{BK}{KE}=\dfrac{AB}{AE}$．

另一方面，由 $\dfrac{PC}{CB}=\dfrac{PD}{DE}$ 知 $CD/\!/BE$，从而 $\dfrac{CF'}{BK}=\dfrac{PF'}{PK}=\dfrac{DF'}{EK}$．于是有

$$\frac{CF'}{DF'}=\frac{BK}{EK}=\frac{AB}{AE}=\frac{CF}{DF}.$$

由于 F', F 都在线段 CD 内，所以 $F'=F$．

因此 $A, F(F'), P$ 共线．换言之 AF, BC, ED 三线共点于 P．

10. **证明** 令 $AB=1, BC=CD=t(t>0)$，由条件知 $DE=t^2$．

注意到 $\angle BKE<\angle ABK=\angle PDE<180°-\angle DEK$，可在 CB 的延长线上取一点 A'，使得 $\angle A'KE=\angle ABK=\angle A'BK$．

如第 10 题图所示．此时有 $\triangle A'BK\sim\triangle A'KE$，故 $\dfrac{A'B}{A'K}=\dfrac{A'K}{A'E}=\dfrac{BK}{KE}$．

又由 KC 平分 $\angle BKE$，可知 $\dfrac{BK}{KE}=\dfrac{BC}{CE}=\dfrac{t}{t+t^2}=\dfrac{1}{1+t}$．于是有

$$\frac{A'B}{A'E}=\frac{A'B}{A'K}\cdot\frac{A'K}{A'E}=\left(\frac{BK}{KE}\right)^2=\frac{1}{1+2t+t^2}=\frac{AB}{AE}.$$

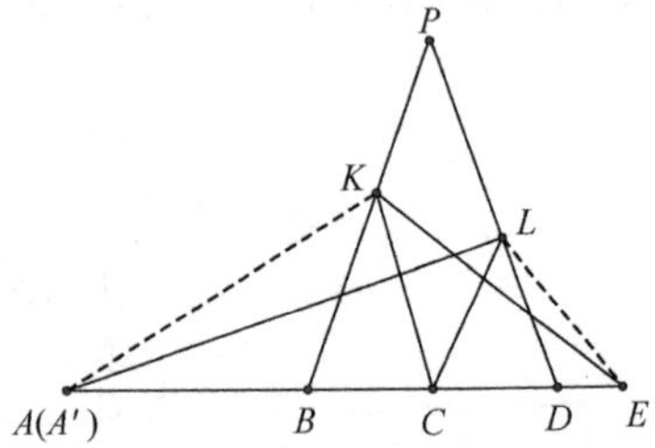

第 10 题图

又 A, A' 都在 CB 的延长线上，所以 $A'=A$．因此 $\angle AKE=\angle A'KE=\angle ABK$．

同理可得 $\angle ALE=\angle EDL$．而 $\angle ABK=\angle EDL$，所以 $\angle AKE=\angle ALE$．因此 A, K, L, E 四点共圆.

习 题 9

1. **解** 显然$n>1$. 设n的标准分解为$n=p_1^{\alpha_1}\cdots p_k^{\alpha_k}$，其中素数$p_1<\cdots<p_k$. 由条件知$\tau(n)=\prod_{i=1}^{k}(1+\alpha_i)=6$. 注意到$1+\alpha_i\geqslant 2\,(1\leqslant i\leqslant k)$，必有$k\leqslant 2$.

当$k=1$时，$\alpha_1=5$，即$n=p_1^5$. 此时

$$\tau(n^2)=\tau(p_1^{10})=11,$$

$$\sigma(n)=1+p_1+\cdots+p_1^5\geqslant 1+2+\cdots+2^5=63.$$

当$k=2$时，α_1,α_2为1, 2的一个排列，即$n=p_1^2p_2$或$p_1p_2^2$，其中$p_1<p_2$.

若$n=p_1^2p_2$，则

$$\tau(n^2)=\tau(p_1^4p_2^2)=(1+4)(1+2)=15,$$

$$\sigma(n)=(1+p_1+p_1^2)(1+p_2)\geqslant(1+2+2^2)(1+3)=28,$$

其中，当$p_1=2, p_2=3$(即$n=12$)时，$\sigma(n)=28$.

若$n=p_1p_2^2$，则同理有$\tau(n^2)=15$和

$$\sigma(n)\geqslant(1+2)(1+3+3^2)=39.$$

综上所述，$\tau(n^2)$的所有可能值为 11 和 15，$\sigma(n)$的最小值为 28.

2. **证明** 根据条件，可设$n=2^k(2l+1)$，其中$k\in\mathbf{N}, l\in\mathbf{N}^*$.

若$l<2^k$，则可将n表示为$2l+1$个连续正整数之和:

$$n=(2^k-l)+(2^k-l+1)+\cdots+2^k+\cdots+(2^k+l-1)+(2^k+l).$$

若$l\geqslant 2^k$，则可将n表示为2^{k+1}个连续正整数之和:

$$n=(l-2^k+1)+(l-2^k+2)+\cdots+(l+2^k).$$

综上，结论得证.

3. **解** 计算$f(n)$的一些具体的数值:

n:	1,	2,	3,	4,	5,	6,	……
$f(n)$:	1,	3,	4,	9,	10,	12,	……

如果将n与$f(n)$分别用二进制和三进制来表示，重新填写表格，即为

n:	$(1)_2$,	$(10)_2$,	$(11)_2$,	$(100)_2$,	$(101)_2$,	$(110)_2$,	……
$f(n)$:	$(1)_3$,	$(10)_3$,	$(11)_3$,	$(100)_3$,	$(101)_3$,	$(110)_3$,	……

因此猜测：对任意正整数 $n=(\overline{a_k a_{k-1}\cdots a_1})_2$，有 $f(n)=(\overline{a_k a_{k-1}\cdots a_1})_3$.

对 $n=(\overline{a_k a_{k-1}\cdots a_1})_2$ 的位数 k 进行归纳证明.

当 $k=1$ 时显然成立.

设上述结论在 k 位数时成立，考虑任意一个 $k+1$ 位数 $n_1=(\overline{a_k a_{k-1}\cdots a_0})_2$.

在 $f(2n+\varepsilon)=3f(n)+\varepsilon$ 中，令 $n=(\overline{a_k a_{k-1}\cdots a_1})_2$，$\varepsilon=a_0\in\{0,1\}$，由于此时

$$2n+\varepsilon=2\cdot(\overline{a_k a_{k-1}\cdots a_1})_2+a_0=(\overline{a_k a_{k-1}\cdots a_1 a_0})_2=n_1,$$

故

$$f(n_1)=3f(n)+a_0=3\cdot(\overline{a_k a_{k-1}\cdots a_1})_3+a_0=(\overline{a_k a_{k-1}\cdots a_1 a_0})_3,$$

可见在 $k+1$ 位数的情形下结论也成立. 由数学归纳法知结论成立.

因此函数 $f(n)$ 的值域是三进制表示中只含数码 0,1 的正整数全体，即

$$\{3^{r_1}+3^{r_2}+\cdots+3^{r_s}\mid s\in\mathbf{N}^*,\ r_1,\ r_2,\cdots,r_s\in\mathbf{N},\ r_1>r_2>\cdots>r_s\}.$$

4. **解** (1) 设 (m,n) 是原方程的正整数解.

注意到 $5!,6!,\cdots$ 都是 5 的倍数，故当 $n\geqslant4$ 时，有

$$1!+2!+\cdots+n!\equiv1+2+6+24\equiv3(\bmod 5),$$

但 $m^2\not\equiv3(\bmod 5)$，矛盾. 所以 $n\leqslant3$.

由于 $1!=1^2$, $1!+2!+3!=3^2$，但 $1!+2!=3$ 不为平方数，故所求的解为 $(1,1)$, $(3,3)$.

(2) 设 (n,k) 是原方程的正整数解，显然 $n\geqslant2$，且原方程等价于

$$2!+3!+\cdots+n!=2^k.$$

注意到 $6!,7!,\cdots$ 都是 16 的倍数，故当 $n\geqslant5$ 时，有

$$2^k=2!+3!+\cdots+n!\equiv2+6+24+120\equiv8(\bmod 16),$$

只可能 $k=3$，但此时 $2!+3!+\cdots+n!>2^3$，矛盾. 所以 $n\leqslant4$.

由于 $2!=2^1$, $2!+3!=2^3$, $2!+3!+4!=2^5$，故所求的解为 $(2,1)$, $(3,3)$, $(4,5)$.

5. **证明** 假设 a,b 是其中的两个数，且 a 是 b 的倍数. 设 $a=kb$，由 a,b 均是七位正整数可知 $1<k<10$.

又根据条件，a 与 b 的各位数字之和都是 $1+2+\cdots+7=28$，故

$$a\equiv b\equiv28\equiv1(\bmod 9).$$

对等式 $a=kb$ 两边模 9，可知 $k\equiv1(\bmod 9)$，与 $1<k<10$ 矛盾. 所以结论得证.

6. **解** (1) 从递推式知 $a_1,a_3,\cdots,a_{99}$ 奇偶性相同，$a_2,a_4,\cdots,a_{100}$ 奇偶性相

同，而 a_1, a_2 的奇偶性可任意指定，因此 x 的值为 0 或 50 或 100.

(2) 熟知对整数 u，当 $3|u$ 时，$u^2 \equiv 0 \pmod 3$；当 $3\nmid u$ 时，$u^2 \equiv 1 \pmod 3$. 因此，由递推式知：$3|a_{n+2}$ 成立当且仅当 $3|a_n$ 与 $3|a_{n+1}$ 同时成立或同时不成立.

关于 a_1, a_2，有以下情形：

当 $3|a_1, 3|a_2$ 时，归纳易知 $\{a_n\}$ 各项均为 3 的倍数，此时 $y=100$；

当 $3|a_1, 3\nmid a_2$ 时，归纳易知 $3|a_{3k-2}, 3\nmid a_{3k-1}, 3\nmid a_{3k}(k\in\mathbf{N}^*)$，此时 $y=34$；

当 $3\nmid a_1, 3|a_2$ 时，归纳易知 $3\nmid a_{3k-2}, 3|a_{3k-1}, 3\nmid a_{3k}(k\in\mathbf{N}^*)$，此时 $y=33$；

当 $3\nmid a_1, 3\nmid a_2$ 时，归纳易知 $3\nmid a_{3k-2}, 3\nmid a_{3k-1}, 3|a_{3k}(k\in\mathbf{N}^*)$，此时 $y=33$.

综上，y 的值为 33 或 34 或 100.

(3) 熟知对整数 u，当 $5|u$ 时，$u^2 \equiv 0 \pmod 5$；当 $5\nmid u$ 时，$u^2 \equiv 1, 4 \pmod 5$.

因此，由递推式知：$5|a_{n+2}$ 当且仅当 $5|a_n$ 与 $5|a_{n+1}$ 同时成立.

事实上，若 $5|a_n, 5|a_{n+1}$，则 $5|a_{n+2}$；

若 $5|a_n, 5|a_{n+1}$ 恰有一个成立，显然 $5\nmid a_{n+2}$；

若 $5\nmid a_n, 5\nmid a_{n+1}$，由于 $a_n^2 \equiv 1, 4 \pmod 5$, $2a_{n+1}^2 \equiv 2, 3 \pmod 5$，故 $5\nmid a_{n+2}$.

关于 a_1, a_2，有以下情形：

当 $5|a_1, 5|a_2$ 时，归纳易知 $\{a_n\}$ 各项均为 5 的倍数，此时 $z=100$；

其余情况下，$\{a_n\}$ 从第 3 项起均不为 5 的倍数，此时 z 就是 a_1, a_2 中 5 的倍数的个数，所以 $z=0$ 或 1.

综上，z 的值为 0 或 1 或 100.

7. **解** 设正整数 k 与非负整数 m, n 满足条件.

显然有 $m\geqslant 1$. 当 $n=0$ 时，$k\geqslant 18$. 以下设 $n\geqslant 1$.

一方面，

$$k \equiv 19^m \equiv (-1)^m \equiv \pm 1 \pmod 5. \qquad ①$$

另一方面，注意到对任意非负整数 t，有

$$5^{9t} \equiv 1 \pmod{19},\quad 5^{9t+1} \equiv 5 \pmod{19},\quad 5^{9t+2} \equiv 6 \pmod{19},$$
$$5^{9t+3} \equiv 11 \pmod{19},\quad 5^{9t+4} \equiv 17 \pmod{19},\quad 5^{9t+5} \equiv 9 \pmod{19},$$
$$5^{9t+6} \equiv 7 \pmod{19},\quad 5^{9t+7} \equiv 16 \pmod{19},\quad 5^{9t+8} \equiv 4 \pmod{19},$$

所以

$$k \equiv -5^n \equiv 2, 3, 8, 10, 12, 13, 14, 15, 18 \pmod{19}. \qquad ②$$

对照①，②知 $k\geqslant 14$.

又因为$14=19^1-5^1$，故所求最小的正整数k为14.

注 上述解法中考虑模5的余数和模19的余数是十分自然的. 一种更简洁的解法是考虑模20的余数：当$m,n\geqslant 1$时，有$k\equiv(-1)^m-5\pmod{20}$，于是立即得到$k\geqslant 14$.

8. **证明** 考虑任意一个素数p在原式两端的次数.

设$v_p(a)=x,\ v_p(b)=y,\ v_p(c)=z$. 由对称性，不妨设$x\geqslant y\geqslant z\geqslant 0$，则

$$v_p\left(\frac{[a,b,c]^2}{[a,b]\cdot[b,c]\cdot[c,a]}\right)=2x-x-y-x=-y,$$

$$v_p\left(\frac{(a,b,c)^2}{(a,b)\cdot(b,c)\cdot(c,a)}\right)=2z-y-z-z=-y,$$

从而原式两端p的次数相同.

由素数p的任意性知原式成立.

9. **证明** 转化为证明：对每个素数p，有$v_p(m_1m_2\cdots m_r)\geqslant v_p(n_1n_2\cdots n_s)$.

固定任意一个素数p. 对每个正整数k，设$m_1,m_2,\cdots,m_r$中被p^k整除的数有a_k个，$n_1,n_2,\cdots,n_s$中被p^k整除的数有b_k个. 由已知得

$$a_k\geqslant b_k\ (k\in\mathbf{N}^*). \tag{①}$$

对每个正整数k, $m_1,m_2,\cdots,m_r$中被p^k整除但不被p^{k+1}整除的数有a_k-a_{k+1}个，这些数为$m_1m_2\cdots m_r$提供$k\cdot(a_k-a_{k+1})$个素因子p. 对$k=1,2,\cdots$求和，得

$$\begin{aligned}v_p(m_1m_2\cdots m_r)&=v_p(m_1)+v_p(m_2)+\cdots+v_p(m_r)\\&=(a_1-a_2)+2(a_2-a_3)+3(a_3-a_4)+\cdots\\&=a_1+a_2+a_3+\cdots.\end{aligned} \tag{②}$$

同理知

$$v_p(n_1n_2\cdots n_s)=b_1+b_2+b_3+\cdots. \tag{③}$$

这里②，③实际上都是有限和. 从而，由①，②，③得

$$v_p(m_1m_2\cdots m_r)-v_p(n_1n_2\cdots n_s)=(a_1-b_1)+(a_2-b_2)+\cdots\geqslant 0.$$

由素数p的任意性知$n_1n_2\cdots n_s\mid m_1m_2\cdots m_r$.

10. **解** 设(a,b)为正整数解. 考虑a或b的任何一个素因子p. 设$v_p(a)=$

x, $v_p(b)=y$，其中 x, y 是不全为零的非负整数，则

$$v_p(a^3)=3x,\quad v_p(ab^3)=x+3y,\quad v_p(b^5)=5y.$$

记 $m=\min\{3x, x+3y, 5y\}$. 类似于例 9.14 中的分析，可知 $3x, x+3y, 5y$ 中至少有两个数等于 m，并且 $m>0$.

若 $3x=x+3y=m$，则 $x:y=3:2$.

若 $3x=5y=m$，则 $x+3y=\frac{m}{3}+\frac{3m}{5}<m$，与 m 的定义矛盾.

若 $x+3y=5y=m$，则 $x:y=2:1$.

以上表明，对 a 或 b 的任何一个素因子 p，有

$$v_p(a):v_p(b)=3:2 \tag{①}$$

或

$$v_p(a):v_p(b)=2:1. \tag{②}$$

将满足①式的所有素数 p 记为 $p_1,\cdots,p_k$，满足②式的所有素数 p 记为 $q_1,\cdots,q_l$ (这里允许 $k=0$ 或 $l=0$)，那么存在正整数 $\alpha_1,\cdots,\alpha_k$ 及 $\beta_1,\cdots,\beta_l$，满足

$$a=\prod_{i=1}^{k}p_i^{3\alpha_i}\prod_{j=1}^{l}q_j^{2\beta_j},\quad b=\prod_{i=1}^{k}p_i^{2\alpha_i}\prod_{j=1}^{l}q_j^{\beta_j}.$$

令 $s=\prod_{i=1}^{k}p_i^{\alpha_i}$, $t=\prod_{j=1}^{l}q_j^{\beta_j}$，则

$$a=s^3t^2,\quad b=s^2t, \tag{③}$$

其中 s, t 为互素的正整数.

将③式代入原方程得 $s^9t^6+s^9t^5=s^{10}t^5$，化简得 $t+1=s$ (符合 s, t 互素的要求). 从而由③式可得

$$(a,b)=((t+1)^3t^2,\ (t+1)^2t). \tag{④}$$

当 t 取遍所有正整数时，④式给出了原方程的所有正整数解.

习 题 10

1. **证明** (1) 将正六边形分成6个边长为1的正三角形. 根据抽屉原理，7个点中必有两点位于同一个正三角形中，它们的距离不超过1.

(2) 将放置的点记为 $A_1, A_2,\cdots, A_6$，不妨设射线 $OA_1, OA_2,\cdots, OA_6$ 按逆时针次序排列(允许重合)，则

$$\angle A_1OA_2 + \angle A_2OA_3 + \cdots + \angle A_6OA_1 = 360^\circ,$$

由平均数原理知，$\angle A_1OA_2, \angle A_2OA_3, \cdots, \angle A_6OA_1$ 中必有一个角不超过 60°.

不妨设 $0^\circ \leqslant \angle A_1OA_2 \leqslant 60^\circ$，此时 $\angle OA_1A_2 + OA_2A_1 \geqslant 120^\circ$. 再不妨设 $\angle OA_1A_2 \geqslant OA_2A_1$，则有 $\angle OA_1A_2 \geqslant 60^\circ \geqslant \angle A_1OA_2$. 从而 $A_1A_2 \leqslant OA_2 \leqslant 1$，即 A_1, A_2 为满足条件的两点.

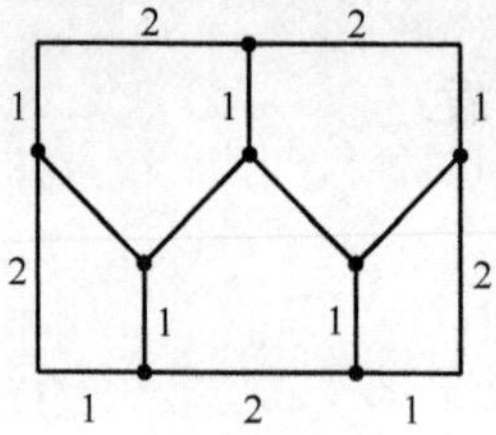

第 1 题图

(3) 如第 1 题图所示，将 3×4 的矩形分成 5 个部分. 根据抽屉原理，6 个点中必有两点位于同一部分中，则这两点的距离不超过 $\sqrt{5}$（事实上，每个部分是一个凸多边形，故该部分中最远的两点必为一对顶点，经验证知任意一个部分的任意两个顶点之间的距离均不超过 $\sqrt{5}$）.

注 本题中，命题(2)是命题(1)的加强.

2. **证明** (1) 将 S 的元素分成如下 50 个组:

$$\{1,51\}, \{2,52\}, \cdots, \{50,100\}.$$

根据抽屉原理，51 元集 A 中必存在两个元素 $i, j\ (i>j)$ 来自上述同一组，则 $i-j=50$.

(2) 将 S 的元素分成如下 10 个组:

$$\{1\}, \{2,3\}, \{4,5,6\}, \{7,8,9,10\}, \{11,12,\cdots,16\}, \{17,18,\cdots,25\},$$

$$\{26,27,\cdots,39\}, \{40,41,\cdots,60\}, \{61,62,\cdots,91\}, \{92,93,\cdots,100\}.$$

根据抽屉原理，11 元集 B 中必存在两个元素 $i, j\ (i<j)$ 来自上述同一组，则 $1<\dfrac{j}{i}\leqslant\dfrac{3}{2}$.

(3) 对 $k=1,2,\cdots,50$，令 $C_k=\{x\in S \mid x=2^p(2k-1), p\in\mathbf{N}\}$.

由于 $\bigcup\limits_{k=1}^{50} C_k = S$，根据抽屉原理，51 元集 C 中必存在两个元素 $i, j\ (i<j)$，它们属于同一个 C_k，由 C_k 的构造方法可知 $i \mid j$.

(4) 令

$$D_1=\{1,2,3,5,7,11,\cdots,89,97\},$$

$$D_2=\{2\times47, 3\times31, 5\times19, 7\times13\},$$

$$D_3=\{2\times43, 3\times29, 5\times17, 7\times11\},$$

$$D_4=\{2\times41,\ 3\times23,\ 5\times13,\ 7^2\},$$

其中 D_1 包含 1 及所有 25 个不超过 100 的素数.

因 S 中除 $D_0=\bigcup_{i=1}^{4}D_i$ 中的元素外剩下 62 个元素, 故 75 元集 D 中必有 13 个元素属于 D_0, 根据抽屉原理, 必有 4 个元素属于同一个 $D_i(1\leqslant i\leqslant 4)$, 显然它们两两互素.

3. **证法 1** 显然每个 $S(i, j)$ 为正整数. 仅需再证明对任意 $n_0\in\mathbf{N}^*$, 存在某个 $S(i, j)$ 等于 n_0.

用 S_n 表示 $\{a_n\}$ 的前 n 项和. 考虑 $10n_0+10$ 个前 n 项和

$$S_1<S_2<\cdots<S_{10n_0+10}, \qquad ①$$

由条件知

$$S_{10n_0+10}=\sum_{k=1}^{n_0+1}(a_{10k-9}+a_{10k-8}+\cdots+a_{10k})\leqslant 19(n_0+1).$$

另外, 考虑 $10n_0+10$ 个正整数

$$S_1+n_0<S_2+n_0<\cdots<S_{10n_0+10}+n_0, \qquad ②$$

显然 $S_{10n_0+10}+n_0\leqslant 20n_0+19$.

这样①, ②中出现了 $20n_0+20$ 个正整数, 且都不超过 $20n_0+19$, 根据抽屉原理, 必有两个相等. 又①中各数两两不等, ②中各数也两两不等, 故存在 i, $j\in\mathbf{N}^*$, 使得 $S_j=S_i+n_0$, 此时 $i<j$, 且 $S(i, j)=S_j-S_i=n_0$. 由 n_0 的任意性知结论成立.

证法 2 显然每个 $S(i, j)$ 为正整数. 仅需再证明对任意 $n_0\in\mathbf{N}^*$, 存在某个 $S(i, j)$ 等于 n_0.

对任意 $n_0\in\mathbf{N}^*$, 构造 $19n_0$ 个二元集合

$$A_{pq}=\{2n_0p+q, (2n_0p+q)+n_0\} \quad (p=0, 1, 2,\cdots,18;\ q=1, 2,\cdots, n_0),$$

它们的并集为 $\{1, 2,\cdots, 38n_0\}$.

用 S_n 表示 $\{a_n\}$ 的前 n 项和, 则

$$1\leqslant S_1<S_2<\cdots<S_{20n_0}=\sum_{k=1}^{2n_0}(a_{10k-9}+\cdots+a_{10k})\leqslant 38n_0.$$

根据抽屉原理, 必存在两个数 $S_i, S_j\ (1\leqslant i<j\leqslant 20n_0)$ 属于同一个二元集 A_{pq}, 由 A_{pq} 的取法可知 $S(i, j)=S_j-S_i=n_0$. 由 n_0 的任意性知结论成立.

4. **解** 不妨允许 S 的子集 A 取为空集, 并约定空集的交替和为 0.

把 S 的所有子集分为两类：第 1 类子集含有元素 8，第 2 类子集不含元素 8，两类子集之间有如下的一一对应：

$$\{a_1,\cdots,a_k,8\}\leftrightarrow\{a_1,\cdots,a_k\},$$

每一类子集各有 $2^7=128$ 个. 相互对应的子集 $\{a_1,\cdots,a_k,8\}$ 与 $\{a_1,\cdots,a_k\}$ 的交替和之和为 8，故 S 的所有子集的交替和的总和是第 1 类子集的个数的 8 倍，即 $8\times128=1024$.

5. **解** 将凸 n 边形的各边依次记为 $a_1,a_2,\cdots,a_n$.

对一般的正整数 $n\,(n\geqslant3)$，设不同的染色方法有 x_n 种. 易知 $x_3=6$.

当 $n\geqslant4$ 时，边 a_1 有 3 种染法；a_2 与 a_1 不同色，故 a_2 有 2 种染法；类似地，$a_3,\cdots,a_n$ 各有2种染法，这里暂时允许 a_n 与 a_1 同色. 由乘法原理知 $a_1,a_2,\cdots,a_n$ 有 $3\times2^{n-1}$ 种染色方法.

再去掉其中使 a_n 与 a_1 同色的染色方法.

对于每种使 a_n 与 a_1 同色的染色方法，可在将 a_n 与 a_1 粘连起来(颜色保持不变)视为一条边后，唯一地对应到凸 $n-1$ 边形的一种可行的染色方法. 于是应扣除的染色方法数为 x_{n-1}. 这样得到递推关系

$$x_n=3\times2^{n-1}-x_{n-1}.$$

注意到 $x_3=6$，得

$$x_n-2^n=-(x_{n-1}-2^{n-1})=\cdots=(-1)^{n-3}(x_3-2^3)=2\cdot(-1)^n.$$

于是所求的染色方法数为 $x_n=2^n+2\cdot(-1)^n$.

6. **解法 1** 将满足条件的排列的全体记为 Ω.

对每个排列 $\alpha=(a_1,a_2,\cdots,a_n)\in\Omega$，存在唯一的 $k\,(1\leqslant k\leqslant n-1)$，使得

$$a_1<a_2<\cdots<a_k,\quad a_k>a_{k+1},\quad a_{k+1}<a_{k+2}<\cdots<a_n.$$

由 $a_k>a_{k+1}$ 知，$\{a_1,a_2,\cdots,a_k\}$ 不能是 $\{1,2,\cdots,k\}$，但可以取 $\{1,2,\cdots,n\}$ 的任何一个其他 k 元子集. 此时定义

$$f(\alpha)=\{a_1,a_2,\cdots,a_k\}.$$

易知 f 是 $\Omega\to f(\Omega)=\{f(\alpha)\mid\alpha\in\Omega\}$ 上的一一对应，从而所求的排列的个数为

$$|\Omega|=|f(\Omega)|=\sum_{k=1}^{n-1}(\mathrm{C}_n^k-1)=\sum_{k=0}^{n}(\mathrm{C}_n^k-1)=2^n-n-1.$$

解法 2 对一般的 n，将满足条件的排列的个数记为 x_n. 考虑 $\{x_n\}$ 的递推关系.

所有形如 $(a_1, a_2, \cdots, a_{n-1}, n)$ 的排列恰与 $n-1$ 情形下的满足条件的排列一一对应，这样的排列数为 x_{n-1}.

对于所有使 $a_n \neq n$ 的排列，注意到 n 是某个 $a_i(1 \leqslant i \leqslant n-1)$，$a_i$ 之前的所有数(可以没有这样的数)只能从小到大排列，a_i 之后的所有数(至少有 1 个)也只能从小到大排列，故相当于选择 $\{1, 2, \cdots, n-1\}$ 的一个非空子集作为 n 之后写出的那些数，有 $2^{n-1}-1$ 种选法. 因此这样的排列数为 $2^{n-1}-1$. 由此可得递推关系 $x_n = x_{n-1} + 2^{n-1} - 1$，这等价于

$$x_n - 2^n + n = x_{n-1} - 2^{n-1} + n - 1,$$

其中 $n \geqslant 2$. 注意到 $x_1 = 0$，因此 $x_n - 2^n + n = x_1 - 2^1 + 1 = -1$，即 $x_n = 2^n - n - 1$.

7. **解** (1) 从左到右一列一列地标字母，第 1 列格子有 $3 \times 2 = 6$ 种标法，即 $f_2(1) = 6$. 以下，每列格子恰有 3 种标法使得每个格子与其左边一列相邻格子所标字母不同(例如，若左边一列从上往下标了 α, β，未用的字母是 γ，则这列从上往下有 β, α; β, γ; γ, α 三种标法)，于是 $f_2(n+1) = 3f_2(n)$. 因此,

$$f_2(n) = 3^{n-1} f_2(1) = 2 \times 3^n.$$

(2) 在满足条件的标法中，设第 n 列 3 个格子字母互不相同的标法为“X 类标法”，第 n 列第 1 个格子与第 3 个格子字母相同的标法为“Y 类标法”，并用 x_n, y_n 分别表示 X 类标法与 Y 类标法的数目，那么 $f_3(n) = x_n + y_n$.

对每个 X 类标法，设第 n 列标的依次为 α, β, γ，则第 $n+1$ 列可依次为 β, γ, α; γ, α, β (属于 $n+1$ 情形下的 X 类标法)，或是 β, α, β; β, γ, β (属于 $n+1$ 情形下的 Y 类标法).

对每个 Y 类标法，设第 n 列标的依次为 α, β, α，另一个字母是 γ，则第 $n+1$ 列可依次为 β, α, γ; γ, α, β (属于 $n+1$ 情形下的 X 类标法)，或是 β, α, β; β, γ, β; γ, α, γ (属于 $n+1$ 情形下的 Y 类标法).

由此可建立 $\{x_n\}, \{y_n\}$ 之间的递推关系

$$\begin{cases} x_{n+1} = 2x_n + 2y_n, \\ y_{n+1} = 2x_n + 3y_n. \end{cases} \quad ①$$

因此，当 $n \geqslant 2$ 时,

$$\begin{aligned} x_{n+1} + y_{n+1} &= (2x_n + 2y_n) + (2x_n + 3y_n) \\ &= 5(x_n + y_n) - x_n = 5(x_n + y_n) - 2(x_{n-1} + y_{n-1}), \end{aligned}$$

即

$$f_3(n+1) = 5f_3(n) - 2f_3(n-1), \quad ②$$

此为所求的$\{f_3(n)\}$的递推关系.

由于$x_1=3!=6$, $y_1=3\times2=6$，结合①得$x_2=24$, $y_2=30$，故$f_3(1)=12, f_3(2)=54$. 以下利用②可依次求得$f_3(3)=246, f_3(4)=1122, f_3(5)=5118$.

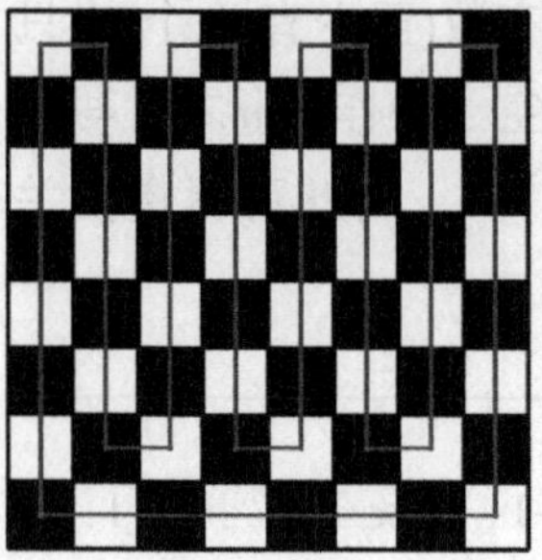

第 8 题图

8. **解** 将8×8方格表的 64 个格子按黑白相间的方式进行染色. 若对挖去两格后的方格表有满足条件的覆盖方法，由于每块骨牌盖住一个黑格和一个白格，故所有骨牌盖住 31 个黑格和 31 个白格，因此挖去的两格必须异色.

以下证明，当挖去两个异色格时，必可按要求覆盖.

事实上，可将方格表的所有格子串在一条如第 8 题图所示的回路上，并称回路上相邻两格为一对"邻居". 注意一对邻居总是异色的.

当挖去两个异色格时，回路被截为两段(假如挖去的正好是一对邻居，则约定被截出的两段中有一段长度为 0)，此时每段中恰有偶数格且颜色依次黑白交错，故可配为若干对邻居. 因此，所有未被挖去的格子可配为 31 对邻居. 将每对邻居用一块骨牌覆盖即可.

综上，当且仅当方格表被挖去的两格为异色时，符合要求.

9. **证明** 将网格线的所有$(n+1)^2$个交点分别记为$P_i(i=1,2,\cdots,(n+1)^2)$，并进行赋值：若$P_i$被染为红色，则赋值 1；若$P_i$被染为蓝色，则赋值$-1$.

将n^2个小正方形分别编号为$1,2,\cdots,n^2$. 对$j=1,2,\cdots,n^2$，设第j个小正方形的四个顶点上的数字之积为λ_j. 注意到，若第j个小正方形恰有三个顶点同色，则$\lambda_j=-1$；否则$\lambda_j=1$. 故原问题转化为证明：在$\lambda_1,\lambda_2,\cdots,\lambda_{n^2}$中$-1$的个数为偶数.

考虑以$\lambda_1,\lambda_2,\cdots,\lambda_{n^2}$为因子的乘积$T=\lambda_1\lambda_2\cdots\lambda_{n^2}$.

大正方形内部的每个交点所赋之数恰对T中的 4 个因子有贡献；大正方形边上(但非顶点A,B,C,D)的每个交点所赋之数恰对T中的 2 个因子有贡献；A,B,C,D这四个顶点所赋之数(分别为$1,-1,1,-1$)恰对T中的1个因子有贡献. 于是

$$T=1\times(-1)\times1\times(-1)=1.$$

这表明在$\lambda_1,\lambda_2,\cdots,\lambda_{n^2}$中$-1$的个数为偶数. 从而命题得证.

10. **证明** 对每个球进行赋值：若某个球在球数为a的球堆中，则对它赋

值$\frac{1}{a}$. 在这种赋值方式下，每堆球的赋值之和为 1，因此所有球的赋值之和等于此时球堆的堆数.

记 M 为这些球所组成的集合. 对每个球 $A\in M$，设 A 先后所在的球堆中球的个数分别是 x_A 和 y_A，则 $\frac{1}{y_A}-\frac{1}{x_A}$ 是对球 A 的后一次与前一次赋值之差.

记 $d(A)=\frac{1}{y_A}-\frac{1}{x_A}$，则 $d(A)<\frac{1}{y_A}\leqslant 1$. 又

$$\sum_{A\in M}d(A)=\sum_{A\in M}\frac{1}{y_A}-\sum_{A\in M}\frac{1}{x_A}=(n+k)-n=k,$$

故至少有 $k+1$ 个球 $A\in M$，使得 $d(A)>0$，即 $x_A>y_A$. 从而命题得证.